¡Lío
Santanel

LA GUÍA ESENCIAL
DE LA BIBLIA

CAROL SMITH

CASA
CREACIÓN
A STRANG COMPANY

La guía esencial de la Biblia por Carol Smith
Publicado por Casa Creación
Una compañía de Strang Communications
600 Rinehart Road
Lake Mary, FL 32746
www.casacreacion.com

A menos que se indique lo contrario todos los textos bíblicos han sido tomados de: *Santa Biblia*; versión Reina-Valera; revisión de 1960; © 1960 Sociedades Bíblicas en América Latina. Todos los derechos reservados.

Las citas bíblicas marcadas con *Dios habla hoy* han sido tomadas de: *Dios Habla Hoy–La Biblia de Estudio;* Sociedades Bíblicas Unidas; 1998; Estados Unidos de América.

Traducido por Pica y 6 Puntos con la colaboración especial de Salvador Eguiarte D.G. y Yanzi E. Ferrer García.

Impreso en los Estados Unidos de América © 2002
Este libro fue publicado originalmente en inglés con el título:
The Ultimate Guide to The Bible por Barbour Publishing.

07 08 — 8 7 6 5 4

DEDICATORIA

Esta obra y los esfuerzos para realizarla están dedicados a mi maestra de escuela dominical. No recuerdo su nombre. Sólo recuerdo que cuando contó la historia del Buen Samaritano (una de las parábolas de Jesús), lloró. Sentada en mi silla de madera, con mi lógica de niña, supe con certeza en mi alma que si una historia bíblica hacía llorar a mi maestra de escuela dominical, entonces era algo importante.

Para mí, su pasión le dio credibilidad al poder de la Biblia. A causa de eso, la leí por mí misma, y desde entonces ha probado ser verdadera vez tras vez en mi vida. Esta obra es su legado; nacido en el corazón de una niña de cinco años:

Conozcamos este libro. Seamos tocados por su poder. Es importante.

ÍNDICE

1. La historia de la Biblia   13

La Biblia está hecha de sesenta y seis libros, pero en realidad es una sola historia, un plan maestro.

2. Una lección de historia bíblica   23

Entender de lo que se trata la Biblia incluye comprender el mundo de la época en el que la Biblia fue escrita. Ésta es una breve visita guiada por la Historia.

3. ¿De dónde salió la Biblia?   59

¿Quién la escribió? ¿Quién la compiló? ¿Cómo nos llegó en la forma en la que está?

INTRODUCCIÓN

La historia de la Biblia es la historia de que Dios creó el mundo y luego se hizo disponible a la gente de ese mundo. Es una sencilla línea directa del corazón de Dios al nuestro.

Si la Biblia algunas veces es difícil de entender es porque fue escrita en otra cultura, en otra época y en otro idioma. Traducirla del hebreo y del griego no es una tarea pequeña. Traducirla de una cultura antigua a nuestra cultura puede ser igual de intimidante. Ambos involucran comprender como era relevante la verdad para ese tiempo y cultura, y entonces traducir ese significado a nuestras vidas hoy en día. En síntesis, ese es uno de los mayores desafíos de comprender la Biblia y vivir de acuerdo con ella. Enfrentar ese desafío es una gran parte de lo que se trata este libro.

También existe otro desafío. Como la Biblia fue escrita en ese lugar, tiempo e idioma diferente puede a veces ser vista fácilmente como algo separado de la realidad y completamente irrelevante a nuestra vida: por un lado tenemos la Biblia y por el otro todo lo demás. Sin embargo, eso es algo bastante alejado de la realidad. Los asuntos sobre los que tratan los escritores bíblicos siguen siendo los asuntos básicos de la vida. ¿De dónde venimos? ¿Adónde vamos? ¿Cómo sobrevivimos en el camino? ¿Cómo nos podemos relacionar con nuestro creador? ¿Por qué los malvados prosperan? ¿Por qué la vida es tan injusta? ¿Qué sucede después de que morimos? ¿Cómo podemos hacer cambiar el mundo? ¿Qué es lo verdaderamente importante a fin de cuentas?

Dios tocó esos temas a través de las personas que los estaban enfrentando. Habló a través de historias, sermones, canciones, poemas, visiones... las mismas experiencias de la gente que estaban tratando de conectarse con Él y sobrevivir la vida. Lo que nos dice Dios a través de esos escritores es totalmente relevante para la vida en cualquier lugar, tiempo e idioma. Es acerca de construir una relación con nuestro Creador y enfrentar la vida dentro del contexto de esa relación. Es acerca de entender que tu vida forma parte de un plan mayor, que nunca pasamos desapercibidos, que no somos invisibles y que nunca somos olvidados. Es comprender el papel de Dios dentro del universo y nuestro lugar en Su corazón. Es esa importancia que hace a la Biblia única y poderosa.

ABREVIATURAS Y DEFINICIONES

En todo este libro vas a encontrar referencias bíblicas, por ejemplo:

Gn. 1:1

La primera parte (Gn.) es la abreviatura de un libro de la Biblia, en este caso, Génesis. El número antes de los dos puntos y seguido es el capítulo de ese libro. El número después de los dos puntos y seguido es un versículo dentro de es capítulo. En la siguiente página hay una lista de los libros de la Biblia con sus abreviaturas para que la puedas revisar.

Vas a notar que algunos libros vienen en abonos. En el Antiguo Testamento esos libros fueron escritos probablemente como un libro, pero cabían en dos rollos (como un CD doble). El segundo sería la continuación del primero. En el Nuevo Testamento los libros numerados son cartas. Así que 1 Juan es la primera carta de Juan que se incluyó, y 2 Juan es la segunda. ¿Entendido? La una no es la continuación de la otra. Simplemente las escribió la misma persona. Cuando la gente hable de estos libros los vas a escuchar decir: Primero de Samuel, o Segunda de Juan.

ABREVIATURAS DE LOS LIBROS DE LA BIBLIA

La mayoría de las listas de libros de la Biblia van a estar organizadas en el orden en el que aparecen en la Biblia. Eso no es de mucha ayuda, si no estás familiarizado con ese orden, así que algunas Biblias incluyen una lista en orden alfabético en la información introductoria. Aquí te presentamos una lista de los libros en el orden en el que aparecen con sus abreviaturas típicas. Si tienes alguna duda puedes regresar a esta página. (Sí, puedes doblar las esquinas de las páginas. Pero no le digas a nadie.)

ANTIGUO TESTAMENTO

Gn.	Génesis
Ex.	Éxodo
Lv.	Levítico
Nm.	Números
Dt.	Deuteronomio
Jos.	Josué
Jue.	Jueces
Rt.	Rut
1 S.	1 Samuel
2 S.	2 Samuel
1 R.	1 Reyes
2 R.	2 Reyes
1 Cr.	1 Crónicas
2 Cr.	2 Crónicas
Esd.	Esdras
Neh.	Nehemías
Est.	Ester
Job	Job
Sal.	Salmos
Pr.	Proverbios
Ec.	Eclesiastés
Cnt.	Cantar de los cantares
Is.	Isaías
Jer.	Jeremías
Lm.	Lamentaciones
Ez.	Ezequiel
Dn.	Daniel
Os.	Oseas
Jl.	Joel
Am.	Amos
Abd.	Abdías
Jon.	Jonás
Mi.	Miqueas
Nah.	Nahum
Hab.	Habacuc
Sof.	Sofonías
Hag.	Hageo
Zac.	Zacarías
Mal.	Malaquías

NUEVO TESTAMENTO

Mt.	Mateo
Mr.	Marcos
Lc.	Lucas
Jn.	Juan
Hch.	Hechos de los Apóstoles
Ro.	Romanos
1 Co.	1 Corintios
2 Co.	2 Corintios
Ga.	Gálatas
Ef.	Efesios
Fil.	Filipenses
Col.	Colosenses
1 Ts.	1 Tesalonicenses
2 Ts.	2 Tesalonicenses
1 Ti.	1 Timoteo
2 Ti.	2 Timoteo
Tit.	Tito
Flm.	Filemón
Stg.	Santiago
He.	Hebreos
1 P.	1 Pedro
2 P.	2 Pedro
1 Jn.	1 Juan
2 Jn.	2 Juan
3 Jn.	3 Juan
Jud.	Judas
Ap.	Apocalipsis

Definiciones

La Biblia: En este libro La Biblia significa la Biblia en español contemporáneo formada por sesenta y seis libros (treinta y nueve en el Antiguo Testamento y veintisiete en el Nuevo Testamento). Hay otras versiones de la Biblia (como las Biblias católicas) que incluyen otros libros. Algunas otras frases tradicionales para referirnos a la Biblia son: Las Escrituras, la Escritura, la Palabra de Dios o la Palabra. (También vas a escuchar que le llaman espada porque hay un versículo famoso que se refiere a ella como una espada en nuestra armadura espiritual.)

Evangelios: Los primeros cuatro libros del Nuevo Testamento que narran la historia de Cristo.

Canon: Éste es un término que puede ser que escuches, y significa la lista de libros aceptada, acordada o la lista final de los libros que forman la Biblia.

Hebreos: Mucho del Antiguo Testamento se centra en la evolución de la nación judía. Se puede hacer referencia a este pueblo como: los judíos, los israelitas, los hijos de Israel, los hebreos y más. En este libro se suele referirse a ellos como: los hebreos.

Tierra Santa: Éste es un término que se usa para la tierra donde Jesús vivió y trabajó, particularmente el área alrededor de Jerusalén.

Pasajes: Un pasaje bíblico es una sección. Si alguien está leyendo Jn. 1:1-14, entonces ése es el pasaje con el que está tratando. No hay pasajes o secciones fijos en la Biblia como los versículos y los capítulos. El pasaje se determina por el estudio, la discusión o la lectura en la que estés involucrado.

Profetas: Hoy en día, pensamos que los profetas son las personas que dicen el futuro. Los profetas de la Biblia sí tuvieron visiones del futuro, pero su papel en la sociedad no era tanto decir el futuro como lo era decir la verdad. El bienestar espiritual de su nación estaba bajo su cuidado, y ellos hablaban conforme Dios los inspiraba.

Mesías: Éste es el término con el que se refieren al Cristo en el Antiguo Testamento: aquel que Dios prometió desde el principio.

A través de todo este libro vas a encontrar recuadros aquí y allá. Estos recuadros contienen tres tipos de información:

EN CONTEXTO: ¿Cómo concuerda esta pieza de la Biblia con el resto de la Biblia? ¿Cuál es el contexto en el que embona?

PIÉNSALO DE ESTA MANERA: Estos son organizadores de tus pensamientos. Algunas veces necesitamos ver la Biblia a la luz de cómo embona en nuestras vidas diarias.

✝ TROCITOS DE LA BIBLIA: Muestras reales de la Biblia.

¿SABÍAS QUÉ?: Datos o conceptos que pueden ser nuevos para ti.

1. LA HISTORIA DE LA BIBLIA

La Biblia está hecha de sesenta y seis libros, pero en realidad es una sola historia, un plan maestro.

LA VERSIÓN CORTA

Primero, Dios creó un mundo ideal y puso gente en él. Les dio a escoger construir una relación con Él o no. Esas primeras personas echaron a perder las cosas.

Entonces la humanidad como que volvió a comenzar. Noé y su familia se convirtieron en los únicos sobrevivientes de un catastrófico diluvio mundial. Los descendientes de Noé tuvieron que tomar la misma decisión: tener una relación con Dios, o no. Pocas generaciones después, las cosas estaban otra vez hechas un enredo.

Sin embargo, Dios ha perseverado en su intento de tener una relación con los habitantes de este mundo. Estableció un pacto (un acuerdo parecido a un contrato) con un hombre llamado Abraham. Abraham se comprometió a amar y a obedecer a Dios y a enseñarle a su familia a hacer lo mismo. Dios se comprometió a darle a Abraham muchos descendientes. Dios también se comprometió a que de esos descendientes nacería el Mesías, un hombre que daría su propia vida a favor de la humanidad. Ese hombre era Dios en la forma de un hombre. Nos referimos a él como Jesucristo.

Jesús vivió y murió y volvió a vivir. Entonces dejó nuestro mundo. Nos dejó el mensaje de que tener una relación con Dios requiere fe, en lugar de perfección, de nuestra parte. Dejó un grupo de personas, que supuestamente debían llevar su mensaje. Nos dejó la promesa de que volvería otra vez, y que el mundo no sería un lugar decepcionante y roto para siempre; que un día todas las cosas serían restauradas.

Esperamos ese tiempo, en fe, tratando de mantener las cosas tan en orden como podemos.

Esa es la historia de la Biblia en versión corta.

LA VERSIÓN NO TAN CORTA
COMENCEMOS CON EL ANTIGUO TESTAMENTO

La Biblia abre con la historia de la creación del mundo. Dios creó la tierra y todo lo que había en ella, incluyendo a dos personas, Adán y Eva y un huerto fabuloso llamado Edén. Sólo estableció una norma: No coman de este árbol. La importancia de esta norma no era el árbol, ni el tipo de fruto que crecía en él (que, por cierto lo más probable es que NO era una manzana). La importancia de esa norma era la decisión de caminar con Dios o caminar por su propio camino. Eso cambió todo.

Adán y Eva tuvieron hijos (¿recuerdas el fiasco de Caín y Abel?), quienes tuvieron hijos, quienes a su vez tuvieron hijos, y así. Cada generación ignoraba a Dios más que la generación anterior. De los descendientes de Adán y Eva, uno de los más insignes fue Noé. En los días de Noé, Dios se arrepintió de haber incluso creado a la gente (Génesis 6:6). Noé era el único, de toda la población que tenía algún tipo de interés en esta relación con Dios. Dios le dio a la humanidad otra oportunidad a través de Noé. Un diluvio mundial destruyó todo sobre la tierra excepto a los animales y las personas que se metieron al gran barco de Noé. Luego de que las aguas bajaron, el mundo comenzó de nuevo, esta vez con Noé y su esposa, sus tres hijos y sus respectivas mujeres.

Los hijos de Noé tuvieron hijos, quienes a su vez tuvieron hijos, quienes a su vez tuvieron hijos, y así, pero las cosas no mejoraron mucho en realidad. Dios le dio a la humanidad todavía otra oportunidad, pero esta vez estableciendo un acuerdo tipo promesa, con un hombre llamado Abraham. Dios se comprometió a darle a Abraham muchos descendientes, y que uno de esos descendientes sería el Mesías, aquel que podría restaurar todo esto que Adán y Eva habían echado a perder. La parte a la que se comprometió Abraham era que ni él ni sus descendientes tomarían la relación con Dios a la ligera y que se circuncidarían como señal de su consagración. Fue de este acuerdo que desciende el pueblo que llamamos judío o hebreo. Los hebreos son los descendientes de Abraham.

Abraham tuvo un hijo, quien a su vez tuvo gemelos. Uno de esos gemelos (cuyo nombre Jacob fue cambiado a Israel) tuvo doce hijos. Esos doce hijos fueron los patriarcas de las doce tribus de Israel. Todos se mudaron con sus familias a Egipto durante una hambruna, y fue allí, en Egipto, que comenzaron a crecer de una familia extensa a una gran nación.

La mayor parte del Antiguo Testamento se trata de la historia de los descendientes de estos doce hijos. Finalmente se convirtieron en una nación de esclavos en Egipto. A través de lo que pareció un golpe de suerte, un bebé hebreo llamado Moisés escapó de la esclavitud y fue criado en el palacio del rey (faraón). Moisés creció y condujo una rebelión patrocinada por Dios, ayudándole a su pueblo a escapar de Egipto. El plan era que Moisés guiara a su pueblo de vuelta a la tierra en la que Abraham se había establecido, en esa época. A la tierra la llamaron Israel (como uno de los gemelos que le nacieron a Isaac), o posiblemente hayas escuchado que también le llaman: La Tierra Prometida.

EN CONTEXTO

La primera mitad del Antiguo Testamento (aproximadamente) se trata acerca de Dios cumpliendo con su parte del acuerdo que Él hizo con Abraham: primero en el territorio donde vivía Abraham, luego en Egipto, después en el desierto y finalmente en su nueva tierra. El resto del Antiguo Testamento realmente gira en torno a la lucha de Israel para adorar a Dios y sólo a Dios. Los libros históricos describen la lucha de Israel con la idolatría, luego con defender su tierra y finalmente con regresar a sus hogares después de haber sido llevados cautivos a otras tierras. Los libros de sabiduría son las verdades que los sostuvieron durante todos esos momentos. Los libros de profecía registran sermones y visiones acerca de la infidelidad de Israel y las cosas malas que les iban a suceder como resultado. Estos libros también profetizan acerca de la venida del Mesías, que los libraría de su esclavitud física y espiritual.

Cuarenta años después, a través de milagros, incidentes y malos entendidos, los hebreos finalmente llegaron a esa tierra. Posiblemente ya adivinaste que la tierra había sido ocupada por otros pueblos. Aun hoy hay conflictos en esa área por la propiedad de la tierra. Bajo el liderazgo de un hombre llamado Josué, los hebreos buscaron recuperar la tierra. Dios les advirtió de hecho que hicieran que todos los demás salieran de la tierra. Los hebreos sí recuperaron mucho del territorio, pero no hicieron que absolutamente todos los habitantes anteriores salieran. Esto es importante recordarlo.

La razón por la que los judíos debían correr a todos los demás de esta tierra era que todos los demás adoraban ídolos de algún tipo. Durante su viaje Dios les había dado a los judíos los diez mandamientos, que empezaban con: "No tendrás otros dioses delante de mí". Tú sabes como es la naturaleza humana. Si dejaban que la adoración de ídolos se quedara en su tierra, finalmente terminarían siendo influenciados por ella.

Y eso fue E-XAC-TA-MEN-TE lo que pasó. Los hebreos mezclaban su adoración a Dios cada vez más con la adoración a los ídolos a su alrededor. Cuando hicieron esto, comenzaron poco a poco a debilitarse como nación. Al debilitarse (políticamente y espiritualmente), se convirtieron en presa fácil de las naciones a su alrededor. El reino se dividió en dos reinos. El reino del sur era Judá y su capital Jerusalén. El reino del norte era Israel y su capital Samaria.

Durante toda esta parte de la historia hebrea, los profetas les suplicaban a su pueblo que volvieran a Dios y le permitieran que Él los protegiera de sus enemigos. Pero finalmente, tanto el reino del norte como el reino del sur fueron derrotados y fueron removidos de su tierra al exilio. Los profetas continuaban hablándoles mientras estaban en cautiverio, rogándoles que una vez más buscaran a Dios de todo corazón. Y por último cuando comenzaron a volver y a reconstruir su país, los profetas estaban allí recordándoles que evitaran cometer los mismos errores otra vez.

EN CONTEXTO

A través de todo el Antiguo Testamento, desde el primer momento en el que Adán escogió seguir su propio camino, hasta la última vez en la que los judíos reconstruyeron el templo, estaba la promesa de Dios. Una promesa que comenzaba con un Un día tácito. En el huerto de Edén esta promesa fue hecha a la serpiente: Un día... "te herirá en la cabeza" (Génesis 3:15). Más tarde esta promesa fue hecha a Abraham: Un día... "serán benditas en ti todas las familias de la tierra" (Génesis 12:3). Más tarde la promesa vino a través de los profetas: Un día... "el Señor mismo os dará señal: He aquí que la virgen concebirá, y dará a luz un hijo, y llamara su nombre Emanuel" (Isaías 7:14).

DESCANSA Y REPASA...

Hasta este momento a través de toda la historia bíblica se encuentra la promesa de que vendría uno para arreglar lo que la gente había roto cuando decidió seguir sus propios caminos en lugar del camino de Dios. De eso fue de lo que se trató la vida de Jesús. El Antiguo Testamento hizo una pregunta: ¿Cómo podemos estar bien con Dios si es que hemos escogido nuestro propio camino? El Nuevo testamento la respondió: a través de la gracia de Dios dada por medio de la vida, muerte y resurrección de Jesucristo.

EL NUEVO TESTAMENTO

El Nuevo Testamento abre con la vida de Jesús. Él era Dios, vestido de humanidad para poder darse a sí mismo por nuestras transgresiones. Hizo enfurecer a los líderes religiosos de su tiempo porque: 1. Decía ser el Hijo de Dios. 2. Confrontó su hipocresía y 3. Amenazaba su autoridad y poder dentro de la comunidad. Él les dijo en otras palabras: "Dios no se trata de cumplir o no cumplir reglas. Dios es acerca de cómo viven sus vidas, de que conecten con Él y amen a los demás". Pero si ellos renunciaban a sus reglas, entonces perdían la forma de controlar.

A la edad de treinta y tres años Jesús fue sentenciado a muerte a través de una verdadera conspiración instigada por los líderes religiosos. Jesús murió al estar colgando de vigas de madera. Este tipo de muerte era llamado crucifixión. Era una ejecución dolorosa y agonizante típica de ese periodo de la historia. Era sorprendente que un hombre inocente estuviera dispuesto a sufrir una muerte como esa. Más sorprendente que eso, mientras ciertamente murió en la cruz, volvió a la vida unos días después y su cuerpo físico fue transformado. Pasó un poco de tiempo más con las personas que le eran cercanas y entonces se fue otra vez. Antes de irse la última vez, prometió regresar un día para ajustar cuentas de una vez y para siempre. También comisionó a sus seguidores para que difundieran el mensaje de Su sacrificio y se amaran los unos a los otros durante el viaje.

Esos seguidores se convirtieron en los primeros misioneros o sembradores de iglesias. Viajaron a todas las regiones de alrededor difundiendo el nuevo y emocionante mensaje que Jesús había pagado el precio por nuestro fracaso para mantenernos en una correcta relación con Dios. Predicaron gracia y fe. Comenzaron iglesias en las ciudades principales. Algunos de ellos escribieron cartas a las iglesias que habían fundado para ayudarles a entender su papel en la sociedad hasta que Jesucristo regresara.

Esa es la historia de la Biblia. Es la historia de Dios que nos creó y nos atrae a una relación con Él.

El Antiguo Testamento hizo una pregunta:

¿Cómo podemos estar bien con Dios si es que hemos escogido nuestro propio camino?

El Nuevo testamento la respondió:

A través de la gracia de Dios dada por medio de la vida, muerte y resurrección de Jesucristo.

EN CONTEXTO

Los primeros cuatro libros del Nuevo Testamento registran los eventos de la vida de Jesús y su ministerio. El quinto libro registra la organización de la Iglesia primitiva. Las veintiuna cartas siguientes explican la fe y dan ánimo a la gente y a las iglesias. El último libro es la profecía del fin del mundo conocido.

PIÉNSALO DE ESTA MANERA

Es como un cupón de descuento... Cuando la gente habla del plan de Dios para mantenernos en relación con Él, hablan acerca de que Dios nos redimió. En realidad, de eso es lo que se trata el sólido gran plan de la Biblia —el proceso de Dios para redimirnos.

Piénsalo de esta manera. ¿Ves esos cupones que tú (sé honesto: ¿recortas cupones?), o alguien más que tú conoces, recorta del periódico? Los llevas a la tienda y luego escoges todas las cosas para las que tienes cupones. Cuando llegas a pagar, tratas de recordar mostrarle los cupones a la operadora de la caja registradora, y entonces esperas que ella recuerde marcarlos en la cuenta. Si tú te acuerdas y ella se acuerda, lo que estás haciendo es REDIMIR esos cupones.

Por sí mismos no valen mucho. En realidad son solo un delgado pedazo de papel de 7 x 5 cm. Árbol muerto. Pero al traer el sello de la empresa que los emitió valen algo. ¿Cuánto valen? Valen lo que la empresa diga que valen, eso es lo que valen.

Dios ha armado el escenario necesario para nuestra redención. Él nos produjo. Él pagó el precio —Su vida. Nos dio valor. Pero tenemos nuestra parte en eso. Por eso no le llaman la redención de Dios, sino el plan de Dios para nuestra redención. Él hizo el trabajo. Hizo los cupones. Pagó el precio. Escribió un libro que nos explica como llegar a la fila correcta. No les dio fecha de caducidad. Pero tenemos que escoger, por fe, recibir la redención.

Es algo en lo que puedes meditar la siguiente vez que estés sentado en el suelo con los anuncios de las ofertas a tu alrededor y tengas unas tijeras en tu mano.

2. UNA LECCIÓN
DE HISTORIA BÍBLICA

La Biblia fue escrita en otra época. Entender esa época te ayudará a entender la Biblia.

UNA LECCIÓN DE HISTORIA BÍBLICA

Entender lo que la Biblia dice incluye entender el mundo en la época en la que la Biblia fue escrita. A continuación, una visita guiada por la historia.

UNA LÍNEA DE TIEMPO

A veces olvidamos que mientras los eventos registrados en la Biblia estaban sucediendo, el resto de la historia mundial estaba sucediendo también. Necesitamos entender los eventos bíblicos a la luz de todo lo que estaba sucediendo alrededor del mundo. Para añadir un poco de contexto, aquí tienes una línea de tiempo. Toma en cuenta que existen diferentes opiniones acerca de las fechas. De hecho, de muchos de los eventos no sabemos el año exacto. Para otros, conocemos un rango que puede variar entre trescientos y mil años. En la lista a continuación lo hemos redondeado al siguiente siglo más cercano. Así que, recuerda que las cifras que hemos incluido sólo son aproximaciones.

Alrededor de esta época...	Sucedió esto en la Biblia...	Mientras, en otra parte del mundo...
El principio de los tiempos	Dios creó el mundo. Adán y Eva comenzaron su familia.	
8000 a.C.	Dios salvó a Noé y a su familia del diluvio. La tierra comenzó a repoblarse.	
3800 a.C.		Un pueblo llamado los sumerios se asentaron en Mesopotamia y establecieron su civilización. Construyeron ciudades, incluyendo a Ur, la ciudad natal de Abraham. Los sumerios establecieron la lógica aritmética basada en diez (por los diez dedos con los que podían contar) y dividieron al círculo en sesenta subsecciones, estableciendo los minutos y los segundos que todavía usamos hoy. También hicieron grandes progresos al desarrollar la escritura.
3000 a.C.		Se construyeron las pirámides en Egipto.
2500 a.C.		Los egipcios descubrieron el papiro y la tinta para escribir. Construyeron las primeras bibliotecas.
2250 a.C.		Se domesticaron los caballos en Egipto y las gallinas en Babilonia.
2000 .C.	Dios le dijo a Abraham (quien estaba en Ur) que se mudara a Canaán y le prometió que sus descendientes tendrían esa tierra. Dios hizo de Abraham el padre de la nación judía al darle a Isaac: su hijo.	Los nativos de América emigraron de Asia a América del Norte.

1800 a.C.	José, el nieto de Isaac, fue vendido como un esclavo a Egipto. Finalmente, su familia también se mudó para allá también. Los descendientes de José y sus hermanos crecieron como una nación de esclavos en Egipto.	La rueda con rayos fue inventada en el medio oriente. Documentos egipcios en papiro describen procedimientos quirúrgicos.
1500 a.C.		Los cananeos inventan el primer alfabeto. Comienzan a usarse relojes solares en Egipto.
1400 a.C.	Dios usó a Moisés para guiar al pueblo hebreo fuera de Egipto y ser libre de la esclavitud (esto fue llamado el Éxodo).	
1350 a.C.	Después de la muerte de Moisés, Josué guió a los hebreos para que se volvieran a asentar en la tierra que Dios les había prometido: Canaán.	
1300 a.C.	Después de la muerte de Josué los hebreos fueron gobernados por jueces, hombres y mujeres sabios que ayudaban a resolver disputas y tomar buenas decisiones. Sansón y Rut (la del libro que lleva su nombre) vivieron en esa época.	La seda fue inventada en China. El primer diccionario chino estaba en proceso de edición.
1000 a.C.	Dios le dio a Israel su primer rey: el rey Saúl. Hasta este punto, Israel había sido guiado por líderes sabios que tomaban decisiones basados en su sensibilidad espiritual. Eso significaba que, esencialmente, Israel había sido guiado por Dios (una teocracia). Sin embargo, todas las naciones colindantes tenían líderes políticos. Los hebreos básicamente vinieron a Dios y dijeron: "Queremos tener lo que los otros niños tienen". Después de insistir mucho, lo obtuvieron. Las cosas se salieron de control a partir de ese momento.	

950 a.C.	Salomón (el tercer rey) construyó el templo en Jerusalén.	Los celtas invaden Inglaterra. Los asirios inventan las pieles inflables (salvavidas) para que los soldados crucen cuerpos de agua.
900 a.C.	El rey Salomón muere. El reino se divide en Israel (diez tribus del norte, más tarde llamadas Samaria) y Judá (las tribus restantes del sur).	
850 a.C.	Elías se levanta como un líder y un profeta entre los hebreos. Su sucesor fue Elíseo.	
800 a.C.	Isaías, Joel, Miqueas, Abdías y Nahum profetizaron a Judá (el sur), mientras que Oseas, Amós y Jonás profetizaban a Israel (el norte).	Homero escribe la Iliada y la Odisea. El patinaje sobre hielo se convierte en un deporte muy popular en el norte de Europa.
770 a.C.		Se celebran las primeras olimpiadas, obviamente no fueron televisadas.
750 a.C.		Se funda la ciudad de Roma. En Italia se inventan los dientes postizos poco después.
650 a.C.		En la olimpiada número treinta y tres se introduce la carrera de caballos como una competencia.
600 a.C.	El pueblo de Judá es llevado cautivo a Babilonia. Los profetas durante este tiempo fueron Jeremías, Ezequiel y Daniel.	Se funda la nación de Japón.
550 a.C.		Nace Siddhartha Gautama, fundador del budismo. Aesopo excribe sus fábulas. Nace Confusio en la China. Se inventan las llaves, las cerradura y la tabla del carpintero.

500 a.C.	El primer contingente israelita regresa a Jerusalén del exilio y comienza a reconstruir.	Al mismo tiempo en Grecia, Pitágoras, un matemático, descubrió que el cuadrado de la hipotenusa de un triángulo rectángulo es igual a la suma de los cuadrados de los otros dos catetos (¿recuerdas el teorema de Pitágoras en geometría?). Nace Halloween en un festival celta. Un cirujano de la India lleva a cabo la primera cirugía de cataratas.
450 a.C.	La reconstrucción del templo fue terminada en Jerusalén. El gobernante en este tiempo era Ciro el persa. Los líderes judíos eran Esdras y Nehemías. Los profetas eran Hageo y Zacarías.	Aproximadamente en la misma época (una década más o menos) nació Hipócrates. Creció y se convirtió en el Padre de la medicina (¿recuerdas el juramento hipocrático?). Escribió los libros de medicina más antiguos que todavía existen. Le enseñó a la humanidad que las enfermedades vienen por causas naturales más que por supersticiones o por la maldad.
447 a.C.		Se construyó el Partenón en Atenas.
427 a.C.		Nació Platón en Grecia.
425 a.C.	La reina Ester fue coronada en Persia. (¿Una judía es reina de Persia?)	
399 a.C.		Muere Sócrates.
300 a.C.		Alejandro el Grande establece su imperio. Aristarco establece que la tierra rota sobre su propio eje y que no es el centro del universo.

250 a.C.	Se traduce la Septuaginta. Ésta fue una traducción del A.T. al griego. El griego era el lenguaje común en ese tiempo así que esto fue la GRAN cosa. Jesús y sus discípulos probablemente utilizaron esa traducción.	Mientras tanto, Eratitrato descubre que es el cerebro, y no el corazón, el centro de la actividad nerviosa.
150 a.C.	Un padre y cinco hermanos dirigen una revuelta (la revuelta de los Macabeos) contra un gobernante Sirio malvado. Judas, el hijo mayor, guía a la nación a un tiempo de prosperidad.	Mientras tanto Eratóstenes, un matemático, calculó correctamente la circunferencia de la Tierra.
50 a.C.		Julio César fue asesinado y César Augusto se convirtió en el nuevo gobernante romano (él es el oficial que ordenó el censo que causó que José y la muy embarazada María viajaran a Belén donde nació Jesús). Mientras tanto, en Grecia, se proyecta el primer motor de vapor. También en Roma, Marcus Vitruvius, un arquitecto, escribió un libro de planeación urbana que incluía relojes, y maquinaria hidráulica y militar. En Fenicia, se inventa el vidrio soplado.
		Cleopatra toma el trono.
30 a.C.		Cleopatra y Marco Antonio se suicidan. La lucha sumo estaba a punto de convertirse en el deporte principal de Japón.

Comienzo de
la era cristiana

Jesucristo nace aproximadamente en esta época, en realidad en el año 5 a.C. Algunas cosas no son perfectas en retrospectiva.

30 d.C.   Jesús de Nazaret fue crucificado (asesinado) y milagro- samente volvió a la vida. Después de que regresó al cielo, el Espíritu Santo descendió en un momento que ahora conocemos como Pentecostés.

60 d.C.   Pablo escribió sus primeras cartas a las iglesias.

Los romanos comienzan a usar jabón. Mientras tanto, Celso, un escritor médico, sugirió el uso de antisépticos en las heridas.

65 d.C.   Se escriben los evangelios de Marcos, Mateo y Lucas, así como los Hechos.

Al mismo tiempo, Roma había sido incendiada parcial- mente, lo cual dio pie a que Nerón culpara a los cristianos y los persiguiera. En alguna parte, los artistas comenzaron a pintar sobre lienzos.

70 d.C.   Jerusalén fue destruida nueva- mente.

80 d.C.

El monte Vesubio hace erup- ción en Italia sepultando a Pompeya.

85 d.C.	Se escribió el evangelio de Juan. Pablo hace sus viajes misioneros.	Wang Chung, un filósofo chino declaró que cualquier teoría debe ser sustentada por evidencia concreta y experimentación. (Este fue el nacimiento del método científico, al mismo tiempo que el regalo más grande de todos los tiempos estaba siendo difundido por el mundo civilizado.)
90 d.C.	Las iglesias individuales comenzaron a compartir las cartas de Pablo unas con otras.	
100 d.C.	Los cuatro evangelios comenzaron a circular juntos como una colección.	Al mismo tiempo, Arquígenes, un médico que se considera fue el primer dentista, hizo la perforación inaugural en un diente humano (mientras todavía estaba pegado al humano). Desgraciadamente, todavía no se inventaba la novocaína. Mientras tanto, el imperio romano estaba en el esplendor de su poder.
120 d.C.	Las trece cartas de Pablo fueron puestas juntas como una colección (ahora les llamamos las Epístolas Paulinas).	
140 d.C.	Un hombre llamado Marción compiló una Biblia que rechazaba el Antiguo Testamento y rescribió una buena parte del Nuevo Testamento. Esto motivó a los líderes de la Iglesia tomar la decisión de reconocer oficialmente los libros que formaban el canon del Nuevo Testamento.	

145 d.C.   La Iglesia se enfrentó a Marción y
                  reconoció todos los libros del
                  Nuevo Testamento. Este testa-
                  mento es casi idéntico al que
                  ahora tenemos.

150 d.C.   Galeno, un cirujano para los
                                                 gladiadores descubrió que las
                                                 arterias humanas llevan sangre
                                                 y no aire como se había asu-
                                                 mido generalmente.

400 d.C.   Un consejo oficial reconoció lo
                  que había sido ya probado mien-
                  tras la gente experimentaba el
                  poder de Dios: Los veintisiete
                  libros que conocemos hoy como
                  el Nuevo Testamento son verda-
                  deros e inspirados por Dios.

GEOGRAFÍA

La mayor parte de la historia de la Biblia se lleva a cabo alrededor de las costas orientales del Mar Mediterráneo. Si tienes un mapa, encuentra África. En la esquina nordeste, vas a encontrar a Egipto. Permite que tu dedo siga hacia arriba la línea costera hacia el nordeste y vas a encontrar Israel. Israel era el hogar de Abraham, llamado Canaán. Más tarde fue llamado la Tierra Prometida por los hebreos que fueron liberados de Egipto. Si continuas siguiendo la orilla del mar hacia el norte y das la vuelta hacia el oeste vas a encontrar Grecia. Éste es el camino que Pablo siguió en muchos de sus viajes misioneros, incluso llegó tan lejos como Roma, Italia.

Hoy podemos viajar a través de océanos y continentes en el curso de un día. Es difícil imaginar que tanto de la historia bíblica sucedió en un pedazo relativamente pequeño de tierra. Esto también resalta la belleza de la puntualidad de Dios, viniendo a la tierra en un momento en el que el entorno del mundo era pequeño y las Buenas Nuevas podían diseminarse mundialmente rápidamente y fácilmente.

Ese es el panorama general. Seamos más específicos. Hay algunos lugares que las personas de las que lees en la Biblia encontraban en su caminar diario.

CASAS Y HOGARES

Durante la época del Antiguo Testamento, la mayoría de las personas viajaban con sus rebaños y su ganado, así que las casas más comunes eran tiendas hechas de postes, estacas y pieles. Algunas cortinas dividían las tiendas en cuartos y los tapetes cubrían la tierra en el interior. Los lados de las tiendas podían ser doblados para crear porches y dejar que el aire fresco circulara. Esto formaba la comunidad, en una forma que es difícil que reconozcamos con nuestras casas de ladrillo y el típico: "¡Cierra las ventanas! ¡El aire [acondicionado] está encendido!".

Mientras las culturas se fueron asentando, comenzaron a construir pequeñas casas dentro de un campo delimitado. Comparado con nuestros estándares, las casas eran pequeñas y atiborradas, pero albergaban familias enteras. Ocasionalmente tenían cuartos separados, pero no solían ponerle puertas a los cuartos. Normalmente las casa eran hechas de piedra, pero cerca del Jordán también las hacían de ladrillos hechos de lodo del río y secados al sol. Los techos a menudo eran vigas con hojas y ramas secas colocadas encima de ellas.

Al correr de los años, los hebreos comenzaron a construir casas de cuatro habitaciones. Esta estructura les permitía a los constructores hacer un techo firme y entonces utilizar ese techo como porche o área de descanso. Una escalinata, o una simple escalerilla, conducía al nivel superior.

En tiempos del Nuevo Testamento, las casa del medio oriente se construían de ladrillos de adobe usualmente sobre un cimiento de piedra caliza. Por fuera, había escalinatas que conducían a azoteas planas que proveían espacio para un área de descanso o de almacenamiento adicional. Las pequeñas ventanas permitían la ventilación, y mantenían fuera a los intrusos. La mayoría de las casas tenían un pequeño tapanco que se utilizaba como alcoba. Sólo las familias de mayores recursos tenían habitaciones en los pisos superiores, patios y jardines.

Las casas, fueran propiedad de familias ricas o pobres, normalmente tenían mucho menos muebles que los que utilizamos hoy. En lugar de sofás, las personas a menudo se sentaban en tapetes y cojines. En lugar de mesas, usaban pedazos circulares de piel. En lugar de camas, tenían colchones. En lugar de velas y lámparas eléctricas, tenían lámparas de aceite.

✝ TROCITOS DE LA BIBLIA
REGLAMENTO DE CONSTRUCCIÓN
Cuando alguno de ustedes construya una casa nueva, deberá poner un muro de protección alrededor de la azotea; así evitará que su familia sea culpable de una muerte en caso de que alguien se caiga de la casa.
Deuteronomio 22:8, Dios Habla Hoy

> Un día en que Elíseo pasó por Sunem, una mujer importante que
> allí vivía lo invitó con mucha insistencia a que pasara a comer. Y
> cada vez que Elíseo pasaba por allí, se quedaba a comer. Entonces
> ella le dijo a su marido:
> —Mira, yo sé que este hombre que cada vez que pasa nos visita, es un
> santo profeta de Dios. Vamos a construir en la azotea un cuarto para
> él. Le pondremos una cama, una mesa, una silla y una lámpara. Así,
> cuando él venga a visitarnos, podrá quedarse allí.
>
> *2 Reyes 4:8-10, Dios Habla Hoy*

TABERNÁCULOS, TEMPLOS Y SINAGOGAS

Los edificios donde se reúne la Iglesia no son tan importantes en nuestras comunidades como una vez lo fueron, aun así los vemos por doquier. La frase: "Una iglesia en cada esquina", todavía puede aplicarse en mucho de la civilización occidental. Los edificios religiosos eran mucho más importantes en tiempos antiguos, pero no tan permanentes.

Antes de que el pueblo de Dios llegara a la Tierra Prometida deambuló por el desierto durante muchos años. A causa de su estilo de vida nómada, necesitaban un lugar portátil de adoración. Una tienda, también llamada el tabernáculo, servía para este propósito. Era el único edificio de la iglesia en el campamento judío. Era considerado el lugar donde moraba Dios.

Luego de que los israelitas se habían establecido en la Tierra Prometida y disfrutaron un tiempo de paz, el rey Salomón construyó el gran templo que su padre David había imaginado. Era un lugar permanente en el que la gente podía adorar a Dios y ofrecerle sacrificios. El templo estaba basado en la distribución del tabernáculo. Había un cuarto interior llamado el lugar santísimo. Este lugar estaba reservado para la misma presencia de Dios. El arca del pacto (un cofre sagrado con algunos artefactos de los milagros que presenciaron durante su viaje) también estaba allí. También había otros centros de adoración establecidos, en parte para las personas que vivían lejos de Jerusalén. Necesitaban lugares más cercanos a su casa para ofrecer sus sacrificios.

Aunque, el templo en Jerusalén era el lugar preferido. Por lo menos una vez al año, la mayoría del pueblo viajaba allí. Seguramente recuerdas la vez cuando José y María llevaron a Jesús al templo en Jerusalén para celebrar la Pascua y Jesús se quedó atrás (Lucas 2:41-47).

En el Nuevo Testamento, las sinagogas locales eran el lugar principal de instrucción bíblica. Las sinagogas posiblemente comenzaron tan antiguamente como el exilio en Babilonia. Como la gente no podía regresar al templo a adorar, seguramente comenzaron a reunirse para estudiar y animarse los unos a los otros.

?

¿SABÍAS QUÉ?
EL ORDEN DE LA ADORACIÓN EN UNA SINAGOGA
Durante un servicio en una sinagoga, las mujeres se sentaban de un lado del cuarto y los hombres se sentaban en el otro. Los servicios normalmente comenzaban con un credo de confesión. A menudo era de Deuteronomio 6:4-5.

Oye, Israel: El Señor nuestro Dios es el único Señor.
Ama al Señor tu Dios con todo tu corazón, con toda tu alma y con todas tus fuerzas
Deuteronomio 6:4-5, Dios Habla Hoy

El servicio incluía oraciones y lecturas bíblicas (de diferentes secciones de la Biblia) y entonces un sermón instructivo. A menudo había un tiempo de preguntas y respuestas después de eso. En muchos servicios litúrgicos de hoy, todavía se pueden observar los elementos del servicio de la sinagoga.

TROCITOS DE LA BIBLIA

Como en las sinagogas era donde se enseñaba, eran los lugares en los que a Jesús le gustaba estar.

Jesús recorría toda Galilea, enseñando en la sinagoga de cada lugar. Anunciaba la buena noticia del reino y curaba a la gente de todas sus enfermedades y dolencias.

Mateo 4:23, Dios Habla Hoy

Jesús le dijo:
—Yo he hablado públicamente delante de todo el mundo; siempre he enseñado en las sinagogas y en el templo, donde se reúnen todos los judíos; así que no he dicho nada en secreto.

Juan 18:20, Dios Habla Hoy

La estructura más detallada de las sinagogas variaba. A menudo reflejaban a la comunidad que las había edificado en lo elaborado que estaban construidas y decoradas. Cada sinagoga habría incluido un baúl para los rollos (como la mesa con una Biblia al frente en las iglesias occidentales tradicionales), una plataforma para el maestro, instrumentos musicales y bancas para los asistentes. Suena familiar, ¿no es así?

COMIDA

Ten en mente que éste no era un mundo de carne envuelta en celofán y pasillo tras pasillo de productos enlatados. Ésta era una época cuando la variedad no tenía mucha demanda. La gente a menudo cultivaba sus propios alimentos. Cuando iban de compras, era en mercados al aire libre. No había refrigeración, así que a menudo la carne se curaba con sal y se secaba (como la carne seca). Las especias no eran bienes de uso diario como las que encontramos en nuestras despensas hoy, pero algunas especies comunes eran comino, mostaza y menta. El azúcar ni siquiera estaba presente.

Usualmente, un desayuno hebreo era más ligero que un caramelo.

Solía ser un bocadillo comido durante las tareas de la mañana –posiblemente un pan o una fruta. La comida era ligera, posiblemente un poco de pan, aceitunas o fruta. La cena era la comida más pesada. Una familia con un ingreso modesto probablemente se sentaba junta para disfrutar un tazón grande de un guisado de verduras. En lugar de cucharas, probablemente introducían su pan en el plato para comer. En hogares más adinerados, las comidas posiblemente se disfrutaban en platillos de varios tiempos con pastelillos o frutas como postre.

Para beber no existían las gaseosas en lata o las malteadas. El agua no siempre era potable (no, no había agua embotellada). Probablemente tomaban leche de cabra, jugo fresco o vino con las comidas.

En resumen, no existían los niños parados frente al refrigerador con la puerta abierta de par en par, buscando algo para calentar en el microondas. Los alimentos eran más blandos, más burdos y menos variados. Las comidas eran más difíciles de preparar y conservar. Y probablemente la gente era mucho más agradecida de la comida que comían que las personas de la clase media del mundo occidental.

Rosetas de maíz e higos

En un panorama más amplio, el grano era la fuente de alimento universal en tiempos bíblicos. De hecho, el grano era tan valioso, que a menudo se utilizaba como moneda. Mientras los hombres plantaban, cultivaban y cosechaban los campos, las mujeres y los niños trabajaban para preparar los alimentos de la familia. Por ejemplo, los granos requerían ser limpiados (nota: limpiar el grano es el proceso de revisar grano por grano) para remover cualquier semilla venenosa; para reventarlos en una olla caliente o molerlos para formar la masa para hacer panes planos.

Las uvas, las aceitunas y los higos también eran abundantes en tiempos bíblicos. Las uvas eran aplastadas y fermentadas para beber. Las aceitunas eran molidas para obtener aceite, el cual era usado para cocinar, limpiar, alumbrar y con fines medicinales. Los higos le añadían variedad a la dieta de la gente. Aunque no lo creas, como refrigerio a veces los hebreos comían langostas, grillos o saltamontes (obviamente, sin cobertura de chocólate).

Algunas cosas sorprendentes de la dieta hebrea:

- La miel era el principal endulzante. No había azúcar.
- La mantequilla se utilizaba poco (a causa de la conservación), pero el queso y el yogur eran bastante populares.
- Las verduras a menudo se comían crudas.
- El tipo de pan más común venía en círculos aplanados y no en rebanadas (parecido al pan pita).

? ¿SABÍAS QUÉ?

UNA DIETA KOSHER

Seguro has oído acerca de la comida kosher.

Las normas originales para una dieta kosher en realidad surgieron durante el Éxodo de los hebreos de Egipto. Moisés les dio las reglas de Dios para una dieta saludable. Las reglas incluían cosas como:

- Al comer carne, utilicen esta tabla rasa: Coman sólo carne de animales que rumien y que tengan la pezuña hendida (eso deja fuera al puerco porque no rumia y al camello porque no tiene la pezuña hendida).
- Con respecto a los animales marinos, coman sólo carne de peces que tengan aletas y escamas (por lo tanto, nada de tortugas, almejas, pulpos, cangrejos o incluso ostiones).
- Cualquier carne que coman, quítenle toda la sangre antes de cocinarla.
- No cocinen, ni coman carne con productos derivados de la leche.
- No coman grasa animal.

La lista de alimentos prohibidos incluía camellos, conejos, tejones, puercos, reptiles y ciertas aves incluyendo águilas, buitres, halcones, búhos y murciélagos. Estas leyes sobre la dieta protegían a un grupo bastante grande de viajeros de enfermedades.

Moda

Sin marcas

Hoy tenemos diferente tipos de ropa para diferentes ocasiones. Tenemos ropa deportiva, ropa casual, ropa para ir a trabajar, ropa de vestir casual para ir a trabajar, ropa de vestir, ropa formal y demás. Los hombres llevan corbata a unos eventos y camiseta a otros. Las mujeres llevan zapatos de tacón alto a algunos eventos y sandalias a otros. Tenemos una gran variedad de prendas que vestimos. No era así en la época en la que se escribió la Biblia. La diferencia entre elegante y casual era simplemente un asunto de color y ciertos accesorios decorativos. También existía cierta diferencia entre la ropa de los ricos y la ropa de los pobres. Como te puedes imaginar, muchas decisiones en el vestir desde el 4000 a.C. hasta el 400 d.C. eran determinadas por el clima. El clima alrededor del mediterráneo era caliente y seco con mucha exposición al sol. Vemos las ilustraciones de sus ropas largas y pensamos: "¡Qué calor, yo preferiría usar pantalones cortos!". Se nos olvida que su ropa les servía para guarecerse de un sol abrasador. El color de su ropa repelía el sol, pero el tejido de la tela dejaba pasar el aire. Era la época de las fibras naturales originales.

Había una cosa del vestuario hebreo que era similar a nuestros días. Podías a menudo distinguir la ocupación de una persona por la ropa que vestía. Por ejemplo, los sacerdotes usaban túnicas especiales y los rabíes se vestían con mantos blancos y rayas azules.

No salgas sin ella

La prenda fundamental, tanto para los hombres como para las mujeres era la túnica. La túnica iba cubierta de una capa larga llamada manto. La mayoría de la gente sólo tenía un manto. Eran caros y tomaba mucho tiempo hacerlos. Un manto era una posesión valiosa y versátil. Era una manta para sentarse, una bolsa para cargar lo que fuera, la cama para las noches frescas e incluso la garantía para una deuda. En Éxodo se promulgó una ley que decía que el manto de una persona siempre se le tenía que devolver antes de la caída de la noche. Era un artículo importante; algunas veces significaba la supervivencia de la persona.

Un viaje al centro comercial

La tienda para hombres

No, en realidad no había centros comerciales en los tiempos bíblicos. Pero si Pedro y Juan hubieran ido al centro comercial para comprar su guardarropa, estos son los tipos de artículos que verías en los estantes.

Taparrabo: no tan ajustado como unos bóxers, pero cumplían con la misma función.

Túnica interior: era como una camiseta elaborada de algodón o lino. Llegaban a los muslos o a los tobillos y generalmente se utilizaban en épocas de frío.

Túnica: Ésta era la pieza fundamental. Se usaba más que cualquier otra prenda. La mayoría de las túnicas se ajustaban tanto como una camisa moderna. A menudo se hacían de manga larga, llegaban al piso y eran lisas. Los jornaleros o los esclavos a veces usaban túnicas que les llegaban a las rodillas, sin mangas (piensa en el mensajero de una película de época romana). Muy importante: los hombres usaban todo en color blanco.

Fajas: No, no eran para bajar el abdomen. Eran cintos de cuero o tela que se usaban sobre la túnica. Usualmente tenían entre cinco y quince centímetros de ancho y algunas veces iban tachonados con acero, plata u oro. Cuando los cintos de tela se ataban por la espalda el frente funcionaba como una bolsa frontal para cargar artículos ligeros como un refrigerio o monedas.

Mantos: Estas eran prendas largas sueltas que se llevaban sobre todo lo demás. Para el jornalero, un manto estaba elaborado de lana, pelo de cabra o pelo de camello. Para un hombre de mayor nivel el manto estaba hecho de lino, lana, terciopelo o seda y podía estar ribeteado con pieles.

Tocados: Usualmente había tres variedades: el gorro (de algodón o lana sin alas), el turbante (una mascada gruesa y larga enrollada en la cabeza escondiendo los extremos) y el turbantillo (un pedazo de tela cuadrado de algodón, lana o seda ajustado alrededor de la cabeza con un cordón torcido de seda. No había gorras, ni viseras.

Calzado: Los zapatos se hacían con cuero suave en un estilo tipo mocasín. Las sandalías se hacían de cuero más rígido y durable.

Accesorios: argollas en la nariz y anillos en los dedos. (Sí, en los hombres. Sí, antes de la música alternativa).

Las mujeres mejor vestidas

Si María o Marta se hubieran metido a una tienda de ropa fina, estos son los elementos que encontrarían colgados en los aparadores. Las piezas tenían la misma función que la ropa de los hombres, pero las hacían parecer femeninas con bordados y zurcidos.

Túnicas: las túnicas de las mujeres siempre llegaban a los tobillos. A menudo llevaban una franja en la parte inferior con una cinta de seda o lana.

Tocados: El tocado de María probablemente era muy diferente del de Pedro. María probablemente habrá llevado un pequeño bonete rígido sujetado con pasadores y un velo ligero para cubrir casi todo su rostro.

Ropa interior: Sí, las usaban, aunque no en tantos estilos como hoy en día. El tipo de tela que una mujer usara tenía mucho que ver con su posición social. Las opciones eran normalmente algodón, lino o seda.

Vestidos: Los vestidos de las mujeres a menudo llegaban al piso con mangas puntiagudas (precursoras de las mangas tipo Cenicienta).

Abrigos: Ésta era una pequeña chaqueta que llevaba bordados finos.

Accesorios: Una cosa sigue siendo igual. Las mujeres tenían más opciones de accesorios que los hombres. Posiblemente esto era así porque los hombres se concentraban más en las carreras de camellos. Los accesorios femeninos incluían aretes (también llamados arracadas, pendientes), argollas para la nariz, cadenas para los tobillos, brazaletes, ajorcas y el cabello trenzado elaboradamente.

SOCIEDAD

ROLES POR GÉNERO

Esto puede doler un poco, damas, pero la Biblia refleja una cultura en que las mujeres no tenían realmente todos los derechos como personas. Ni siquiera eran consideradas como testigos confiables en asuntos legales. Cuando leemos un reporte de la cantidad de personas que se encontraban entre la multitud de algún evento en la Biblia, solamente nos dicen el número de hombres. Si añadimos el número de mujeres y niños la verdadera cantidad es increíblemente mayor, (Mateo 14:19-21). Fundamentalmente, en tiempos bíblicos, los hombres eran entrenados para cultivar la tierra, cazar y pelear en las guerras. Las mujeres normalmente atendían a los niños y se ocupaban de las necesidades de la casa.

Aún así, hubo algunas excepciones. Débora fue jueza (Jueces 4:4). María dirigió la alabanza (Éxodo 15:20). Ana era una profetisa (Lucas 2:36).

Cuando comprendes el papel de la mujer en el mundo antiguo, entonces comprendes lo revolucionario que fue la vida y el ministerio de Jesús. Él honró a las mujeres como personas e individuos (Juan 4:7-9). Él les permitía ministrar junto con Él e incluso contribuir económicamente con Su ministerio (Lucas 8:1-3). Hoy cuando las mujeres todavía luchan contra los estereotipos de género, el estilo de Jesús podría ser refrescante. ¡En la época en la que Él vivió era completamente radical!

SIERVOS

El mundo antiguo descrito en la Biblia tenía más de lo necesario de barbarismo. Puedes estar seguro de eso. Los prisioneros de guerra a menudo eran maltratados horriblemente, torturados y asesinados. Si no los mataban, entonces probablemente los convertían en esclavos. El tipo de trato que los esclavos recibían probablemente dependía del gobernante de la época. Cuando los israelitas fueron esclavos en Egipto, se les daban tareas imposibles y los maltrataban (Éxodo 1:11-14). Pero cada vez que la esclavitud se menciona en la Biblia, no tiene connotaciones de crueldad y trato inhumano.

La esclavitud en el mundo antiguo a menudo era la forma de pagar una deuda. De hecho, una persona podría escoger venderse a sí mismo como esclavo con el fin de cambiar su situación financiera. También había un sistema en funcionamiento para los esclavos que quisieran convertirse en esclavos por toda su vida. Esto a menudo sucedía porque él o ella estaba feliz en su lugar en la vida y ellos escogían ser esclavos casi como cuando hoy en día uno escoge una carrera.

La calidad de vida de un esclavo dependía casi enteramente de la nacionalidad y el carácter de su amo. La ley romana decretaba que los esclavos eran propiedad legal de su amo, dándole a los romanos control y autoridad total sobre sus siervos. La ley judía les proveía a los esclavos derechos limitados, aunque se esperaba que obedecieran a sus amos. La Escritura requería que los judíos les otorgaran la libertad a sus esclavos en el séptimo año y en un año especial de celebración conocido como el Año del Jubileo (Levítico 25:39-42; Deuteronomio 15:12). La mayoría de los esclavos eran forzados a realizar labores manuales, pero algunos eran enfermeras, tutores e incluso médicos. De hecho, algunas personas con cierta preparación académica se vendían a sí mismos a esclavitud durante cierto periodo de tiempo para adquirir la ciudadanía romana.

EN CONTEXTO

Todo el libro de Filemón en el Nuevo Testamento está basado en un escenario de esclavitud. Un esclavo llamado Onésimo huyó de su amo y después se convirtió en cristiano. El libro de Filemón en realidad es una carta de recomendación que el apóstol Pablo escribió para acompañar a Onésimo en su regreso a su amo, Filemón. Mientras Pablo enseñó una y otra vez que somos libres en Cristo, la esclavitud, como un papel social, era una parte aceptada de esa cultura.

MATRIMONIOS Y CONCUBINAS

Para la mente femenina moderna, el concepto de las concubinas puede ser algo difícil de asimilar.

Una concubina era una mujer que se convertía en parte del hogar en una manera muy similar a la de una esposa. El esposo y cabeza del hogar asumía responsabilidades de marido hacia esta mujer, pero ella no tenía los privilegios de una esposa. Ella era responsable de parte de las labores del hogar. Ella daba a luz hijos a su "marido", y sus hijos tenían los mismos derechos a la herencia que los hijos de las esposas. No podía ser vendida, ni se podía deshacer de ella, pero siempre sería una concubina en lugar de una esposa.

En la Biblia, la poligamia (tener más de una esposa) y las concubinas son mencionadas como algo normal. Sin embargo, es importante notar que la Biblia también registra los resultados negativos de los hogares que tenían varias esposas y concubinas. No era un arreglo ni feliz ni saludable.

La historia de Sara y Agar en Génesis 16 es un ejemplo poderoso. Sara le dio su esclava egipcia, Agar, a su marido Abraham, para que Sara tuviera hijos a través de ella. En esa época el dar esposas sustitutas para criar hijos era una práctica común, incluso un requisito. (En esos días tener hijos era la realización y propósito final para una mujer en esos días. Era una vergüenza que la mujer no le diera a su marido hijos especialmente, hijos varones.) Después de que Agar sirvió como madre suplente y le dio un hijo a Abraham, Sara comenzó a maltratarla porque estaba celosa de su habilidad para concebir. El hijo de Agar, Ismael, fue padre de la nación árabe. El hijo de Sara, Isaac, fue el padre de la nación judía. Si escuchas las noticias, te vas a dar cuenta de que los conflictos entre ambas naciones continúan incluso hasta nuestros días (Génesis 16:1-12).

Algunos reyes de la antigüedad tenían tantas concubinas que construían un edificio aparte para ellas cerca del palacio llamado harén. El harén se llenaba de vírgenes jóvenes tomadas de sus hogares con un propósito: servir al rey y satisfacer sus necesidades sexuales. Algunas de estas mujeres vivían en el harén toda su vida, y eran convocadas por el rey sólo una vez. En el libro de Ester, puedes leer la historia de una joven judía que se convirtió en parte del harén del rey persa Artajerjes (Ester 2:7-17).

El rey Salomón fue famoso por sus setecientas esposas y trescientas concubinas. A menudo se casaba con princesas extranjeras para construir alianzas políticas con las naciones vecinas. A causa de esto ellas lo influenciaron a que adorara dioses ajenos. Esto llevó a la caída de su reino y de su fe.

GUERRA Y PREJUICIO

Los relatos del Antiguo Testamento describen un mundo barbárico lleno de guerras. La verdad es que el mundo antiguo estaba lleno de odios recíprocos y rivalidades intensas. El mundo de ese tiempo no tenía fronteras fijas. El territorio siempre estaba a merced de quien lo arrebatara. "Conquistar o ser conquistado" era la ley de la tierra.

Los enemigos vitalicios de Israel incluían a los filisteos, los asirios, amonitas y egipcios. Mientras leas en los relatos históricos, así como en los salmos y los profetas, encontrarás a estos enemigos enlistados una y otra vez. No era una época de ama a tu enemigo. Sino una época de ojo por ojo. Mucho de las historias del Antiguo Testamento tiene que ver con que Dios estaba preservando la línea genealógica por la que Jesús vendría. Jesús entonces inauguraría una nueva manera de vivir que tendría el potencial de ponerle fin a la guerra y al prejuicio completamente. Preservar esa descendencia a menudo significaba trazar líneas de batalla. La Biblia narra algunas victorias sorprendentes y milagrosas. Los hebreos también sufrieron derrotas severas.

Aún en el Nuevo Testamento puedes leer acerca del odio que los judíos tenían contra los samaritanos. Más tensión racial. Ésta es la historia: cuando los asirios invadieron el reino del norte de Israel en el año 722 a.C., llevaron a muchos extranjeros para que se establecieran allí. Con el correr de los años, los asirios y los hebreos comenzaron a mezclarse y crearon una raza llamada los samaritanos. Los judíos de raza pura del reino del sur rehusaban relacionarse con los samaritanos porque los consideraban mestizos. Entender este fragmento de la historia te da un entendimiento mayor de la parábola del buen samaritano (Lucas 10:29-37), así como la valentía de Jesús al hablar con la mujer samaritana en el pozo (Juan 4:7-9).

EL MERCDO DE TRABAJO

OPORTUNIDADES DE EMPLEO

Los días descritos en el Antiguo Testamento eran principalmente rurales. En tiempos del Nuevo Testamento, las industrias agropecuarias y de servicios comenzaron a organizarse. La importación y la exportación eran parte del comercio. Muy semejante al día de hoy, las ciudades producían un comercio más vivo y más opciones de trabajo que las aldeas o los pueblos pequeños. También, las ciudades que estaban construidas alrededor de puertos o rutas comerciales tenían una mayor variedad de tecnología y de avances. Aquí te damos una lista de las descripciones del mercado de trabajo en el medio oriente durante los tiempos bíblicos.

✝ **TROCITOS DE LA BIBLIA**
FERIA DE PROFESIONES

Lámec [el tataranieto de Caín] tuvo dos esposas: una de ellas se llamaba Adá, y la otra se llamaba Silá. Adá dio a luz a Jabal, de quien descienden los que viven en tiendas de campaña y crían ganado. Jabal tuvo un hermano llamado Jubal, de quien descienden todos los que tocan el arpa y la flauta. Por su parte, Silá dio a luz a Tubal-caín, que fue herrero y hacía objetos de bronce y de hierro. Tubal-caín tuvo una hermana que se llamaba Naamá.

Génesis 4:19-22, Dios Habla Hoy

CAMPESINOS

Tan temprano como el capítulo cuatro de Génesis, la agricultura era una forma de supervivencia. De hecho, cuando Dios expulsó a Adán y a Eva del huerto, les dijo que sacarían su comida de la tierra y que eso sería trabajo duro.

Al hombre le dijo:

> —*Como le hiciste caso a tu mujer y comiste del fruto del árbol del que te dije que no comieras, ahora la tierra va a estar bajo maldición por tu culpa; con duro trabajo la harás producir tu alimento durante toda tu vida. La tierra te dará espinos y cardos, y tendrás que comer plantas silvestres. Te ganarás el pan con el sudor de tu frente, hasta que vuelvas a la misma tierra de la cual fuiste formado, pues tierra eres y en tierra te convertirás.*

> ### Génesis 4:19-22, Dios Habla Hoy

A través de la historia del Antiguo Testamento, la mayoría de las familias de los plebeyos se sostenían a través de la agricultura. Después de que la lluvia caía, cuando la tierra estaba suave, los campesinos utilizaban arados de madera para preparar la tierra para sembrar. Las semillas se esparcían a mano, y los campesinos dependían de las continuas lluvias de primavera para hacer crecer los cultivos. Cosechaban arrancando las plantas completas a mano o utilizando una hoz de madera para cortar los tallos. Las cáscaras eran separadas del grano en un área para trillar, un espacio de suelo duro y liso fuera de la casa. Una herramienta en forma de trinche era utilizada en el proceso de aventar el grano lanzándolo al aire, permitiendo que el viento de la tarde se llevara la paja. El grano de calidad que quedaba se medía y se preparaba para las comidas en casa o para la venta en el mercado de la aldea.

Fue en un escenario así que Rut se encontró con Booz (Rut 2:1-3) y que Dios llamó a Gedeón a que fuera el líder de Israel (Jueces 6:11).

PESCADORES

Durante la época del Antiguo Testamento, los israelitas a menudo iban deambulando de casa en casa como nómadas en el desierto. No dependían mucho de la pesca. Pero en la época del Nuevo Testamento, la gente se había establecido en su tierra y había una floreciente industria pesquera alrededor del Mar de Galilea. Los peces eran tan abundantes que algunos pescadores desde la orilla echaban la red formando un círculo (con pesas en los bordes) y al sacarla recogían una buena pesca. Sin embargo, la mayoría de los pesadores usaban barcos para que los llevaran mar adentro. A menudo, se echaba una red con pesas en el fondo y con corchos en la parte superior entre dos barcos y se arrastraba a la orilla.

Las historias bíblicas nos relatan que en esa época se llevaba a cabo mucha pesca. Algunas veces los pescadores trabajaban toda la noche (Juan 21:3-4). Algunos de los mayores peligros de pescar eran las tormentas impredecibles en el Mar de Galilea (Mateo 8:23-27). Simón Pedro y su hermano Andrés eran pescadores de profesión antes de convertirse en discípulos de Jesús (Mateo 4:18-19).

> *Jesús pasaba por la orilla del Lago de Galilea, cuando vio a Simón y a su hermano Andrés. Eran pescadores, y estaban echando la red al agua. Les dijo Jesús: —Síganme, y yo haré que ustedes sean pescadores de hombres. Al momento dejaron sus redes y se fueron con él.*
> **Marcos 1:16-18, Dios Habla Hoy**

ARTES Y OFICIOS

> *Para hacer diseños y trabajos en oro, plata y bronce, para tallar y montar piedras preciosas, y para tallar madera y hacer cualquier trabajo artístico de diseño. También le ha dado capacidad para enseñar. A él y a Oholiab, hijo de Ahisamac, que es de la tribu de Dan, los ha llenado de capacidad artística para hacer cualquier trabajo de tallado y de diseño, y de bordado en tela morada, tela de púrpura, tela roja y lino fino, y para tejer cualquier labor de diseño artístico*
> **Éxodo 35:32-35, Dios Habla Hoy**

Casi desde el principio de la Biblia los artesanos eran reconocidos. Los artesanos, entre los hebreos, eran las personas que mantenían a sus familias produciendo artesanías y artefactos para vender. Hoy valoramos las cosas que son hechas a mano. En aquellos tiempos, ¡así era todo!

ALFAREROS

Tenían gran demanda. Los recipientes de cobre a menudo eran

caros y las botas de cuero (como las utilizadas para el vino) no se podían usar para caminar. Así que la alfarería de barro o de cerámica era esencial. Los hebreos hacían utensilios de barro para comer y cocinar. Un alfarero hebreo probablemente amasaba el barro con sus pies y luego lo moldeaba en formas de vasijas diferentes sobre su rueda de amasar.

¡Ay de aquellos que se esconden del Señor para ocultar sus planes, que hacen sus maldades en la sombra y dicen: "Nadie nos ve. Nadie se da cuenta"!
¡Qué modo de pervertir las cosas!
Como si el barro fuera igual a aquel que lo trabaja.
Un objeto no va a decir al que lo hizo: "Tú no me hiciste", ni una pieza de barro al que la fabrica: "No sabes lo que estás haciendo".
Isaías 29:15-16, Dios Habla Hoy

CARPINTEROS

Hacían arados, trinches para aventar el grano y herramientas para trillar, así como techos, puertas, marcos de ventanas y muebles para las casas. Utilizaban herramientas como serruchos, martillos y punzones. Algunas veces los carpinteros trabajaban con metal y piedra así como con madera. José, el padre terrenal de Jesús, fue carpintero y Jesús era conocido por sus vecinos como carpintero.

¿No es este el carpintero, el hijo de María y hermano de Santiago, José, Judas y Simón? ¿Y no viven sus hermanas también aquí, entre nosotros? Y no tenían fe en él.
Marcos 6:3, Dios Habla Hoy

CURTIDORES

Trabajaban el cuero vacuno y bovino, y los cueros de otros animales para hacer sandalias, bolsas, casa de campaña, escudos, pisos y odres. Como los curtidores trabajaban con animales que eran considerados impuros, la profesión era despreciada y a los curtidores a menudo se les hacía trabajar fuera de la ciudad. Los curtidores a menudo utilizaban herramientas de hueso para raspar los cueros. Utilizaban cal y la corteza de ciertos árboles para curtir las pieles. La Biblia menciona que Pedro se hospedó con un curtidor llamado Simón cuando estuvo en Jope.

CANTEROS

Trabajaban la roca. Moldeaban y le daban forma a la piedra caliza que iba ser utilizada en la construcción. Construían paredes y cimientos. Sus herramientas incluían un tranquil (plomada antigua), una caña para medir y una variedad de cinceles y mazos. El profeta Amós, entre otros, utilizó el tranquil de los canteros como un ejemplo del juicio de Dios sobre la infidelidad de Israel.

Otros artesanos: **caldereros, orfebres, plateros** y **tejedores.**

MANADEROS

Los **manaderos** eran los medianeros del ganado. A menudo no eran dueños de los animales que cuidaban, pero se les pagaba en especie con los productos de la manada. Los manaderos cuidaban bueyes, ovejas, cabras y camellos. Su profesión era honorable. Probablemente los manaderos más prominentes en la Biblia eran los pastores.

PASTORES

Solían ser responsables de un rebaño mezclado de ovejas y cabras. Sus tareas incluían: alimentar al rebaño, guiarlo a praderas verdes, proteger los animales de bestias salvajes y atender la grey. Los pastores a veces tenían que viajar lejos con sus rebaños para encontrar pastos, especialmente en los meses calurosos del verano.

Tanto las ovejas como las cabras eran valiosas: las cabras por su leche, carne y pelo, el cual era utilizado para elaborar ropa, y las ovejas por su lana y su carne.

En la Biblia vas a encontrar que el papel del pastor es utilizado una y otra vez como una metáfora del cuidado de Dios por nosotros. Isaías escribió lo siguiente acerca de Dios:

Como pastor apacentará su rebaño; en su brazo llevará los corderos,
y en su seno los llevará; pastoreará suavemente a las recién paridas.

Isaías 40:11

David escribió:
Jehová es mi pastor; nada me faltará.

Salmos 23:1

Jesús incluso dijo:
Yo soy el buen pastor; y conozco mis ovejas, y las mías me conocen,
así como el Padre me conoce, y yo conozco al Padre; y pongo mi vida
por las ovejas.

Juan 10:14-15

Para el mundo moderno esas comparaciones son poéticas y
bellas. Para el mundo antiguo eran familiares y comprensibles.
Tenían una conexión directa con su vida diaria.

SACERDOTES

Había dos tipos de trabajadores en el templo. Los levitas eran
responsables de mantener el templo y su funcionamiento. Los
levitas eran descendientes de Leví, uno de los doce hijos de Israel
(y la tribu de la cual descendía Moisés).

El hermano de Moisés, Aarón, era el sumo sacerdote. Los
sacerdotes en el templo descendían de esta línea sanguínea en la
tribu de Leví (hablando de la necesidad de un censo). El oficio
sacerdotal había sido establecido por Dios para mediar entre Dios
y la nación de Israel. Los sacerdotes eran responsables de ayudar a
la gente común a mantener una relación adecuada con Dios, así
como supervisar las funciones del templo y mantener el sistema
de sacrificios diarios en marcha.

Aunque es una comparación un poco floja, la comparación
más cercana en la iglesia protestante moderna sería ésta: Los
levitas incluirían a todo el personal de la congregación y particularmente a aquellos que manejan la administración y el
mantenimiento de la iglesia y sus instalaciones. Los sacerdotes

serían aquellos del personal de la congregación que manejan la adoración y el desarrollo espiritual de la gente de la congregación.

El libro de Hebreos asemeja el papel de Jesús en nuestras vidas con el del sumo sacerdote.

> *Jesús, el Hijo de Dios, es nuestro gran Sumo Sacerdote que ha entrado en el cielo. Por eso debemos seguir firmes en la fe que profesamos. Pues nuestro Sumo Sacerdote puede compadecerse de nuestra debilidad, porque él también estuvo sometido a las mismas pruebas que nosotros; solo que él jamás pecó.*
>
> **Hebreos 4:14-15, Dios Habla Hoy**

UNOS POCOS MÁS...

Aquí hay algunas ocupaciones comunes de las que nos habla la Biblia:

- **Panaderos:** hacían pan o cocinaban la masa que los clientes traían (Génesis 40:1)
- **Barberos:** cortaban el cabello, casi siempre trabajaban en la calle (Ezequiel 5:1)
- **Consejeros o asesores:** aconsejaban al rey o a otro oficial (1 Crónicas 27.32)
- **Adivinos:** parecía que tenían acceso a sabiduría secreta, especialmente de eventos futuros (1 Samuel 6:2)
- **Teñidores:** extraían color de fuentes naturales y teñían ropa (2 Crónicas 2:7)
- **Ancianos:** eran los líderes o funcionarios de las ciudades (Génesis 23:10)
- **Mercaderes:** importaban y distribuían mercancía para la venta al público (2 Crónicas 9:14)
- **Nodrizas:** actuaban como institutrices, guías, padres sustitutos o nanas (Génesis 24:59)
- **Perfumadores:** trabajaban con cualquier cosa fragante, incluyendo artículos cosméticos y de botica (1 Samuel 8:13)
- **Médicos:** comprendían y practicaban el arte de la curación (Jeremías 8:22)
- **Escribas:** llevaban la correspondencia, mantenían los

libros contables y transcribían documentos (Esdras 7:6)

- **Principales y jefes:** ostentaban posiciones como gobernantes, senadores, magistrados, cualquier persona involucrada en el gobierno (1 Crónicas 23:2)
- **Cantores:** funcionaban como vocalistas profesionales o aprendices (1 Crónicas 15:27)
- **Soldados:** tenían un rango en el servicio militar profesional (Jueces 9:4)
- **Cobradores de impuestos:** recolectaban los impuestos para el gobierno romano (Mateo 9:9)

HISTORIA DE LA IGLESIA I

El mundo político y social de la Biblia era muy diferente de nuestro mundo moderno. El mundo de la Iglesia también era diferente.

Hay una iglesia en cada manzana en muchas ciudades occidentales. Hay iglesias chicas y grandes y montones de denominaciones diferentes. Mientras crecen, a menudo le añaden edificios a sus predios. Algunas veces construyen gimnasios o centros de convivencia familiar. Añaden bibliotecas. Construyen canchas de fútbol.

Eso no es nada semejante a la primera iglesia. De hecho, la primera iglesia no tenía nada que ver con edificios. La primera iglesia era la gente que había creído en Jesús y en el milagro de Su resurrección. Eran identificados por las ciudades en las que vivían. Se reunían para esparcir las noticias y para animarse unos a otros. No se reunían porque era lo que siempre hacían. Se reunían porque se necesitaban los unos a los otros. No tenían instalaciones. De hecho, durante las épocas de persecución, estar en un edificio que perteneciera a la Iglesia sería estar en el lugar más peligroso que pudiera haber.

Cuando leas los libros del Nuevo Testamento (llamados epístolas), te vas a dar cuenta de que la mayoría de las iglesias eran conocidas por el nombre de su ciudad. La iglesia de los efesios estaba compuesta por todos los creyentes de Éfeso. La iglesia de los filipenses estaba compuesta por todos los creyentes de Filipos. No se habían dividido en denominaciones. Sólo eran los seguidores de Jesús que estaban dispuestos a reconocer su fe y estar juntos para continuar el ministerio de Jesús. Probablemente has escuchado a los predicadores animar a la iglesia moderna a que se haga más semejante a la iglesia del Nuevo Testamento en este aspecto.

EL MINISTERIO

¿En qué piensas cuando piensas en alguien que "está en el ministerio"? ¿Piensas en collarines blancos? ¿Visitas a los hospitales? ¿Predicar desde los púlpitos? ¿Tener una oficina en las instalaciones de la iglesia?

Hoy a menudo pensamos que un pastor es la persona que se encarga de una congregación durante un tiempo, y después se va a otra congregación a hacer lo mismo, probablemente de la misma denominación. La congregación le paga un salario y probablemente le provee un cierto tipo de paquete de prestaciones.

El ministerio para los profetas del Antiguo Testamento o de los primeros líderes del Nuevo Testamento era una cosa completamente diferente. A menudo eran itinerantes, lo que quiere decir que eran pastores por su propia cuenta que viajaban de una congregación a otra. A menudo estaban en una profesión peligrosa. Sufrían persecución. Muchas veces en el área donde ministraban había otras religiones que eran tan fervientes en sus creencias, si no es que más. No recibían salario ni prestaciones. Los pastores y los maestros dependían de la gente de la congregación para su sustento. Muchos, como el apóstol Pablo, eran biocupacionales, lo que significa que tenían un trabajo durante el día (como elaborar tiendas) para sobrevivir y ministraban en su tiempo libre.

MONEDAS, PESAS Y MEDIDAS

Para toda nuestra evolución social, existen dos cosas acerca del mercado que siguen siendo las mismas que en los días descritos por la Biblia:

1. Los compradores querían obtener lo más que pudieran por su dinero, y

2. Los mercaderes querían ser bien pagados por sus productos o servicios.

A causa de esto, desde el comienzo de la civilización, el dinero y las medidas se fueron desarrollando en sistemas estandarizados.

Es difícil imaginar un mundo como el del Antiguo Testamento en el que las pesas o medidas estándar cambiaban dependiendo del lugar. En una ciudad un shekel o un codo podría significar una cosa. En otra ciudad significaba otra cosa completamente. En un mercado la cebada se medía por un puñado. ¿Del puño de quién? En un lugar la distancia se medía por un tiro de arco o un día de viaje. ¿De cuál arquero? ¿De las piernas de quién?

Ya en tiempos del Nuevo Testamento, todo en la vida estaba más estandarizado porque la mayor parte del mundo conocido estaba bajo un mismo gobierno. Había un sistema monetario y había estándares para pesas y medidas establecidos por el gobierno. (Sí el gobierno se metía en el asunto de establecer estándares, todavía no existían los institutos o los organismos civiles.)

MONEDAS

Al leer la Biblia, algunos términos que vas a encontrar para el dinero incluyen los términos que siguen. Vas a notar que algunos equivalen a pesos en lugar de a moneda. Esto es porque en el mercado se utilizaban balanzas. Estos pesos o monedas eran colocados en uno de los platos de la balanza y la mercancía era puesta en el otro lado. Eso quiere decir que las bolsas de dinero eran algo pesadas, ¿no crees?

1. ANTIGUO TESTAMENTO

Nomenclatura bíblica	Valor relativo	Equivalencia actual aprox.
Siclo del santuario (beca)	siclo de plata	5.5 gramos (g)
Pim	plata	7.5 g
Moneda (dárico)	plata	8 g
Siclo oro o plata	11 g	
Siclo real	plata	13.75 g
Mina (libra de plata)	50 siclos (plata) 550 g	
Talento	60 minas (oro o plata)	33 kg

2. NUEVO TESTAMENTO

Sistema griego	Sistema hebreo	Sistema romano	Equivalencia
1 blanca (lepton)			1/128 de denario
2 blancas	cuadrante		1/64 de denario
4 cuadrantes	= 1 cuarto (assarion)		1/16 de denario
1 dracma	16 cuartos		
(salario de un día)			
= 1 denario	3.6 g (plata)		
2 dracmas			
= 1 didracma	1 beca (impuesto)	2 denarios	7.2 g (plata)
4 dracmas			
= 1 estatero	1 siclo	4 denarios	14.4 g (plata)
25 dracmas		1 áureo	90 g (oro)
100 dracmas			
= 1 mina	30 siclos	100 denarios	432 g (plata)
60 minas			
= 1 talento		240 áureos	21.6 kg (oro o plata)

PESAS Y MEDIDAS

Los líquidos, como el vino o el aceite eran medidos en recipientes rectangulares en forma de tina. Se les llamaba batos y venían en diferentes medidas. Los sólidos como los cereales y granos, eran medidos en contenedores semejantes de diferentes medidas. La más grande era el efa, que era lo suficientemente grande para albergar a un ser humano. Otra forma de medirlos era con balanza. Se colocaban pesas estándar en un plato de la balanza y la mercancía se colocaba en el otro plato y se les asignaba precio a la mercancía de acuerdo con su peso.

Aquí hay algunas pesas y medidas que posiblemente veas al leer en la Biblia. Aun así, ten presente que en el Antiguo Testamento eran menos estandarizadas.

Nomenclatura bíblica	Valor relativo	Equivalencia actual aprox.
A. Pesas		
1. Sistema hebreo		
Gera	1/20 siclo	0.5 gramos (g)
Siclo del santuario (beca)	_	5.5 g
Siclo	1	11 g
Mina (libra)a	50/1	550 g
Talento ligerob	3,000/1	33 kg
Talento		60 kg
2. Sistema griego		
Libra	1	328 g
Talento	125 libras	41 kg

B. Medidas lineales

1. Sistema hebreo

Dedo	1/24 codo	1.8 centímetros (cm)
Palmo menor	1/6	7.5 cm
Palmoc	—	22.5 cm
Codod	1	45 cm
Cañae	6/1	2.70 metros (m)

2. Sistema griego

Pie	2/3 codo	30 cm
Codo	1	45 cm
Paso	2/1	90 cm
Braza	4/1	1.80 m
Estadio	40/1	180 m
Milla	—	1,500 m

C. Medidas de capacidad (líquidos)

1. Sistema hebreo

Log	1/72	0.3 litros (l)
Hin	1/6	3.66 l
Bato	1	22 l
Coro (Homer)	10/1	220 l

2. Sistema griego

Barril (gr. bato)	1	37 l
Cántaro (gr. metretes)	1	40 l

D. Medidas de capacidad (áridos)

1. Sistema hebreo

Cab	1/18 efa	1.2 l
Gomer (décima)	1/10	2.2 l
Seah (tercio)	1/3	7.3 l
Efa	1	22 l
Medio homer (letek)	5/1	110 l
Homer (coro)	10/1	220 l

2. Sistema griego

Medida (gr. sato)		13 l
Almud		8.7 l
Medida (gr. coro)	40.5 satos	525 l

a En Ezequiel la mina equivale a 60 siclos = 660 g
b En Ezequiel el talento equivale a 41 kg
c En Ezequiel el palmo equivale a 26 cm
d En Ezequiel el codo equivale a 50 cm
e En Ezequiel la caña equivale a 1 m

3. ¿DE DÓNDE SALIÓ LA BIBLIA?

¿QUIÉN LA ESCRIBIÓ?
¿QUIÉN LA COMPILÓ?
¿CÓMO NOS LLEGÓ EN LA FORMA EN LA QUE ESTÁ?

CÓMO NACIÓ LA BIBLIA

Así que, ¿cómo se escribió la Biblia en realidad?

Hoy en día conocemos la Biblia en retrospectiva. O sea: podemos ver desde nuestro punto de vista en la historia y ver como tomó forma. Pero para poder realmente entender la Biblia, necesitamos poder ver desde el punto de vista de los autores, tal y como ellos estaban viviendo la vida.

Las personas, cuyos escritos conforman la Biblia, no sabían que su obra un día sería compilada en las Sagradas Escrituras. No estaban pensando que iban a estar en la lista de los libros mejor vendidos. Ellos eran como nosotros: motivados por los problemas que estaban tratando de resolver y las ideas que los apasionaban.

- Moisés escribió porque no quería que la historia de la provisión de Dios se olvidara. Escribió en el estilo con el que se sentía cómodo: la narrativa. Simplemente relató las cosas como sucedieron, o como Dios le dijo que sucedieron. Él es la única persona de la que sabemos que en realidad tomó dictado de parte de Dios, por lo menos cuando escribió los diez mandamientos.
- David no buscó componer salmos que pudieran ser traducidos en música contemporánea de alabanza y adoración. Él simplemente escribió acerca de las partes de su vida que estaba procesando (incluso las no tan relucientes) y se convirtieron en parte del Libro de los Salmos.
- Jeremías no planeó escribir un libro que quedaría tres libros después de Eclesiastés en la Biblia. El corazón de Jeremías estaba quebrantado porque su pueblo seguía, una y otra vez, alejándose de Dios. Jeremías sabía que esto los llevaría a su propia destrucción. Así que cuando Dios lo llamó para ser profeta, Jeremías hizo sonar todas las

alarmas para convencerlos de regresar. Utilizó metáforas. Utilizó lenguaje dramático. Predijo las consecuencias de su comportamiento. Su estilo de escritura fluía de quién era él y la manera en la que se comunicaba.

Cada persona que escribió una parte de la Biblia escribió desde su lugar y tiempo específico en la historia. Lo que hizo única su forma de escribir fue que Dios infundió Su verdad a través de ellos. Él los usó exactamente donde estaban, pero los dirigió para que asentaran exactamente lo que Él necesitaba. Hoy pensamos en este tipo de cosa, como que Dios les dictó, pero así no fue como pasó (excepto una vez con Moisés). Dios no habló las palabras y les permitió a los autores a tomar notas con taquigrafía. Fue todavía más milagroso que eso. Él infundió Sus palabras en sus vidas para que cuando escribieran de su corazón, Dios estuviera allí.

ENTONCES, ¿QUIÉN DECIDIÓ CUÁLES LIBROS INCLUIR EN EL ANTIGUO TESTAMENTO?

Por la época en la que la civilización había crecido lo suficiente para llevar registros históricos, el Antiguo Testamento ya estaba compilado en casi los mismos libros que tenemos en nuestro Antiguo Testamento hoy en día. Los libros eran considerados sagrados por lo que contaban y por el poder que se hacía evidente cada vez que eran leídos. Los primeros cinco libros (llamados los Libros de la Ley, o la Torá, o el Pentateuco) eran el fundamento de la fe hebrea. Los libros de los profetas eran estudiados y citados en el culto hebreo. Cada libro se había probado a sí mismo una y otra vez. Finalmente a esta colección de libros se le llamó Antiguo Testamento.

Recuerda que mientras se estaba escribiendo el Antiguo Testamento, el mundo era bastante novato en el proceso de organizarse a sí mismo. Idiomas y nacionalidades estaban surgiendo. La tecnología estaba naciendo y después avanzando. Nosotros los seres humanos estábamos dilucidando como cuidarnos a nosotros mismos. En medio de todo eso, los primeros teólogos (quienes eran normalmente hombres sabios que trabajaban en el templo o las sinagogas) discutían y volvían a discutir el poder de la Biblia, que en ese tiempo era llamada algo así como La Ley y Los Profetas. También discutían cuál era su responsabilidad en el cuidado de los manuscritos y de pasarlos a las siguientes generaciones. Había grupos de trabajo (llamados concilios) que específicamente discutían y decidían acerca de este tipo de cosas.

¿SABÍAS QUÉ?

? Una de las pruebas más grandes de la autoridad de los libros del Antiguo Testamento, es la prueba del autor. Se creía que los primeros cinco libros (Génesis, Éxodo, Levítico, Números y Deuteronomio) habían sido escritos por Moisés. El resto se creía haber sido escrito por profetas (personas a las que Dios les manifestaba Su verdad). Algunos de los libros posteriores que no aparecen en nuestra Biblia, pero sí en otras, se eliminaron porque sus autores eran más parecidos a historiadores que a profetas.

El día de entrega de los rollos, había diferentes maneras de estructurar el Antiguo Testamento. Algunas versiones tenían a 1º y 2º de Reyes como un solo libro y otras los separaban en dos libros. Otras incluían algunos libros escritos después del año 400 a.C. (llamados apócrifos, descrito en el recuadro), pero otros no. Pero los treinta y nueve libros enlistados en la página 14 como el Antiguo Testamento estaban presentes en todas las versiones aunque estaban estructuradas en una gran variedad de maneras.

Y, ¿QUIÉN DECIDIÓ CUÁLES LIBROS INCLUIR EN EL NUEVO TESTAMENTO?

Por la época en la que el Nuevo Testamento fue canonizado (reconocido oficialmente como una colección completa de libros), se hizo un descubrimiento entre los líderes de la iglesia: el comité. Mientras había existido una fuerza de trabajo o dos involucradas en reconocer el canon del Antiguo Testamento, la primera iglesia tuvo abundancia de reuniones de comité acerca de cuáles libros eran realmente inspirados por Dios y que iban a ser incluidos en lo que llamamos el Nuevo Testamento.

En el siglo cuarto de nuestra era, los mismos veintisiete libros que encuentras en tu Nuevo Testamento eran considerados el Nuevo Testamento completo. Aunque se reunían los concilios y los comités, sin embargo, el canon del Nuevo Testamento no era algo que grupos arbitrarios de personas decidieran. Estas personas simplemente reconocían qué libros estaban pasando las pruebas autorales y de autoridad. Los libros se defendían a sí mismos. Sólo era que en esa época, la humanidad estaba lo suficientemente organizada para reconocerlo en un manera consensual.

Si quieres más detalles, toma un diccionario o una enciclopedia bíblica y busca *canonización*. Vas a encontrar mucha información acerca de qué rollos fueron encontrados y dónde y los libros que mencionan los historiadores antiguos. Puedes estar seguro que no ha faltado cotejo de fuentes, clasificación o investigación. Aquello que a menudo lo tratamos como algo casual o muy familiar fue tomado muy en serio en la época en la que el Nuevo Testamento y el Antiguo Testamento fueron reconocidos como acabados y completos.

¿SABÍAS QUÉ?

?

CAPÍTULOS Y VERSÍCULOS

Hoy en día cuando abres la mayoría de las Biblias encuentras que los libros están divididos en capítulos y versículos. Ésta no es la manera en la que la Biblia fue escrita originalmente. Originalmente los libros en la Biblia sólo eran escritos. Eran cartas. Eran sermones. Eran anécdotas. Excepto por los Salmos, que eran canciones numeradas, los otros libros fueron escritos en forma de cartas, predicaciones e historias.

Por el siglo quinto, algunos manuscritos de los evangelios estaban divididos en divisiones capitulares. Entonces en la Edad Media se utilizaron una variedad de sistemas para marcar textos que pudieran ser utilizados para la adoración pública. Sin embargo, no fue sino hasta el siglo trece que Stephen Langton (rector de la Universidad de Paris) dividió la Vulgata (una traducción en latín muy conocida) en capítulos. Entonces, cerca de 1551 Robert Estienne (un impresor parisino) dividió los capítulos de Langton en versículos. Estas divisiones se volvieron estándar y se han usado desde entonces.

¿Te podrías imaginar lo difícil que era encontrar Juan 3:16, o cualquier otro versículo, sin el 3:16?

¿DE DÓNDE SALIERON LAS TRADUCCIONES?

Hacer copias de la Biblia, antes de la imprenta, era un asunto TREMENDO. Hombres, llamados escribas, dedicaban toda su vida a la tarea tediosa de copiar los manuscritos l-e-t-r-a por l-e-t-r-a, renglón por renglón. Traducir la Biblia de su idioma original a cualquier otro idioma era un asunto todavía más TRE-MENDO. Significaba que las personas tenían que decidir lo que Dios realmente estaba diciendo.

El Antiguo Testamento fue escrito originalmente en Arameo y Hebreo (dos idiomas estrechamente ligados). Esto hace sentido cuando sabes que todos estos escritores eran hebreos. El Nuevo Testamento fue escrito originalmente en griego porque era el idioma común de la época (Alejandro el Grande había conquistado toda la región en ese entonces y el idioma común era el griego).

La primera traducción que conocemos fue cuando el Antiguo Testamento en hebreo fue traducido al griego. Fue llamada la Septuaginta (sep-tua-GIN-ta). Se le llamó así porque fue hecha por setenta y dos hombres, seis de cada una de las tribus de Israel. (Recuerda *sep* a menudo significa siete. Como un séptimo.)

Desde la Septuaginta, han existido muchas traducciones. Posiblemente la más famosa sea la Reina-Valera con todos sus *vosotros* y *sois*. Otras traducciones de las que posiblemente has escuchado son la Nueva Versión Internacional, La Biblia de las Américas y Dios Habla Hoy.

La gente a menudo habla acerca de las traducciones de la Biblia en el mismo tono de voz que cuando hablan de política o de fútbol. En otras palabras, no lo toman a la ligera. De hecho, pueden llegar a los golpes por los desacuerdos. Por un lado, es algo bueno que tomemos tan en serio la manera en la que tratamos la Palabra de Dios. Por el otro lado, el propósito de la Biblia es enseñarnos a vivir vidas que agraden a Dios. Honramos más la palabra de Dios cuando la obedecemos, que cuando defendemos cierta versión en particular.

Hay dos escuelas de pensamiento acerca de traducir.

- **Palabra por palabra.** Cada palabra individual es traducida al nuevo idioma. Estas traducciones pueden ser un poco más difíciles de leer y también un poco extrañas. Unos idiomas utilizan las preposiciones y los artículos de manera distinta a los otros. Algunas veces no hay una palabra equivalente. Algunas veces la traducción termina con más palabras con voces técnicas en el esfuerzo por ser preciso, por lo que la traducción general es más difícil de leer.

- **Pensamiento por pensamiento.** En lugar de traducir cada palabra, el traductor considera la frase completa o la idea y se pregunta: "¿Cómo puedo traducir esta idea en una frase que signifique lo mismo?". A causa de esto, estas versiones son más fáciles de leer.

¿Qué método es mejor? Ambos tienen cada uno su lugar. Las traducciones palabra por palabra (como la Reina-Valera o la Biblia de las Américas) son buenas para estudios profundos de un solo versículo o palabra. Pero una traducción pensamiento por pensamiento (como la Nueva Versión Internacional o la Dios Habla Hoy) es muy buena para la lectura diaria y la comprensión general. Posiblemente escuches que a las traducciones palabra por palabra les llaman *versiones de estudio* y a las traducciones pensamiento por pensamiento *versiones de lectura*. No sería mala idea tener una de cada una en el librero.

Así es como caen en el espectro la mayoría de las versiones populares de la Biblia en español:

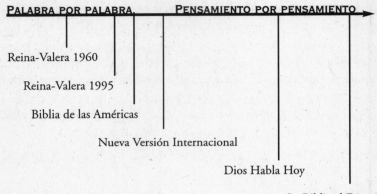

PALABRA POR PALABRA.   PENSAMIENTO POR PENSAMIENTO

Reina-Valera 1960

Reina-Valera 1995

Biblia de las Américas

Nueva Versión Internacional

Dios Habla Hoy

La Biblia al Día

¿Te gustaría tener ayudas de estudio con tu Biblia?

En estos días puedes comprar una Biblia con tantas opciones como un carro nuevo. Puedes comprar una Biblia austera, o puedes comprar una Biblia con muchas ayudas extra que te pueden ayudar a entender y aplicar la información dentro de ella. Puedes comprar una Biblia encuadernada en piel para durar toda una vida o puedes comprar una Biblia encuadernada a la rústica para apenas sobrevivir el campamento bíblico de este verano. Puedes comprar una Biblia con mapas a todo color y una concordancia al final para esos momentos en los que quieres encontrar un versículo o una palabra específica. Puedes comprar una Biblia con listas al final para que puedas encontrar versículos que se apliquen a una situación específica. Todas estas ayudas son útiles para entender y navegar mejor por tu Biblia.

Hay otras ayudas de las que también puedes escoger. Las *Biblias de Estudio* te dan antecedentes antropológicos, datos históricos y explicaciones de versículos difíciles. Las *Biblias*

Devocionales a menudo proveen un plan devocional para leer la Biblia todos los días. Te dan un pasaje bíblico diario para leer y un pensamiento devocional (como un sermón corto) acerca del pasaje.

Si estás motivado a leer y entender la Biblia, querrás encontrar una Biblia que te funcione. Si parece demasiado complicada para tus propósitos busca un poco más. Pregúntale a las personas que conoces y respetas, que leen la Biblia, acerca de lo que les gusta de su versión. Pregúntales a los que atienden las librerías cristianas lo que saben acerca de las versiones que ofrecen. Mientras estés utilizando traducciones confiables, encuentra la Biblia que te va a ser más atractiva para leer mucho tiempo. Si no la estás leyendo, no te vas a beneficiar de su poder para cambiar tu vida.

¿SABÍAS QUÉ?

?

¿CUÁL TRADUCCIÓN?

Vas a notar algunas abreviaturas siguiendo las referencias bíblicas que citan los libros cristianos. Si no ves ninguna abreviatura, ve a la página legal del libro y probablemente vas a ver que se utilizó una versión específica, o que se utilizó una versión a menos que se indique lo contrario. En este libro, no hay abreviaturas, la versión que estamos usando es la RVR60 o Reina-Valera, revisión 1960. Aquí te presentamos algunas abreviaturas típicas que puedes encontrar en otros libros.

BD	La Biblia al Día
DHH	Dios Habla Hoy
NVI	Nueva Versión Internacional
RVR 60	Reina-Valera, revisión 1960
RVA	Reina-Valera, versión actualizada
RVR 95	Reina-Valera, revisión 1995
BA	Biblia de las Américas
BT	La Biblia Textual

---

4. La anatomía básica de la Biblia

Éste es un mapa para nuestro viaje...

LA INFORMACIÓN BÁSICA

La Biblia es la historia de Dios tratando de establecer contacto con Su creación, con la gente, con nosotros. Comienza con la creación de la Tierra y termina con el fin de la vida como la conocemos. Hay dos secciones principales en la Biblia. La primera es el Antiguo Testamento, escrito antes de que Cristo viniera a este mundo. La segunda es el Nuevo Testamento, escrito después del nacimiento de Cristo, vida, muerte, resurrección y regreso al cielo.

ANTIGUO TESTAMENTO

El Antiguo Testamento está formado de treinta y nueve *libros* diferentes. Estos libros fueron inspirados por Dios pero escritos por varias personas con diferentes profesiones y propósitos.

Algunos de los libros están sólo un paso delante de la tradición oral. Son historias para ser pasadas a las generaciones venideras. Algunos libros casi son libros de leyes; son las normas y reglamentos de la época. Algunos son poesía, canciones, himnos, proverbios. Algunos son sermones y profecías.

Los autores escribieron conforme a sus propias habilidades y contexto. No era como si se estuvieran diciendo a sí mismos: "Voy a escribir un libro y entonces, PROBABLEMENTE lo incluyan en la Biblia algún día". No. Ellos escribieron porque cierto asunto necesitaba ser tratado o porque se necesitaba llevar registro de cierto acontecimiento. Respondieron a la necesidad en la mejor manera que pudieron pensar. Dios escribió la Biblia a través de estos autores conforme ellos respondían a la vida a su alrededor.

Aunque el Antiguo Testamento no habla de Jesús en la misma forma biográfica que el Nuevo Testamento, el interés focal del Antiguo Testamento es la solución de Dios para el problema de la humanidad: la futura venida de Cristo. En el Antiguo Testamento se hace referencia a Jesús como Mesías, Emmanuel, el redentor. La promesa de Dios para Abraham incluía la promesa de que Jesús nacería a través del linaje de Abraham, el pueblo judío. Ésta es la razón por la que la historia del pueblo judío es tan importante. Jesús estaba bajando por ese árbol genealógico. Éste es el significado de todos los sacrificios que lees en el Antiguo Testamento: Jesús había sido prometido como el sacrificio final por el pecado.

NUEVO TESTAMENTO

La segunda sección de la Biblia incluye veintisiete diferentes documentos o libros. Todos estos libros fueron escritos en los primeros cien años después de que Cristo vivió. Como el Antiguo Testamento, fueron escritos por diferentes personas en diferentes circunstancias y por razones distintas, pero inspirados por Dios. Estos documentos fueron compilados y reconocidos como la colección que conocemos como el Nuevo Testamento.

El Nuevo Testamento está formado de libros que cuentan la historia de la vida, muerte y resurrección de Jesús; la historia de la Iglesia; y cartas escritas para animar e instruir a esas iglesias.

ESTRUCTURA DEL ANTIUGO TESTAMENTO

Usualmente el Antiguo Testamento se divide en las siguientes categorías:

LA LEY

Escritos por Moisés mismo, esto libros cuentan el principio del mundo y de la nación judía. Dan cuenta de la historia a través de historias. También dan normas para la vida y la adoración. Son una mezcla de relatos y mandamientos.

Estos libros (también llamados la Torá o el Pentateuco) son el fundamento de la fe hebrea.

- Génesis
- Éxodo
- Levítico
- Números
- Deuteronomio

LOS LIBROS HISTÓRICOS

Estos libros narran historias verdaderas de eventos históricos. Cubren el tiempo desde que los hebreos regresaron a Israel después de haber dejado Egipto, a la época del reino dividió, el exilio a Asiria y Babilonia, hasta que los hebreos regresaron a Jerusalén después del exilio. (Los judíos tienen un pasado bastante complicado.)

- Josué
- 1 y 2 Samuel
- Esdras
- Jueces
- 1 y 2 Reyes
- Nehemías
- Rut
- 1 y 2 Crónicas
- Ester

LOS LIBROS DE SABIDURÍA

Estos libros son más experimentales. Algunos son historias, pero no consideradas desde un punto de vista informativo, ni como desde uno en el que ha perdido contacto con la vida. Jesús podría haber llamado estos libros Los Escritos. Otros les llaman Libros de Sabiduría.

- Job
- Proverbios
- Cantar de los Cantares
- Salmos
- Eclesiastés

LOS LIBROS PROFÉTICOS

Los profetas eran los filósofos del día, los predicadores callejeros, los Billy Graham o Luis Palau del mundo hebreo antiguo. Decían las cosas tal cual eran. En el proceso, a través de la dirección de Dios, de hecho decían las cosas tal y como iban a ser en los tiempos de Jesús cuando él viniera cientos de años después. Aunque sí dijeron mucho de cómo sería el futuro, ellos no eran como adivinos o videntes. Ellos hablaron del futuro con el propósito de que la gente tuviera esperanza y vivieran vidas limpias dentro de esa esperanza. Los libros proféticos están divididos en dos categorías. Los primeros cinco libros son los libros de los profetas *mayores*. No es tanto porque unos hayan sido mejores que otros, sino porque sus escritos fueron más largos y conocemos más acerca de ellos.

• Isaías	• Lamentaciones	• Daniel
• Jeremías	• Ezequiel	

El resto son libros escritos por profetas "menores".

• Oseas	• Habacuc	• Malaquías
• Jonás	• Sofonías	• Joel
• Miqueas	• Hageo	• Amós
• Nahum	• Zacarías	• Abdías

EN CONTEXTO

Los libros de profecía del Antiguo Testamento no aparecen en la Biblia en el orden que los profetas vivieron o trabajaron. (Si están ordenados de alguna forma es por longitud, del más largo al más corto). Así que cuando leas sus mensajes, no olvides que no son cronológicos. Pero todos les predicaron a Israel o a Judá en el periodo comprendido entre que los hebreos se establecieron en la tierra, fueron exiliados a tierras extranjeras y finalmente regresaron a casa. Estos escritos eran la guía espiritual de esos tiempos.

ESTRUCTURA DEL NUEVO TESTAMENTO

El Nuevo Testamento comúnmente se piensa que está dividido en las siguientes categorías:

LOS EVANGELIOS

Son parecidos a una biografía de la vida de Jesús, aunque cada uno de los autores estructuraron los eventos en un orden distinto.

• Mateo	• Marcos
• Lucas	• Juan

Historia

Sólo hay un libro de historia en el Nuevo Testamento además de los evangelios. Es realmente una secuela del evangelio escrito por Lucas. Es la historia del comienzo de la iglesia neotestamentaria y la difusión de las Buenas Nuevas de Cristo.

- Hechos

Cartas o epístolas

Sabemos que las trece primeras cartas fueron escritas por el apóstol Pablo. Las últimas tres de esas cartas son llamadas pastorales porque fueron escritas a pastores más que a iglesias. Las cartas, después de la carta a los Hebreos son llamadas epístolas generales porque no fueron escritas a ninguna persona en específico o iglesia.

- Romanos
- 1 y 2 Corintios
- Gálatas
- Efesios
- FIlipenses
- Colosenses
- 1 y 2 Tesalonisenses
- 1 y 2 Timoteo
- Tito
- Filemón
- Hebreos
- Santiago
- 1 y 2 Pedro
- 1, 2 y 3 Juan
- Judas

Profecía

Sólo hay un libro de profecía en el Nuevo Testamento. Este libro trata acerca del *fin de los tiempos* o de la *segunda venida* (de Jesús). Su nombre *apocalipsis* significa: el fin del mundo.

- Apocalipsis

Estilos literarios

Como la Biblia fue escrita por tantos autores diferentes enfrentándose a diferentes facetas de la vida. Leemos cada libro mejor cuando tratamos de entender la perspectiva del autor. Aquí hay algunas categorías que pueden ayudar.

Narrativa histórica

Génesis, Éxodo, Jueces y Hechos son algunos ejemplos de narrativa histórica. Nos enseñan acerca de la historia, pero no sólo los datos históricos. Nos cuentan la historia de la historia, la gente, los lugares, los matrimonios, los conflictos familiares. Las narrativas históricas iban un paso delante de la transmisión oral. Eran la forma en la que la historia pasaba de una generación a otra. El autor quería describir los eventos y relatar acerca de los héroes y villanos.

ESCRITOS SAPIENCIALES

A menudo estos libros son llamados poéticos, pero no la poesía del tipo: "No es verdad ángel de amor, que en esta apartada orilla". La poesía hebrea no se preocupaba mucho de la rima o de la rítmica, sino de la simetría y los pensamientos profundos. Se le llamaba poesía por su estructura y estilo. Salmos, Proverbios, Eclesiastés y Cantar de los Cantares son libros clásicos de poesía, posiblemente incluso libros de filosofía poética que cortaban una rebanada de la vida y la colocaban en un platillo con la presentación como principal preocupación. Los escritos de sabiduría son para ser experimentados, saboreados, meditados y digeridos pedazo a pedazo. Son encuentros de la vida registrados a través de la propia perspectiva del autor y aplicados conforme a lo que era significativo para él.

PROFECÍA

Una buena parte del Antiguo Testamento está formada por pasajes proféticos. Desde Isaías hasta Malaquías (el último libro) son libros proféticos. Estos profetas hablaron a su propia cultura, así como a las futuras. Cuando estaban escribiendo, la única Biblia que citaban era el Libro de la Ley (los primeros cinco libros del Antiguo Testamento). Hoy cuando pensamos acerca de escuchar a Dios hablar o revelarse, pensamos en la abundancia de palabras que tenemos en la Biblia. En esa época, sin embargo, todavía estaban esperando escuchar noticias frescas de Dios. Las obtenían a través de los profetas. Los profetas eran los tipos que simplemente no podían quedarse sentados mirando a su pueblo corromperse espiritualmente.

Pasajes de enseñanza

Hay muchos pasajes que están pensados específicamente para enseñarnos. No nos cuentan una historia, ni nos animan a que saquemos nuestras propias conclusiones. No son poesía, ni narraciones. Sino que nos enseñan la verdad plena y llana. Están diseñados para entrenarnos, para enseñarnos y para formarnos. Los evangelios están llenos de pasajes de enseñanzas de Jesús. Mucho de las epístolas o cartas en el Nuevo Testamento lo incluyen también.

Parábolas

Los evangelios contienen muchas parábolas de Jesús. La importancia de esos pasajes no son los datos de la historia en sí. Lo importante eran los principios debajo del argumento. Cuando leemos la historia de la mujer que continua llamando a la puerta hasta que alguien le responde, no es importante lo que la mujer quería o si una mujer en realidad puede llamar a una puerta tanto tiempo. Lo que es importante es que sigamos buscando respuesta de Dios; tenemos una mejor oportunidad de lograrlo si perseveramos.

Cartas o epístolas

Mucho del Nuevo Testamento está escrito en forma de cartas, cartas personales a individuos y a iglesias. Incluyen información personal al principio y al final. Es como estar leyendo la correspondencia de alguien más. Lo entiendes mejor cuando sabes qué preguntas está contestando el autor. Así que entre más sabemos de las iglesias que recibieron la carta, entendemos mejor la carta.

PIÉNSALO DE ESTA MANERA

 ### Sinopsis de un operador de T.V. por cable

Puede ser más fácil entender todo el asunto de los estilos literarios de los diferentes pasajes si piensas en las estaciones de TV por cable. La tendencia de la TV hoy en día es seme-

---

jante al radio en que cada estación está encontrando su nicho y transmite programas que se ajusten a ese formato. Excepto por las cadenas tradicionales, los programas sobre el clima están en una sola estación acerca del clima. Los programas deportivos en un canal de deportes. Si los libros de la Biblia fueran asignados a canales de cable, quedarían acomodados así:

MUJERES

Ester, Rut y Cantar de los Cantares: Estos tres seguramente quedarían bien en la barra femenina. Problemas, historias, temas e intereses femeninos.

CIENCIA FICCIÓN O CANAL ESOTÉRICO

Los escritos de los profetas del Antiguo Testamento o del libro de Apocalipsis definitivamente podrían quedar bien en este tipo de género, aunque aquí nada es ficticio o falso. Tampoco te cobran por minuto en sus líneas dedicadas. Pero sí tendríamos visiones sorprendentes y un futuro como el que no podrías (pero que sí puedes) creer.

REALITY SHOWS

Josué, Jueces, 1 y 2 Samuel, 1 y 2 Reyes. Hablan de acción, suspenso, aventura. Si hubieran tenido a un camarógrafo corriendo detrás, los estaríamos viendo, fuera que hicieran huir a los filisteos o no.

CONSEJOS EN VIVO

Proverbios: sabiduría cotidiana para tomar decisiones. Sin las peleas en el set, la ropa sin combinar de los invitados o las confrontaciones llenas de lágrimas.

HISTORY CHANNEL O INCLUSO LAS NOTICIAS

Génesis, Éxodo, 1 y 2 Crónicas y Hechos. Estos libros serían los blancos perfectos para quién, qué, cuándo, dónde. Registraron no sólo lo que sucedió, sino a menudo, el impacto que tuvo en la cultura.

Videos musicales

La programación de videos musicales nunca ha visto nada semejante a las letras de los Salmos. ¿Qué tipo de producción le harías a Salmos 18? ¿Qué te parecerían algunos efectos especiales?

Biografía

Esdras, Nehemías, Job, y los evangelios: Todos estos libros relatan la vida de un hombre.

Televisión cristiana

Las epístolas y las cartas del Nuevo Testamento serían el plato fuerte de los canales cristianos. Estas fueron cartas escritas específicamente para cristianos que estaban enfrentando problemas reales. Deja como anfitrión a alguno de los autores, dale el micrófono y déjalo que se suelte.

Toda la biblia en una frase

La siguiente sección está dedicada completamente al contenido de la Biblia, libro por libro. Antes de que recibas esa información masiva, aquí está la Biblia completa en una sola frase.

Antiguo Testamento

Génesis. Dios creó el mundo, nos dio la opción de amarlo, y comenzó su plan de restaurarnos a través de un hombre bueno llamado Abraham.

Éxodo. En Egipto, los descendientes de Abraham crecieron a ser la nación de Israel, entonces regresaron a casa.

Levítico. Dios les da a los hebreos las normas para adorarlo y el reglamento para sobrevivir su viaje.

Números. A causa de su falta de fe, los hebreos tomaron una desviación de cuarenta años por el desierto.

Deuteronomio. Moisés dice adiós, les da una lección de historia y algunas normas para amar y adorar a Dios

Josué. Los hebreos se vuelven a establecer en su tierra, después de más de cuatrocientos años, echando a los invasores de cada ciudad.

Jueces. Los hebreos se organizan en una nación de vuelta en su patria y son guiados por jueces sabios.

Rut. La historia de una familia acerca de la provisión de Dios.

1 y 2 Samuel. Samuel dirige a Israel, entonces unge al rey Saúl. Después de Saúl el rey David toma el poder y su familia sufre.

1 y 2 Reyes. Salomón gobernó Israel, entonces el reino se dividió en dos. Finalmente los hebreos fueron exiliados a tierras extranjeras.

1 y 2 Crónicas. La historia de Israel desde el reinado de David hasta el exilio a Babilonia, pero desde una perspectiva espiritual (no política).

Esdras. Los hebreos regresan de Babilonia (donde habían sido exiliados) y reconstruyen el templo.

Nehemías. Más hebreos regresan de Babilonia y reconstruyen el muro de Jerusalén.

Ester. Los hebreos sobrevivieron el exilio en Persia porque una judía ganó un concurso de belleza y se convirtió en reina.

Job. Los tiempos malos no cambian la naturaleza de Dios.

Salmos. Himnario de la adoración en el templo en el Antiguo Testamento. Canciones acerca de enfrentar la vida y de adorar a Dios.

Proverbios. Pepitas de oro de sabiduría para manejar la vida diaria.

Eclesiastés. Lo tuve todo, y no valió la pena sin Dios. Sinceramente: Salomón.

Cantar de los cantares. ¡Estoy apasionadamente enamorado y no puedo dejar de pensar en ella! Salomón.

Isaías. Pon atención. Dios tiene un plan maestro en marcha y necesitamos ser parte de él.

Jeremías. Prepárate para enfrentar las consecuencias de vivir separado de Dios. Entérate de que el plan de Dios sigue funcionando.

Lamentaciones. Lo que temíamos ha sucedido. Nuestro pecado nos ha destruido. Mi corazón está roto.

Ezequiel. Algunas visiones que vi desde la perspectiva de Dios acerca de cómo hemos vivido nuestras vidas y del cielo.

Daniel. Las historias de Daniel, un judío exiliado en Babilonia y sus visiones del futuro.

Oseas. Efraín, eres tan infiel a Dios como una prostituta a su marido. ¡Arrepiéntete!

Joel. A causa de tu pecado, la cosa se va a poner peor antes de que mejore.

Amós. Conforme a los estándares humanos, te ves bien, pero conforme a los estándares de Dios, estás reprobando.

Abdías. Atención pueblo de Edom: has afligido a Israel y ahora tendrás que vértelas con Dios mismo.

Jonás. Jonás le profetizó sin ganas a una ciudad impía y quedó decepcionado con los buenos resultados.

Miqueas. Somos inmorales y vamos hacia la destrucción. Sólo Dios puede librarnos de nosotros mismos.

Nahum. No importa qué tan fuerte parezca el mal, Dios se deshará de él cuando esté listo.

Habacuc. Dios, ¿por qué no evitas que sucedan cosas malas?

Sofonías. Dios nos pedirá cuentas por nuestras acciones. Por todas ellas.

Hageo. No ignores lo que es más importante: tu relación con tu Dios y creador.

Zacarías. Termina el templo y pon en orden y a funcionar tu relación con Dios. ¡El Mesías viene!

Malaquías. Adorar a Dios no se trata de darle las sobras. Hazlo de todo corazón.

NUEVO TESTAMENTO

Mateo. Queridos hebreos: Jesús es el Mesías que Dios prometió a través de los profetas y así es como sé.

Marcos. Eh, Romanos: Jesús fue un siervo-rey. ¡Miren lo que hizo!

Lucas. ¡Noticias sorprendentes! Jesús es Dios y aun así, totalmente humano. Él comprende nuestro viaje.

Juan. Realmente es verdad. Jesucristo es Dios mismo.

Hechos. Una nueva Iglesia se organiza: El sacrificio de Jesús nos hace estar bien con Dios. ¡Publica las noticias!

Romanos. Querida Iglesia: La única forma en la que podemos estar bien con Dios es a través de la fe.

1 Corintios. Querida Iglesia: No seas como el mundo a tu alrededor. Sé quien Dios hizo que fueras: puro y efectivo.

2 Corintios. Querida Iglesia: Este soy yo, ahora déjame decirte quién debes ser tú.

Gálatas. Querida Iglesia: No puedes obtener la aprobación de Dios obedeciendo reglas. Se requiere fe.

Efesios. Querida Iglesia: Recibe el sorprendente amor de Dios por ti. Luego, ámense bien los unos a los otros.

Filipenses. Querida Iglesia: Conocerlos me trae gozo. Conocer a Dios nos trae gozo a todos.

Colosenses. Querida Iglesia: La fe en Cristo es suficiente. No le añadas nada más.

1 Tesalonicenses. Querida Iglesia: ¡Esperen el regreso de Cristo!

2 Tesalonicenses. Querida Iglesia: ¡Esperen el regreso de Cristo! ¡Pero sigan viviendo al máximo y trabajando duro!

1 Timoteo. Querido Tim: Vas bien. Aquí hay algunas cosas que debes recordar para dirigir una congregación.

2 Timoteo. Querido Tim: Ven pronto a verme. No sé cuánto tiempo más voy a estar por aquí. ¡Guarda la fe!

Tito. Querido Tito: Aquí te doy algunos consejos valiosos acerca de cómo dirigir tu congregación.

Filemón. Querido Filemón: Perdona a Onésimo, no como a un fugitivo, sino como a un hermano en la fe.

Hebreos. A todos los cristianos judíos: Ahora que Cristo ha venido, enfócate en él más que en los rituales que te señalaban hacia Él.

Santiago. Sí, la salvación es por fe, pero la fe sin acción es inútil.

1 y 2 Pedro. Estos son tiempos difíciles. Que su fe les ayude a soportar. No se rindan sólo porque vienen problemas.

1 Juan. Ignoren las enseñanzas falsas. Vivan rectamente. Ámense los unos a los otros. Recuerda que Jesús fue Dios en la carne.

2 Juan. Levanta la cara y abre tu corazón, pero vigila tu fe estrechamente.

3 Juan. ¡Sigue adelante, haciendo bien las cosas! Pronto estaré allí para arreglar la lucha de poder.

Judas. ¡Cuidado con las personas que usan la gracia de Dios como excusa para la irresponsabilidad!

Apocalipsis. Ésta es la última página de la historia del mundo: el fin del mundo como lo conocemos.

5. ¿Qué dice la Biblia?

La mejor manera para saber lo que la Biblia dice es leerla. La segunda mejor manera es echarle un vistazo a las síntesis de cada libro que vienen en este capítulo.

¿QUÉ DICE LA BIBLIA?

Esa es una muy buena pregunta. Las secciones siguientes son una respuesta de tamaño mediano dividida en una síntesis libro por libro. Cada libro está clasificado para que sepas a primera vista qué tipo de situación estaba enfrentando el autor y que tipo de información estaba dando. Cada libro es una rebanada de vida puesta en un platón. Es un pedacito de la vida de alguien a través de la cual Dios habló.

✝ TROCITOS DE LA BIBLIA

Antes de que leas lo que la Biblia dice, lee lo que la Biblia dice de sí misma:

Porque la palabra de Dios es viva y eficaz, y más cortante que toda espada de dos filos; y penetra hasta partir el alma y el espíritu, las coyunturas y los tuétanos, y discierne los pensamientos y las intenciones del corazón.

Hebreos 4:12

Toda la Escritura es inspirada por Dios, y útil para enseñar, para redargüir, para corregir, para instruir en justicia, a fin de que el hombre de Dios sea perfecto, enteramente preparado para toda buena obra.

2 Timoteo 3:16-17

Pero sed hacedores de la palabra, y no tan solamente oidores, engañándoos a vosotros mismos. Porque si alguno es oidor de la palabra pero no hacedor de ella, éste es semejante al hombre que considera en un espejo su rostro natural. Porque él se considera a sí mismo, y se va, y luego olvida cómo era. Mas el que mira atentamente en la perfecta ley, la de la libertad, y persevera en ella, no siendo oidor olvidadizo, sino hacedor de la obra, éste será bienaventurado en lo que hace.

Santiago 1:22-25

Una pequeña nota: Vas a encontrar a través del Antiguo Testamento que Dios le enseñaba a la gente a través de lecciones objetivas. Las fiestas que los judíos instituyeron y celebraron eran recordatorios de eventos significativos en su historia. Dios les pedía que construyeran memoriales de vez en cuando. Los profetas a menudo usaban objetos u acciones para enseñar. Es una cosa bastante reconfortante saber que Dios trabaja con la gente en forma practica. Él hizo lo mismo cuando se encarnó en el Nuevo Testamento. Enseñó con parábolas, historias de la vida diaria, ejemplos reales. Te hace pensar, ¿no es así? ¿De dónde sacamos la idea de que Dios era una deidad distante que no se involucraba en nuestras vidas? Si la Biblia revela algo, es que Dios nos encuentra donde estamos y nos enseña en cualquier forma que podamos comprender.

SÍNTESIS DE LIBROS
DEL ANTIGUO TESTAMENTO

Las páginas siguientes incluyen un poco de información acerca de cada uno de los libros en el Antiguo Testamento. Están marcados en secciones (ley, historia, poesía, profecía). Los libros están en el orden que aparecen en la Biblia.

Para cada libro puedes leer algunas estadísticas y un esbozo de una línea, o puedes profundizar un poco más y leer acerca de las historias principales o puntos de ese libro.

¿SABÍAS QUÉ?

? Como acerca de todo en este mundo, hay muchas opiniones diferentes acerca de muchos de los detalles enlistados aquí. Algunas veces hay diferentes ideas de quién fue el autor. Para nuestros propósitos, solamente vas a ver en la lista los datos más aceptados generalmente. Por ejemplo, posiblemente hay otros autores incluidos en los Salmos, pero te damos sólo aquellos de los que estamos seguros. Al final del libro hay una lista de fuentes que puedes usar para explorar todos los escenarios posibles para encontrar esos detalles.

LA LEY

Los primeros cinco libros de la Biblia son llamados la Ley de Moisés, o los Libros de la Ley (también el Torá o el Pentateuco). En el Nuevo Testamento, cuando Jesús es citado hablando de "la Ley y los profetas", la "Ley" se refiere a esos cinco libros. Se cree que Moisés escribió los cinco libros.

Estos primero cinco libros establecen el fundamento para mucha vida. Fueron los manuales de supervivencia para la nación judía, los descendientes de Abraham, los recipientes del pacto que él estableció con Dios. Es en estos cinco libros que conocemos las historias del principio del mundo mismo. así como los comienzos de las diferentes culturas e idiomas del mundo. Es en estos libros que los hebreos aprendieron a sobrevivir como un pueblo nómada en su deambular por el desierto (desde cómo deshacerse del moho hasta qué hacer con la menstruación). Es en estos libros que los hebreos aprendieron a construir su primer lugar de reunión y cómo mantenerlo. Es en estos libros que se establece el sacerdocio así como la dieta *kosher* y el primer sistema de administración gerencial piramidal. Es en estos libros que un pueblo comenzó un viaje para conocer a Dios y vivir en paz con Él.

PIÉNSALO DE ESTA MANERA

Las historias en estos libros no están necesariamente clasificadas para ser leídas por menores aunque las enseñamos en un lenguaje más sencillo en la escuela dominical. Suceden en un tiempo primitivo y violento en la historia del mundo. Dios obró a través de estas personas en donde ellos estaban. No los arregló y los pintó de dorado antes de hablarnos de ellos.

CONTEXTO

La Ley del Antiguo Testamento
- Génesis
- Éxodo
- Levítico
- Números
- Deuteronomio

GÉNESIS

EN CONTEXTO

Datos generales

Escrito: *Alrededor del 1450 a.C.*

Escrito por: *Moisés.*

Estilo literario: *Recuentos históricos de historias verdaderas.*

En una frase: *Dios creó el mundo, trató de ponerse en contacto con la gente y les dio la opción de buscarlo.*

ECHAR LOS CIMIENTOS

El libro de Génesis cubre un periodo histórico muy vasto. Los lugares, la gente y los eventos de los cuales después leerás en el resto de la Biblia tienen sus raíces en Génesis.

Es en este libro que Dios estableció el mundo y su relación con la gente de ese mundo, primero a través de Adán y Eva, luego Noé, y después Abraham y sus descendientes.

LA CREACIÓN

Génesis describe la creación del mundo en términos muy concretos. Dios hizo que todas las cosas vinieran a la existencia a través de sus palabras. El mundo era ideal cuando Dios lo creó. Las primeras personas fueron puestas en un paraíso llamado el Huerto de Edén y se les pidió que labraran el huerto, para desarrollar una amistad con Dios y para obedecerlo. Probablemente ya sabes como termina la historia. El padre era Adán, la madre Eva...

LA PRIMERA FAMILIA DISFUNCIONAL

Adán y Eva fueron los primeros y únicos habitantes de la tierra que experimentaron el mundo como ADULTOS inocentes. Despertaron la primera vez siendo capaces de caminar y correr o amar y disfrutar la creación de Dios. Muy pronto hicieron exactamente lo que Dios les dijo que no hicieran y la adultez inocente terminó para siempre. Dejaron el huerto ideal y el tipo de vida que conocemos comenzó: sudor, trabajo, dolor y decepción.

Perdieron sus primeros dos hijos por la rivalidad violenta y fatal entre hermanos. No fue una época feliz. Pero Adán y Eva hicieron lo que nosotros hacemos hoy en día. Se levantaron, se limpiaron el polvo, y con la dirección y perdón del Dios Todopoderoso, comenzaron de nuevo. Su mundo fue cambiado para siempre, pero su Dios seguía siendo el mismo.

Noé

Los descendientes de la primera familia dejaron de tomar en cuenta a Dios cada vez más. El mundo se convirtió en un enredo. (Posiblemente todavía más de lo enredado que está ahora.) Era un enredo tal que Dios pensó en empezar de cero nuevamente (Génesis 6:5-8). Sin embargo, había un hombre que permanecía fiel. Dios conservó la familia de ese hombre: Noé, su esposa, sus tres hijos y sus tres nueras.

Dios conservó a Noé a través de su obediencia. Dios le dijo a Noé que construyera un barco muy grande. Es muy probable que en este punto de la historia nunca hubiera llovido antes en el mundo, por lo que construir un barco en tierra seca era una cosa bastante loca para que Noé la hiciera. Entonces vinieron los animales; luego vino el diluvio. Todo en la tierra fue destruido, excepto las criaturas en ese barco.

Cuando todo terminó, Noé se volvió a consagrar, ya su familia y su recién lavado mundo para seguir al Creador una vez más. Todos somos descendientes de la familia de Noé.

Abraham

Uno de os descendientes de Noé (más de algunas generaciones después) fue Abraham (en cierto punto era conocido como Abram). Dios estableció una relación especial con Abraham. Le prometió a Abraham que sería el padre de una gran nación. Por el tiempo de la promesa Abraham ya estaba viejo y nunca había tenido hijos. Dios también le pidió a Abraham que tomara todas sus cosas y se mudara a una nueva tierra: Canaán. Canaán era el lugar que conocemos hoy en día como Israel.

Finalmente, Abraham y su mujer (también ya vieja), Sara, tuvieron un hijo, Isaac, mucho más allá de los años propios para tener hijos. Hoy, Abraham y Sara tendrían su autobiografía en la lista de los libros más vendidos así como increíble mercado para los tabloides y la prensa amarillista. Pero en su época sólo eran dos personas que (después de algunas carcajadas y varias preguntas de "¿Estás seguro?") creyeron que Dios haría lo que había dicho.

Si has estado en las clases de los niños en la congregación de seguro has escuchado la canción con movimientos *Nuestro padre Abraham*. La canción puede ser interminable. Así como los descendientes de Abraham. Todo salió de dos viejitos que creyeron que Dios podía hacer lo imposible.

?

¿SABÍAS QUÉ?

Posiblemente ya has escuchado acerca de Sodoma y Gomorra, unas ciudades bastante malas. Abraham salvó a Lot de la destrucción antes de que Dios quemara las dos ciudades hasta los cimientos. Fue la esposa de Lot la que vio hacia atrás a su hogar quien murió inmediatamente, transformada en sal.

LOS ISRAELITAS

Génesis en realidad se trata de un árbol genealógico. Primero es el árbol genealógico de todo el mundo. Luego el árbol genealógico de Abraham. Por eso encuentras genealogías en abundancia. (Sin importar lo irritante que esto pueda ser para las mujeres hoy en día, la mayor parte de esto era definido de acuerdo con los padres varones. Ese es un giro irónico, considerando que la prueba para saber si una persona es judía depende de la nacionalidad de su madre, más que la de su padre.)

El hijo de Abraham, Isaac, tuvo hijos gemelos, Esaú y Jacob. En un asombroso giro de los eventos (sin mencionar el engaño y el disfraz), Jacob, el menor, obtuvo la primogenitura. A causa de eso se convirtió en el líder de la familia. Dios cambió el nombre de Jacob a Israel (los nombres significaban mucho más en ese entonces de lo que significan hoy y no se requería hacer tantos trámites para cambiarse el nombre). Por lo tanto, Jacob, o Israel, se convirtió en la cabeza de su familia y sus descendientes fueron llamados los israelitas (israelíes, hebreos, o judíos como los conocemos hoy en día). La tierra en la que se establecieron también fue llamada Israel.

Jacob tuvo doce hijos y una hija. Sus hijos se convirtieron en los patriarcas (o jefes) de sus familias, llamadas tribus. (Algunas veces vas a escuchar que se refieren a ellas como las doce tribus de Israel). Era un *Bonanza* de medio oriente en formación.

JOSÉ

Los hijos favoritos de Jacob (Israel) fueron sus dos hijos menores: José y Benjamín. Eran los hijos de su esposa favorita: Raquel. (Tuvo dos esposas, Lea y Raquel, que eran hermanas. Ahora, *esa* es una historia bastante loca por sí sola. Génesis 29)

José era el tipo confiado y sus hermanos mayores se ofendieron por sus sueños y aspiraciones, fuera que vinieran de Dios o no. (Recuerda que ésta era una época bárbara.) Los hermanos de José recurrieron a la violencia en su enojo contra su hermano presumido. Mientras estaban juntos en el desierto, le dieron una paliza a José y casi decidieron asesinarlo. En lugar de eso se conformaron con venderlo como esclavo.

Esta esclavitud finalmente llevó a José a Egipto. Comenzó en la pobreza, pero a pesar de acusaciones falsas y cierto tiempo en la cárcel, con algunos trabajos de interpretación de sueños por ahí, José se convirtió en uno de los hombres de mayor confianza del rey.

Hablando de un giro en el destino. Más tarde, cuando la tierra de Jacob se llenó de una hambruna feroz, envió a sus hijos a rogar por comida. ¿Quién crees que era el hombre a cargo de dar las porciones? Nadie más que su hermano perdido por años, José. Te puedes imaginar los pies nerviosos y las miradas expectantes. Era la oportunidad para la venganza del hermano menor.

Pero al final, José sabía que las acciones violentas y tontas de sus hermanos habían, a final de cuentas, puesto el escenario para la supervivencia de la familia en la hambruna. Finalmente, toda la familia se mudó a Egipto y se establecieron ahí para muchos años por venir.

? **¿SABÍAS QUÉ?**
UNA EXPLICACIÓN QUE POSIBLEMENTE
NECESITES

El periodo histórico que describe Génesis es una época en la que la poligamia (tener más de una esposa al mismo tiempo) era aceptada. Como era una cultura en la que los hombres tenían el poder, había esposas múltiples, más que esposos múltiples. No sólo había esposas, también había concubinas (compañeras sexuales, aunque no compañeras nupciales, que formaban un harén). Esto es difícil de asociar con el mundo moderno, donde la poligamia existe pero no es considerada como un estándar de vida y a menudo es contra la ley. Aunque la poligamia era aceptada, a través de la historia Dios honró las relaciones monógamas esposo-esposa (después de todo él no creo a Adán y a Eva y a Isabela).

También hay algunas ocasiones enlistadas en Génesis en las que una mujer le ofrecía a su marido su sierva o doncella para tener hijos de ellas. Sara lo intentó con Abraham y trajo mucho dolor a la familia que continúa hasta nuestros días. Lea y Raquel, ambas adoptaron esta práctica con sus siervas. Era tan importante en la cultura tener hijos, tantos como fueran posibles, que prácticas como éstas eran consideradas recursos de última hora.

¿HACIA DÓNDE IBA DIOS CON TODO ESTO?

Como la Biblia, en su totalidad, realmente se trata acerca de Jesús, incluso este primer libro establece un fundamento. Cuando Adán y Eva hicieron a un lado el único requisito de Dios para vivir en el paraíso, hubo una serpiente involucrada. Creemos que esta serpiente era una fuerza del mal (el diablo, Lucifer, príncipe de las tinieblas). Cuando Dios explicó las consecuencias de las acciones de Adán, Eva y la serpiente, le dijo a la serpiente: "Por cuanto esto hiciste, maldita serás entre todas las bestias y entre todos los animales del campo; sobre tu pecho andarás, y polvo comerás todos los días de tu vida. Y pondré enemistad entre ti y la mujer, y entre tu simiente y la simiente suya; ésta te herirá en la cabeza, y tú le herirás en el calcañar" (Génesis 3:14-15). Ésta era probablemente una referencia a la venida de Jesús para conquistar los poderes del mal.

También en la promesa de Dios a Abraham estaba la promesa de que el Mesías (el Salvador, Jesucristo) vendría a través de su descendencia. Tan pronto como la gente se volvió al pecado, Dios comenzó a poner a funcionar su plan para rescatarnos. Así que desde Génesis 1, Dios, en la persona de Jesucristo, era el plan.

PREGUNTAS

LA BIBLIA

Cuando los lectores comienzan a leer *Génesis*, algunas veces tienen preguntas más específicas.

P ¿Por qué es importante haber sido creado a imagen de Dios?

R. *Los humanos no son réplicas de Dios, pero compartimos características comunes con Dios. Dios es omnisciente, todopoderoso, perfectamente bueno, omnipresente, santo y amante. Nosotros no. Pero, como Dios, somos seres espirituales, racionales, emocionales, comunicativos y morales. Tenemos dignidad, propósito y significado. Y todos podemos experimentar los lazos de las relaciones personales.*

P. **¿Por qué Dios tuvo que descansar el séptimo día de la creación?**

R. *La Biblia no dice que Dios tuvo que descansar como si estuviera exhausto, sólo dice que Dios reposó. A Dios no le falta energía ni se fatiga con el trabajo duro y prolongado como nosotros. Pero el utilizar el séptimo día para descansar nos dice que el descanso es bueno en sí mismo. El reposo de Dios también nos ayuda a entender nuestra propia necesidad de descanso (Éxodo 20:8-11). Dios dio el cuarto mandamiento para nuestro propio beneficio, pero Dios también le dio un sello de aprobación divina de observar el día de descanso al hacerlo Él mismo.*

P. **¿Dónde estaba el huerto de Edén (Génesis 2:8-1 4)?**

R. *Nadie sabe con certeza, pero la Biblia parece localizar el huerto cerca del cruce de los ríos Tigris y Eúfrates, la Creciente Fértil de la época antigua. Hoy esa área es el sur de Irak.*

ÉXODO

EN CONTEXTO

Datos generales

Escrito: *Alrededor del 1450 a.C.*

Escrito por: *Moisés.*

Estilo literario: *Recuento cronológico histórico.*

En una frase: *En Egipto los descendientes de Abraham se multiplicaron en la nación hebrea, entonces regresaron a casa.*

POST-GÉNESIS

El libro de Éxodo toma el hilo de la historia donde el libro de Génesis lo dejó. Al final de Génesis, los doce hijos de Israel (el hombre que antes se llamaba Jacob, recuerda) habían ido a vivir a Egipto. Hicieron esto a causa de una hambruna en su tierra. Pudieron hacerlo porque uno de los hermanos, José, se había hecho de una casa y una gran reputación en Egipto, así que sus hermanos fueron bienvenidos.

Una vez allí, la familia de Israel creció y creció. Se convirtieron en una pequeña nación entre los egipcios que le ponía los nervios de punta al rey egipcio. ¿Qué pasaría si decidían tomar el poder? A causa de sus temores convirtió a los israelitas en esclavos. Esto comenzó la primera de muchas épocas oscuras en la historia judía.

Aun como esclavos, los hebreos (otro nombre para la nación de Israel) continuaron multiplicándose. (Esto había sido prometido por Dios al primer ancestro de la nación judía, Abraham, vea Génesis 17). Faraón intentó otra forma de control natal: "Permitan que las niñas que nazcan vivan, pero maten a los bebés varones". En medio de esta tragedia, Dios levantó un líder llamado Moisés, quien finalmente defendería a su pueblo y los conduciría a la libertad.

MOISÉS

Moisés es el personaje principal en Éxodo (después de Dios, claro).

Moisés nació en una familia valiente. Cuando nació, había un decreto del rey que decía que todos los bebés varones debían ser destruidos. La madre de Moisés lo escondió durante tres meses, entonces hizo una canasta flotante para él y lo escondió en la canasta en los bancos del río Nilo. Su hermana María, lo vigilaba.

Cuando la princesa vino a bañarse al río encontró la canasta y adoptó al bebé israelita polizón. Le dio el nombre de Moisés (que significa "sacado del agua"). La hermana de Moisés, María, mostró gran astucia y oportunidad. Cuando la princesa encontró al bebé Moisés, María inmediatamente se ofreció para encontrar una nana hebrea. Por supuesto que María trajo a su propia mamá.

Moisés creció en el palacio, pero ya siendo adulto fue exiliado de Egipto. (Mató a un egipcio que estaba maltratando a un hebreo.) Fue durante este tiempo en el exilio que Dios moldeó en Moisés la misión de su vida: liberar a su pueblo, conducirlos de regreso a Canaán, su Tierra Prometida y establecer los Diez Mandamientos en el camino. Fácil, ¿no? Y tú pensabas que tu vida era difícil.

Sin chistar, Moisés sacó al pueblo de Egipto y a la frontera de su patria. Le tomó cuarenta años hacerlo y los puntos de tensión abundaron, pero murió como un hombre que se sostuvo al filo de la promesa de Dios cumpliéndose.

LA PASCUA

La Pascua es uno de los ritos más significativos de la fe judía. Encuentra sus orígenes en la última plaga enviada por Dios a Egipto para convencer al rey que dejara ir a los hebreos. Durante esta plaga, el ángel de la muerte barrió Egipto, tomando las vidas de sus hijos primogénitos. Los hebreos fueron instruidos a colocar la sangre de un cordero en los postes de sus puertas. Si lo hacían el hijo primogénito en la casa sería librado. Hay una cena especial relacionada con la Pascua. Hoy le llamamos a la celebración de esa cena *seder*.

EN CONTEXTO

La mayor parte de Éxodo es acerca de ese viaje a la libertad, de Egipto, a través del desierto, a la Tierra Prometida. El viaje de los israelitas fue algo muy parecido al viaje de los creyentes modernos: Abandonamos la esclavitud del pecado, caminamos a través de un a menudo difícil desierto de nuestra vida, y entonces finalmente llegamos a nuestro verdadero hogar: el cielo.

La pascua era un símbolo de la salvación de Dios a través de la sangre de una vida inocente. Era una ilustración precisa del sacrificio de Jesucristo por los pecados de su pueblo. Él era inocente, era el primogénito y derramó su sangre. La última comida que Jesús compartió con sus discípulos antes de su crucifixión fue la cena de Pascua.

HISTORIAS DE VIAJE

Muchas cosas sorprendentes les sucedieron a los israelitas durante su viaje. Aquí hay algunas favoritas entre las cosas para recordar o decir ¿Te acuerdas cuando…?

El Mar Rojo. Apenas el pueblo salió de Egipto, el rey cambió de opinión y envió a sus ejércitos para traerlos de vuelta. El pueblo estaba entre carros y lanzas y el Mar Rojo. Dios partió las aguas para que pudieran escapar sobre tierra seca. (Éxodo 14:15-30)

Pan del cielo. El pueblo estuvo en el desierto la mayor parte del viaje. Cada mañana una sustancia parecida al pan quedaba en el piso como si fuera nieve. Así es como comían. (Éxodo 16:2-4)

Las codornices. Una vez que el pueblo tuvo un antojo terrible de carne, de la nada cayeron codornices suficientes para un delicioso asado. (Éxodo 16:13)

Agua. Una vez brotó de una roca (Éxodo 17:2-6) y una vez un arroyo amargo se convirtió en dulce para que los israelitas pudieran beber. (Éxodo 15:22-25)

Orientación. El pueblo era guiado por una nube de día y por una columna de fuego en la noche. No necesitaban detenerse a pedir información porque Dios los estaba guiando. (Éxodo 13:21-22)

Los Diez Mandamientos. Dios mismo los escribió en piedra. Recuerda que esto fue antes de la imprenta y la electricidad. Escribir diez órdenes en piedra no era una proeza sencilla. (Éxodo 20)

El brillo de Moisés. Después que Moisés pasó tiempo con Dios en la montaña, su rostro brillaba literalmente. Tenía que usar un velo para que la gente pudiera hablar con él sin distraerse. (Éxodo 34:29-35)

PREGUNTAS

LA BIBLIA

Cuando los lectores comienzan a leer *Éxodo*, algunas veces tienen preguntas más específicas.

P: ¿Es correcto utilizar la violencia para combatir la violencia? (Éxodo 2:1 1-1 7)

R. *Moisés aprendió una lección importante acerca de la violencia y la ira. En el primer caso, él observó que se le estaba haciendo violencia a un israelita y respondió asesinando al ofensor. Claramente, él tenía otras opciones abiertas: reportar el incidente, usar su posición para hacer caer el poder del Estado sobre el ofensor, propugnar por un cambio en las leyes laborales.*

En el segundo caso, intervino cuando un grupo de pastores estaban molestando a un grupo de señoritas. Esta vez no mató a nadie, sino que sencillamente ahuyentó a los causantes de la molestia.

La lección que aprendió fue dar la respuesta apropiada. Seguramente en el último caso, hubo algo de violencia involucrada (si no, ¿por qué se fueron los agresores?). Moisés estaba midiendo su propio temperamento, dominando su sentido de furia y calcular su respuesta para obtener los resultados deseados sin llegar a una situación de venganza. Ese principio funciona bien tanto entre naciones como entre personas. Si quieres reducir la violencia, mantén tu respuesta a ella firme, calmada y bajo control.

P. ¿Por qué le dio Dios a Moisés y a los israelitas tantas reglas que seguir? (Éxodo 20)

R. *La santidad de Dios requiere que aquellos que le sirven lo hagan con mucho cuidado. Las leyes de Dios apuntan hacia la pureza de Dios. "Habéis, pues, de serme santos, porque yo Jehová soy santo, y os he apartado de los pueblos para que seáis míos" (Levítico 20:26). Dios quería que los israelitas redimidos sobresalieran y fueran diferentes de las naciones paganas a su alrededor. Al adherirse cuidadosamente a los estándares del pacto, Israel sería una luz al resto del mundo, demostrando la bendición de conocer y servir a Jehová (el nombre del Antiguo Testamento para Dios). Muchas de las reglas fueron dadas al pueblo para protegerlo de sufrir algún daño, como las leyes acerca de la pureza sexual, y para proveerles una vida llena de cosas buenas.*

LEVÍTICO

EN CONTEXTO

Datos generales

Escrito: *Alrededor del 1450 a.C.*

Escrito por: *Moisés.*

Estilo literario: *Un reglamento.*

En una frase: *Dios les da a los hebreos las normas para adorarlo y el reglamento para sobrevivir su viaje.*

UN INSTRUCTIVO DE SANTIDAD

Puedes imaginarte que al salir toda una nación de Egipto para viajar en el desierto, se necesitaba mucha organización. Estaban organizados en tribus. También estaban organizados conforme a su posición: algunos eran asistentes de administración, otros eran sacerdotes ordenados, etc. Una familia, los descendientes de Leví, fue asignada para ser sacerdotes. Se encargaban del tabernáculo (un templo portátil). Ayudaban con los sacrificios. Guardaban la casa. Cuidaban los artefactos preciosos que le recordaban al pueblo su viaje a la libertad.

El libro de Levítico es principalmente un instructivo para resolver casi cualquier situación que pudiera presentarse. Ten en cuenta que los israelitas en esta época podrían haber sido descritos como vagabundos: vivían en tiendas y se mudaban muy seguido. La salud y la higiene eran una gran preocupación. Los sacerdotes eran responsables de enseñarle al pueblo lo que era *limpio* y lo que era *inmundo*. Había reglas con respecto al añublo, lepra, enfermedades, comida, pecado, sacrificios e incluso los días festivos.

SANTIDAD

La información que encontramos en Levítico mantenía al pueblo sano y limpio, pero también les enseñaba algo acerca de Dios. Les enseñaba que Dios es santo. La Biblia en realidad no dice: "La limpieza es cercana a la santidad", pero Levítico hace una conexión entre la santidad de Dios y nuestra higiene. Esa conexión probablemente salvó la vida de una nación deambulante.

EN CONTEXTO

Levítico es un tratado práctico acerca de cómo adorar, cómo vivir en comunidad y de cómo sobrevivir. No permitas que el nombre medio elegantón te confunda. En la situación en la que fue escrito, Levítico es el libro más práctico de todos: es material del tipo "pon los pies (o las sandalias) en la tierra arenosa".

SACRIFICIOS

Desde los registros históricos más antiguos, los sacrificios de animales eran parte de la vida religiosa. El concepto de un inocente derramando su sangre para justificar las acciones malas de alguien era parte de la historia judía y gentil igualmente. (Consulta Génesis 4:4-5.)

Levítico da normas específicas para los sacrificios: ¿Qué animales? ¿De qué tipo? ¿Cuándo? ¿Cómo? Los sacrificios involucraban sangre y cierta cantidad de brutalidad. Eran una imagen del sacrificio que Jesucristo finalmente hizo por todos nosotros; Él en Su inocencia derramó su sangre por nuestras malas obras. Los sacrificios eran una demostración patente de cuán seriamente Dios considera nuestro pecado.

PREGUNTAS

LA BIBLIA

Cuando los lectores comienzan a leer *Levítico*, algunas veces tienen preguntas más específicas.

P. **¿Por qué se le ordenó a Israel que observara tantas ofrendas diferentes y sacrificios? (Levítico 1 :2)**

R. *Levítico se trata de sacrificios que ofrecen penitencia por el pecado y la restauración de la relación de la persona con Dios. Éste es el significado de la voz hebrea para sacrificio: acercar o hacer cercano. La gente pecadora necesitaba una forma de acercarse al infinito, santo Dios con seguridad de aceptación.*

Cada uno de los cinco sacrificios principales tenían un significado especial. Las ofrendas quemadas por el pecado y la culpa compensaban el mal hecho contra Dios y otros. Los holocaustos mostraban devoción a Dios al quemar el animal completo como un acto de adoración. La ofrenda de paz simbolizaba paz con Dios: el único sacrificio en el que todos los bandos participaban (sacerdote, adorador y Dios). Era una comida que se tomaba en presencia de Dios. Comer con alguien, para el hebreo significaba amistad. Las ofrendas de grano y abluciones consagraban el trabajo de uno al Señor. La secuencia importante señala un objetivo específico: la comunión era imposible sin antes resolver el asunto del pecado y entonces consagrarse a Dios.

NÚMEROS

EN CONTEXTO
Datos generales
Escrito: *Alrededor del 1450 a.C.*
Escrito por: *Moisés.*
Estilo literario: *Una mezcla de historias y registros oficiales.*
En una frase: *A causa de su falta de fe, los hebreos tomaron una desviación de cuarenta años por el desierto.*

LA BITÁCORA DEL CAPITÁN

Números es un libro de datos, cifras y eventos. Es un registro, llevado por Moisés, de treinta y ocho años de estar deambulando por el desierto.

Recuerda, los hebreos habían sido liberados de Egipto por

Dios a través de un milagro tras otro. (Por ejemplo, la comida llegaba como rocío por la mañana y el agua brotaba de las rocas.) Después de dos años de milagros y penurias, parecía que su viaje iba a llegar maravillosamente a su fin, pero entonces algo sucedió.

Los israelitas enviaron doce espías a Israel para investigar qué tan grande era el trabajo que venía al reclamar la tierra. Cuando los espías regresaron, diez de ellos estaban abrumados por el temor. Sólo dos espías: Josué y Caleb, recordaron por todo lo que Dios ya los había traído y dijeron: "Podemos hacerlo con la ayuda de Dios".

Después de todo lo que Dios había hecho, el pueblo dudó de Él y tenían temor de entrar. A causa de su falta de fe, Dios los mandó de regreso al desierto. Allí, deambularon por más de cuarenta años antes de intentarlo otra vez. De hecho, todos los que eran mayores de veinte cuando salieron de Egipto murieron antes de entrar a Israel; excepto Josué y Caleb.

Los premios cabeza dura

En muchas formas, Números es un libro acerca de fracasos: tonterías, indiscreciones, falta de juicio, malas decisiones, y llano pecado a la antigua. Aquí están los cinco ganadores del premio a las decisiones tontas registradas en Números:

5. Coré (Números 16)

Coré se consiguió a dos amigos y un séquito de doscientos cincuenta revolucionarios y trataron de poner en escena una insurrección contra Moisés. ¿Sabes qué sucedió? La tierra se abrió y se tragó a Coré.

4. El profeta Balaam (Números 22-24)

Balac (mención honorífica en los premios cabeza dura) le pagó a Balaam para que maldijera a Israel. Dios se interpuso al punto de hacer que la propia burra de Balaam hablara para tratar de hacerlo entrar en razón. El asunto no se puede poner peor que eso.

3. María y Aarón (Números 12)

Ah, la familia. La propia hermana de Moisés y su hermano trataron de ganar un pedazo mayor del poder. En lugar de eso,

María obtuvo un ataque temporal de lepra y todo lo que ambos recibieron fue un pedazo mayor, pero de la torta de la humildad.

2. Los diez espías temerosos (Números 13-14)

Estos hombres eran los líderes de sus clanes. Habían sido testigos de la provisión de Dios. Sin embargo, se acobardaron como gallinas cuando estaban a un paso de alcanzar lo que Dios había prometido. Usaron su influencia para destruir la fe de otros.

1. El pueblo (Números 11, 13-14)

El premio cabeza dura de todos los tiempos es para el pueblo de Israel. Por supuesto, una travesía por el desierto no es nada fácil, pero Dios había sido fiel. De los más de seiscientos mil que eran todos excepto dos dudaron de Dios. Adoraron ídolos, añoraban la esclavitud y en sentido figurado le escupieron a Dios en la cara. Estas tácticas no les funcionaron muy bien que digamos.

PREGUNTAS

LA BIBLIA

Cuando los lectores comienzan a leer *Números*, algunas veces tienen preguntas más específicas.

P. ¿Cómo fue que Dios habló con Moisés? (Números 1:1)

R. *Un reportero en la escena de los hechos podría haber escuchado una voz audible, porque ciertamente la Biblia contiene muchas ocasiones en las que se dice que Dios habla y que la voz de Dios puede ser escuchada. Sin embargo, en este caso posiblemente no.*

Dios a veces habla a través de la conciencia, intuición o del anhelo emocional por querer conocer más a Dios de la persona. En oración tenemos comunión con Dios con una cercanía personal fuera de serie y algunas veces sentimos como si Dios nos estuviera hablando a nosotros, aunque no audiblemente, mientras oramos o meditamos en su Palabra.

Si, Dios mediante, Moisés escuchó un mensaje audible, tenía la extraña cualidad del detalle. Varios individuos son nombrados y seleccionados como asistentes para un censo que se iba a llevar a cabo.

Dios usa muchos medios para hablar a Su pueblo. De hecho, el gran líder cristiano, Agustín, creía que Dios le había hablado enfáticamente a través de la voz de un niño. El resultado fue la conversión de Agustín y su considerable influencia en la iglesia incluso hasta nuestros días.

Moisés era una persona diferente. Dios le había dado una misión especial, aun y cuando él se consideraba un candidato mediocre para ella. Una vez que recibió su misión, Dios sin duda necesitaba un canal a la mente de Moisés que involucrara menos confusión.

La misión de Dios hoy es el anuncio mundial de que la salvación ha venido en Jesucristo, Su Hijo. Esas Buenas Nuevas son transmitidas a través de muchos canales y medios, y llevan ciertas implicaciones para cada persona y profesión. Es una misión tan importante que los cristianos testifiquen mundialmente el hecho de que Dios todavía habla, incluso así como lo hizo hace siglos.

P. ¿Por qué se omitieron a las mujeres, niños y adolescentes en el censo registrado en Números? (Números 1:2-3)

R. Israel era una cultura patriarcal. Los hombres eran los líderes, guerreros y sacerdotes, mientras que las mujeres tomaban la responsabilidad de la crianza de los hijos y los asuntos de la casa. Se pueden observar ciertas nociones igualitarias típicas de la era moderna a través de la protección provista a las mujeres y niños, pero no a través de oportunidades semejantes de educación o posición social.

Obviamente, las mujeres y los niños eran vitales para la supervivencia del pueblo hebreo y para lograr la conquista de Canaán. Su omisión en los números del censo no disminuye su importancia. En un nivel práctico, la tecnología para contar cantidades *grandes no era muy sofisticada en la época de Moisés, y un censo sería más fácil de hacer si se asumían ciertas premisas matemáticas aplicadas a la cuenta de varones adultos solamente. En el caso de Israel, como los varones adultos controlaban la tecnología de la cultura, no es de sorprender que se contaran a sí mismos y sólo a sí mismos como un medio de calcular la población total.*

DEUTERONOMIO

EN CONTEXTO

Datos generales

Escrito: *Alrededor del 1450 a.C.*

Escrito por: *Moisés.*

Estilo literario: *Una mezcla de historias y sermones.*

En una frase: *Moisés les recuerda a los hebreos su historia y les da normas para amar y adorar a Dios.*

ÚLTIMAS PALABRAS FAMOSAS

Este libro fue escrito en un momento significativo. Los israelitas habían viajado CUARENTA AÑOS en el desierto. Hicieron esto sabiendo que un día entrarían a la tierra que le había sido prometida a Abraham, su ancestro. Cuando salieron de Egipto (donde habían sido esclavos) había unos seiscientos mil hombres mayores de veinte. En el tiempo que describe Deuteronomio, justo antes de entrar a la tierra, sólo tres de todos ellos están vivos todavía (Moisés, Josué y Caleb). Toda una generación, los que habían visto la provisión de Dios y escuchado Sus leyes, había fallecido. Una nueva generación (o dos) que sólo conocía lo que ellos habían escuchado de segunda o tercera mano se había levantado.

El pueblo finalmente estaba en la frontera. Moisés sabía que no entraría a la tierra con ellos así que compartió su corazón con ellos antes de despedirse. Era su última oportunidad de recordarle a su pueblo la provisión milagrosa de Dios y el viaje por el que los había llevado. Las últimas palabras de Moisés a su pueblo componen el contenido principal de Deuteronomio.

Ponte en sus sandalias

¡Piénsalo! Toda una generación había pasado mientras viajaban en un ambiente estilo gitano. Aquí hay una manera de verlo.

Digamos que tú tenías ocho años de edad cuando el pueblo salió de Egipto. Hubieras salido de Egipto con tus padres y tus abuelos. Por el tiempo en el que cumpliste diez, llegaste a la frontera del destino de tu viaje.

EN CONTEXTO

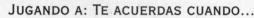

JUGANDO A: TE ACUERDAS CUANDO...

Sabes perfectamente bien como funciona.

Te sientas con tus amigos y empiezan a contar historias que han vivido juntos, sólo por la diversión de revivirlas. ¿Te acuerdas cuando compramos yeso para arreglar la pared de la casa de la abuela y nos dieron cemento? ¿Te acuerdas cuando el tío Jorge se vistió de bailarín de ballet para la fiesta de disfraces de Hugo y que los albañiles le silbaron? ¿Te acuerdas cuando nos pusimos de simples en la boda de Raquel y de la risa se nos salió el ponche por la nariz?

Los *¿Te acuerdas cuando?* de los hebreos eran a una escala un poco mayor, pero Moisés estaba creando el mismo efecto. ¿Se acuerdan cuando Dios hizo esto por nosotros?

• ¿Se acuerdan cuando el ángel de la muerte pasó por Egipto pero nuestros hijos fueron salvados por la sangre en los postes de la puerta?

• ¿Se acuerdan cuando Dios literalmente detuvo las aguas para que pudiéramos cruzar el Mar Rojo?

• ¿Se acuerdan cuando necesitamos comida y aparecía como rocío sobre el piso cada mañana?

- ¿Se acuerdan cuando necesitamos agua y brotó de una roca?

- ¿Se acuerdan cuando Moisés bajó de la montaña y su rostro brillaba con la presencia de Dios?

- ¿Se acuerdan cuando hicimos un becerro de oro y Moisés se enojó tanto que arrojó las tablas de los Diez Mandamientos y las rompió?

- ¿Se acuerdan cuando murmuramos y nos quejamos y algunos se empezaron a morir por las picaduras de serpientes venenosas?

- ¿Se acuerdan cuando escuchamos el reporte de los espías y nos asustamos tanto que no quisimos entrar a tomar la tierra?

Entonces, cuando todos se asustaron en la frontera hubieras tenido que empezar a viajar otra vez, como gitanos, en el desierto. Hubieras crecido como adolescente, luego a tus veinte, posiblemente te hubieras casado y tenido hijos, llegaste a los treinta, entonces a los cuarenta, perdiendo a tus padres y a tus abuelos en el camino.

Finalmente, cuando estas cerca de los cincuenta, regresas a la frontera de esa tierra. Ahora, ya eres un adulto, y estás exactamente en el mismo punto que cuando tenías diez años. Y de alguna forma te tienes que guardar de cometer los mismos errores que tus padres cometieron.

Si suena como que es el momento oportuno para un libro como Deuteronomio, un libro que dice: "Bueno, de ahí es de donde venimos, aquí es en donde estamos y allá es para donde vamos. Hemos pasado cuarenta años cometiendo errores. Reagrupémonos y avancemos".

El problema con los israelitas

Los israelitas tuvieron una experiencia única en la vida. Probablemente no hay otro momento en la historia en el que la presencia de Dios era más evidente cada día. Había una columna de fuego y de nube que guiaba al pueblo. Vieron milagro tras milagro: comida en el piso, codornices salidas de la nada, agua brotando de las peñas, plagas divinas y castigos. Dios obviamente estaba presente y trabajando.

Aun así los israelitas seguían dudando.

Sería fácil juzgar a este pueblo, decir que la tenían fácil. Después de todo, no tenían que tener mucha fe; podían ver las acciones de Dios justo frente a sus ojos.

Los israelitas nos muestran de lo que somos capaces: no confiar en Dios aun a pesar de que se ha probado a Sí mismo, y pedirle una y otra vez que continúe probándose a Sí mismo.

EN CONTEXTO

Hubiera sido más fácil ver a Dios obrar, pero los israelitas sólo nos muestran la naturaleza humana básica. La mayoría de nosotros hemos experimentado algún tipo de respuesta a la oración, y un momento después hemos estado preocupadísimos por el problema siguiente preguntándonos si Dios nos va a contestar o no. La mayoría de nosotros hemos visto obrar a Dios en cierta forma, sea que lo llamemos milagro, dirección o intuición. Aun así, no creemos que lo veremos obrar otra vez.

La muerte de Moisés

Moisés llevó una vida impresionante. Fue uno de los pocos hebreos varones de su edad que sobrevivió una matanza decretada por el rey. Fue criado en un palacio cuando debía ser esclavo. Pasó cuarenta años viviendo en el desierto como preparación a este viaje y más de cuarenta años deambulando en el desierto durante el viaje.

Pasó su vida siguiendo el llamado de Dios y guiando al pueblo de la esclavitud a la libertad y a la Tierra Prometida. Pero a final de cuentas, nunca puso un pie en esa tierra. Él supo que esto sucedería cuando Dios le dio un juego de instrucciones sencillo y, por la primera vez, Moisés no las obedeció. El pueblo necesitaba agua y Dios le dijo a Moisés que le hablara a la roca y que el agua saldría. Sin embargo, en enojo y frustración, Moisés no sólo le habló a la piedra, furiosamente y violentamente la golpeó. Tomó para sí mismo lo que sólo le correspondía a Dios hacer. Perdió la perspectiva.

No sabemos hasta ahora por qué a este hombre que hizo tantas cosas buenas se le contó ésta en su contra. Es una de las preguntas para la que no tendremos respuesta en esta vida. Pero Moisés vivió una buena vida y fue un hombre honorable. La Biblia llama a Moisés el hombre más manso sobre la tierra.

PREGUNTAS

LA BIBLIA

Cuando los lectores comienzan a leer *Deuteronomio*, algunas veces tienen preguntas más específicas.

P. ¿Qué significa *Deuteronomio* y por qué se escribió el libro?

R. El libro de Deuteronomio fue escrito por Moisés. La palabra significa una copia de la ley o segunda emisión de la ley. La Ley fue dada primero por Moisés a los israelitas poco después de su liberación de la esclavitud de Egipto. Esta segunda declaración de la Ley fue escrita al final de la vida de Moisés, cuarenta años después del Éxodo y narra todo lo que Dios había hecho para su pueblo escogido.

Mientras Moisés se preparaba para morir les dijo: "Aplicad vuestro corazón a todas las palabras que yo os testifico hoy, para que las mandéis a vuestros hijos, a fin de que cuiden de cumplir todas las palabras de esta ley. Porque no os es cosa vana; es vuestra vida, y por medio de esta ley haréis prolongar vuestros días sobre la tierra adonde vais, pasando el Jordán, para tomar posesión de ella" (Deuteronomio 32:46-47).

Este libro de la Ley contiene la verdad que dirige nuestra relación con Dios y con el prójimo. Moisés espera que el pueblo de Israel recuerde todo lo que Dios ha hecho por ellos y pase esta verdad a la siguiente generación.

LIBROS HISTÓRICOS

Si los libros históricos del Antiguo Testamento fueran una serie de películas, estarían clasificados para mayores de 13 años por lo menos. Fue un tiempo difícil para la humanidad. La guerra era la forma de ganar territorio y *poder* significaba *correcto*. Pero aun en medio de la sociedad hilvanada por la dureza de esa época, Dios estaba trabajando y la gente volvía sus corazones a Él.

Estos libros muestran una rebanada de la vida que los historiadores llaman la Era de Bronce y la Era de Hierro. Era una época de grandes avances, pero un tiempo bastante diferente de nuestro mundo con basureros públicos y ortodoncia. Era una época antes de que la anestesia se descubriera o los doctores se hubieran dado cuenta de que necesitaban lavarse las manos para disminuir el riesgo de infección. En medio de todas estas diferencias, es sorprendente notar que la gente ya estaba enfrentando los mismos problemas: infidelidad en el matrimonio, temor de no estar escuchando bien a Dios y pedirle una confirmación, inestabilidad civil y desobediencia. Lo que vas a encontrar en estas páginas, cuando veas más allá de las diferencias tecnológicas y sociológicas, es que tenemos mucho en común con estas personas y podemos aprender de lo que ellos enfrentaron.

EN CONTEXTO
LOS LIBROS HISTÓRICOS DEL ANTIGUO TESTAMENTO

- Josué
- Rut
- 1 y 2 Reyes
- Esdras
- Ester

- Jueces
- 1 y 2 Samuel
- 1 y 2 Crónicas
- Nehemías

JOSUÉ

EN CONTEXTO
Datos generales
Escrito: *Alrededor del 1370 a.C.*
Escrito por: *Josué con la ayuda de alguien más.*

Estilo literario: *Una colección cronológica de historias verdaderas (historias de guerra principalmente).*

En una frase: *Los hebreos se vuelven a establecer en su tierra, después de más de cuatrocientos años, echando a los invasores de cada ciudad.*

JOSUÉ, EL SOLDADO

Después de casi cuarenta años de deambular, los hebreos se enfrentaron con la frontera de su patria por segunda vez. Sin embargo, esta vez tenían un tipo diferente de líder. Dios les había dado a Josué, un soldado y estratega.

El libro de Josué trata de las batallas que los israelitas lucharon para recuperar y volver a establecerse en su tierra. Involucra mucha fuerza y mucha sangre. Involucra muchas acciones que nuestra cultura presente considera bárbaras y violentas. Era una época bárbara y violenta. Básicamente, no es un libro para adolescentes. Es muy violento.

Sin embargo, viendo más allá de la violencia, es una historia de fe. Cuando el pueblo confió en la fuerza de Dios y obedeció sus mandamientos, ganaron las batallas. Cuando no lo hicieron, perdieron (y miserablemente). De esta forma, el libro de Josué es relevante para las batallas que enfrentamos hoy en nuestras vidas, aunque nuestras armas y nuestros enemigos se vean bastante diferentes.

LA VERDAD ES MÁS EXTRAÑA QUE LA FICCIÓN

Los israelitas ganaron sus batallas tanto como por milagros como por estrategia. Aquí hay algunas estrategias milagrosas que Dios llevó a cabo:

- Cruzaron el río: en tierra seca. (Josué 3:9-17)
- El pueblo gritó y los muros alrededor de una ciudad cayeron. (Josué 6:1-27)
- Dios le instruyó a Josué que simulara una retirada para orquestar una emboscada. (Josué 8:15-29)
- Dios ganó una batalla usando una tormenta de granizo. (Josué 10:6-11)
- El sol literalmente se detuvo para que Josué y su ejército tuvieran más tiempo para pelear. (Josué 10:13-14)

PREGUNTAS

LA BIBLIA

Cuando los lectores comienzan a leer *Josué*, algunas veces tienen preguntas más específicas.

P. ¿Por qué Israel es llamado la Tierra Prometida? (Josué 1:1-5)

R. Dios estableció una relación única con el ancestro de los judíos, Abraham (consulta Génesis 12:1-3). Dios desafió a Abraham para que dejara su patria y a su parentela para seguir la dirección divina. Dios también prometió darle una nueva tierra y que el poder divino aseguraría que la descendencia de Abraham se convertiría en una gran nación. Así que, Israel (la línea principal de descendientes de Abraham) es una nación prometida tanto como la tierra que reclaman es la Tierra Prometida.

Cuando Abraham empacó sus cosas, no tenía hijos. Tenía a su esposa, Sara, y las promesas de Dios. No sabía lo que traería el futuro, pero le confió a Dios su destino, permitiéndole a Dios que escogiera una patria para su familia.

P. ¿Cómo se aplican hoy en día promesas como: "Seas prosperado en todas las cosas que emprendas" (Josué 1:7)?

R. *La promesa en este versículo no es una licencia para cualquier clase de éxito. La meditación diaria de la Palabra de Dios cambiará nuestra definición de éxito, de poder y de riqueza. El servicio en el nombre de Jesús, el hacer discípulos, e incluso el autosacrificio por otros serán las medidas de nuestros logros. Como hijos de Dios, el éxito será muy diferente a cómo lo ve el mundo. El significado esencial de éxito para un cristiano será escuchar a Jesús decir: "Bien hecho" (Lucas 19:11-27). La próxima vez que escuches a alguien basar su éxito en términos de propiedades, títulos, resultados o cuenta bancaria, pregúntate a ti mismo si esa medida de éxito resiste una revisión bíblica.*

Jueces

EN CONTEXTO

Datos generales

Escrito: *No sabemos.*

Escrito por: *Posiblemente Samuel, pero no estamos seguros.*

Estilo literario: *Compilación de historias verdaderas.*

En una frase: *De vuelta en su patria, los hebreos se organizan en una nación y son guiados por jueces sabios.*

El libro de los Jueces

Antes de que los hebreos fueran esclavos en Egipto, sólo eran una familia numerosa con doce hijos dirigidos por su padre, Israel. Cuando salieron de Egipto después de generaciones de esclavitud, eran un pueblo de más de seiscientos mil adultos dirigidos por un hombre del campo, Moisés. Al asentarse en su patria, fueron conducidos por un soldado, Josué. Una vez que se establecieron, pasaron un tiempo sin tener quién los dirigiera. Éste es el periodo de tiempo que describe el libro de los Jueces.

La era de los jueces fue una época de ciclos repetitivos en la vida de los israelitas. Se alejaban de Dios y caían presa de sus enemigos. Cuando las cosas se ponían lo suficientemente mal, regresaban a Dios y Él levantaba un líder, llamado juez (a menudo un líder militar), quien los rescataría de su dilema. Pero, mientras el ciclo continuó, el pueblo se alejaba de Dios inmediatamente que el juez moría o perdía su influencia. Este ciclo se repitió por lo menos durante el periodo de doce jueces.

Débora

Débora es una de los jueces más famosos y el único que fue mujer. Ella era sabia, tenía un gran discernimiento y era una profeta de Dios. Ella fue conocida por juzgar a Israel y dirimir disputas bajo una palmera.

Un día ella le informó a Barac, un líder militar, que debía

organizar diez mil hombres para pelear una batalla. Barac se rehusó ir a la guerra a menos que Débora lo acompañara. La respuesta de Débora fue muy interesante. Le recordó a Barac que si ella iba con él a la guerra, se difundirían las noticias de que una mujer ganó la batalla. (Recuerda, que ésta era una era MUY sexista. Éste sola conversación requería que Débora y Barac vivieran por encima de la cultura de su época.)

Débora fue a la batalla con Barac y fueron victoriosos. Su canción de victoria se encuentra registrada en Jueces 5.

GEDEÓN

Gedeón era un líder *sui generis*. No era miembro de una familia importante y tampoco era un miembro muy importante de su propia familia. Pero Dios lo llamó a dirigir a su pueblo y él obedeció.

Gedeón comenzó con treinta y dos mil hombres. A través de la dirección de Dios, los redujo a diez mil. A través de probar a esos diez mil, redujo el número a trescientos. Con sólo trescientos hombres, Gedeón logró los propósitos de Dios.

En cierto punto de su vida, Gedeón necesitaba conocer la dirección de Dios, así que inventó una pequeña prueba. Puso un vellón de lana a la intemperie durante la noche y le pidió a Dios que permitiera que cayera rocío en el vellón, pero no en la tierra. Dios lo hizo. La noche siguiente, Gedeón le pidió a Dios que el rocío cayera en la tierra, pero no en el vellón. Dios lo hizo. Hoy en día la gente sigue hablando acerca de poner vellones delante de Dios para determinar una respuesta específica o encontrar *Su voluntad* acerca de algo. Cuando lo hacen, se están refiriendo a Gedeón.

SANSÓN

Sansón fue, probablemente, el juez más famoso. Creció para ser el hombre más fuerte del país. Su fuerza estaba fundada en una consagración o voto especial a Dios, llamado el voto de nazareo. Parte del voto requería que el nazareo nunca se cortara el cabello. Mientras Sansón mantuviera su voto su fuerza permanecería en él.

Sin embargo, se involucró con una mujer llamada Dalila quien lo engañó y terminó cortando su cabello. La vida de Sansón fue de mal en peor a partir de ese momento. Le sacaron los ojos y fue encerrado como esclavo. Finalmente, mató a sus captores, pero murió junto con ellos.

PREGUNTAS

LA BIBLIA

Cuando los lectores comienzan a leer *Jueces*, algunas veces tienen preguntas más específicas.

P. ¿Quién es Baal? (Jueces 2:11)

R. Baal fue uno de los dioses locales principales en la tierra de Canaán. Dios le había instruido a los israelitas que echaran fuera de la tierra todas las cosas que tuvieran que ver con algo como Baal. Sin embargo, los israelitas terminaron uniéndose a los cananeos en su culto a Baal.

Una nota interesante es que la palabra Baal *tiene un significado adicional en hebreo, significa:* esposo. *Se podría decir que por su adoración a Baal los israelitas se habían casado con un dios ajeno.*

P. ¿Por qué Dios probó a Israel cuando el resultado de tal prueba era un fracaso casi seguro? (Jueces 2:22)

R. Dios quería obediencia perfecta de Israel; quería una nación santa. Y aun así, tenía que darles la opción de no escogerlo. Después de todo, si Dios forzaba a Israel a ser santo y obediente, si no tenían libertad de escoger en el asunto, esa obediencia y santidad realmente no valdrían mucho. De hecho, probablemente terminara siendo como la obediencia que puede exhibir un robot.

Somos probados en nuestras propias vidas, probados por vivir en un mundo pecaminoso y tener que tratar con nuestras naturalezas pecaminosas propias. Como Israel, nuestro propio resultado es casi un fracaso seguro. Sin embargo, la diferencia es que se nos ofrece perdón a través de Jesucristo.

RUT

EN CONTEXTO
Datos generales
Escrito: *Alrededor del 1350 a.C.*
Escrito por: *Algunas personas piensan que Samuel escribió parte del libro, pero no estamos seguros.*
Estilo literario: *La historia verdadera de una familia judía.*
En una frase: *La historia de una familia acerca de la provisión de Dios.*

UNA HISTORIA DE AMOR

El libro de Rut es acerca de amor en muchos niveles diferentes. La historia abre con que una mujer, Noemí, su marido y sus dos hijos dejaron su pueblo natal a causa de una hambruna. Se establecieron en una tierra llamada Moab. Ahí se casaron los dos muchachos. (Sus esposas se llamaban Orfa y Rut.) Noemí, Orfa y Rut quedaron viudas. Después de la muerte de su esposo y sus hijos, Noemí decide regresar a su pueblo natal y liberar a sus nueras para que hicieran sus vidas en su propia tierra.

Después de mucho protestar, Noemí finalmente convence a Orfa a que se regrese, pero Rut no se iría del lado de Noemí. Ella se compromete a vivir su vida con Noemí. Juntas viajaron de regreso a Belén. Sus experiencias se relatan en el libro de Rut.

EL RESTO DE LA HISTORIA

Después de establecerse en Belén, Rut salió a recoger el trigo sobrante de los campos alrededor de Belén. Fue vista por un pariente de Noemí llamado Booz. De acuerdo con las leyes judías, él podía casarse con Rut y además estar cumpliendo con una responsabilidad familiar.

Esto es exactamente lo que sucedió. Booz y Rut se casaron y le dieron un nieto a Noemí. Y (pon atención), fue a través de su linaje que nació el famoso rey David, así como Jesucristo.

PREGUNTAS

LA BIBLIA

Cuando los lectores comienzan a leer *Rut*, algunas veces tienen preguntas más específicas.

P. ¿Qué es ser redimido por un pariente cercano? (Rut 3:12)

R. *Llamado también en otras versiones un redentor familiar, el pariente cercano era responsable de proteger a los miembros de la familia extendida —más o menos como un hermano mayor. Si de pronto en la familia una de las mujeres quedaba viuda, el pariente cercano la redimía tomando las responsabilidades del marido. Lo mismo para los huérfanos.*

Booz no era el primer pariente cercano en la lista con la responsabilidad de cuidar a Rut, así que obtuvo el permiso del pariente que lo precedía, con testigos públicos, y entonces tomó el papel de redentor, animado por la misma expresión del interés por parte de Rut de convertirse en su esposa (Rut 3:7-11).

1 SAMUEL

EN CONTEXTO

Datos generales

Escrito: *Durante el reinado del rey David.*

Escrito por: *Samuel, Natán y Gad.*

Estilo literario: *Registros históricos.*

En una frase: *Samuel dirige a Israel, entonces unge al rey Saúl, después unge a David como rey.*

PRIMERO, LA HISTORIA DE UN SACERDOTE

Samuel fue un bebé milagroso. Su madre había sido estéril y había estado orando fuerte durante años por un hijo. Como ella estaba tan segura de que el niño había sido un regalo de Dios, cuando tuvo la edad suficiente, lo envió a vivir en el templo para ser criado y entrenado por Elí, el sacerdote.

Cuando Samuel creció, era el líder de Israel. Pero lo que Israel quería era un rey. ¿Un rey? Esto cambiaría totalmente el gobierno de Israel. Sólo habían sido gobernados por Dios y después por algunos jueces (consulta el libro de los Jueces). Samuel trató de disuadirlos, pero Israel seguía pidiendo lo mismo. Querían ser como las demás naciones a su alrededor (una lógica que podrías reconocer al discutir con un preadolescente). Así que fue Samuel quien ungió al primero y al segundo rey.

ENTONCES, LA HISTORIA DE UN REY

El primer rey de Israel fue un joven llamado Saúl. Tenía muchas cosas a su favor e hizo mucho por Israel. Estaba consagrado a Dios –al principio. Entonces se deslizó, después cayó y luego enloqueció literalmente.

Durante los momentos en los que Saúl tenía ataques de locura, era aliviado por un joven músico llamado David. David se convirtió en el mejor amigo de Jonatán, el hijo de Saúl. Saúl no se imaginaba que a causa de su desobediencia a Dios, un día sería reemplazado por David.

Cuando Saúl comenzó a notar la creciente popularidad de David se puso celoso, y enojado, y cada vez más afligido. Trató a David como un fugitivo de la ley. El rey Saúl finalmente murió en una batalla junto con su hijo Jonatán (el mejor amigo de David).

Y LUEGO, LA HISTORIA DE OTRO REY

David fue ungido como el futuro rey cuando todavía era joven y no parecía ser un candidato adecuado. Fue ungido por Samuel después de que Dios rechazó a Saúl como el rey legítimo.

Poco después, David fue honrado con la oportunidad de tocar

música delante del rey Saúl. El rey estaba tan impresionado con él que hizo que David fuera su escudero. Y así fue como David estaba en el campo de batalla cuando Goliat salió a desafiar al ejército. Probablemente recuerdes la historia de David tomando su onda para encontrarse con el gigante, Goliat, y matarlo con una piedra.

Éste fue el principio del liderato de David, pero él fue el inicio del fin del de Saúl. Mientras la historia de David y Goliat iba siendo conocida, el pueblo de Israel comenzó a comparar a David con Saúl. Llegó el momento en que el rey lo resintió tanto que David tuvo que huir, como un fugitivo, deambulando de cueva en cueva tratando de sobrevivir contra la ira de Saúl y sus ejércitos.

Cuando Saúl murió en batalla, David lo lloró sinceramente. Entonces David tomó el trono.

PREGUNTAS

LA BIBLIA

Cuando los lectores comienzan a leer *1 Samuel*, algunas veces tienen preguntas más específicas.

P. ¿Los reyes ayudaron o lastimaron a Israel como nación? (1 Samuel 8:6-7)

R. Al solicitar un rey, Israel se convirtió en una nación como cualquier otra en el vecindario. En lugar de pedirle a Dios que los librara de líderes espirituales falsos, clamaron: "Danos un rey", rechazando el gobierno de Dios a favor del gobierno humano.

Moisés había escrito acerca del peligro de la monarquía humana (Deuteronomio 17:14-20). Les advirtió a los reyes futuros que no tuvieran grandes establos, que no comerciaran con Egipto por caballos, que no tuvieran muchas esposas y que no acumularan riquezas. Las vidas de los reyes parecen ser un esfuerzo de hacer exactamente lo contrario a lo que Dios les había advertido.

2 SAMUEL

EN CONTEXTO

Datos generales

Escrito: *Poco después del reinado de David.*

Escrito por: *Probablemente por Natán y Gad. Posiblemente otros escritores contribuyeron.*

Estilo literario: *Un registro histórico.*

En una frase: *El rey David reina y su familia sufre.*

LA HISTORIA DE UNA MONARQUÍA

El libro de 2 Samuel es la continuación de la historia comenzada en 1 Samuel. Al final de 1 Samuel, el rey Saúl ha sido muerto en batalla y el rey David ha tomado el trono. 2 Samuel se trata del reinado del rey David.

EL ASCENSO DE DAVID

David es un personaje interesante. La única persona en la Biblia que recibe más atención que él es Jesucristo. David fue un gran hombre, aunque no siempre un buen hombre. A menudo defendía lo correcto, pero fracasaba con la misma frecuencia como esposo y como padre.

Los primeros diez capítulos de 2 Samuel tratan acerca de las grandes cosas que hizo el rey David. Construyó un reino próspero y fuerte. Regresó el arca del pacto al tabernáculo. Hizo planes para construir el templo. Cumplió su promesa de por vida a su amigo Jonatán (quien murió en batalla con el rey Saúl) y cuidó a su hijo, que era lisiado.

LA CAÍDA DE DAVID

El error más famoso de David (y el principio de su caída del poder) fue una aventura que tuvo con una mujer casada llamada Betsabé. Primero David la persiguió, durmió con ella y luego se dio cuenta de que había quedado embarazada. Después trató de hacer regresar al esposo, Urías, de la guerra a casa para hacer parecer que el bebé era suyo. Pobre Urías (además de tener un nombre horrible conforme a los estándares contemporáneos) respetaba tanto al rey que ni siquiera iría a disfrutar a su esposa mientras estaba de licencia.

Siguiente, David arregló que Urías fuera muerto en la batalla. Así que David era culpable de adulterio, intento de fraude y asesinato —todo por ver a alguien bañarse y rendirse a la tentación. ¿Esto es un rey?

David terminó haciendo a Betsabé su esposa, pero el bebé murió. Después tuvieron más hijos, incluyendo al futuro rey, Salomón.

LA FAMILIA DISFUNCIONAL DE DAVID

Después de la aventura de David con Betsabé, su vida sólo fue de mal en peor. Sus hijos, nacidos de sus primeras esposas, estaban fuera de control. Un hijo, Amnón, violó a su media hermana, Tamar. Otro hijo, Absalón (quién era tan bien parecido como un supermodelo además de una larga cabellera), mató a Amnón a causa de la violación. Después, Absalón se rebeló a su padre. Lo mataron los hombres de David cuando lo encontraron suspendido por el cabello en la rama de un árbol. Su mula había pasado bajo el árbol y el cabello de Absalón se atoró en las ramas, su mula se siguió de largo (sí, en serio, así sucedió). Casi suena como comedia de humor negro para adultos, ¿no es así?

El trono de David fue pasado a su hijo Salomón. Salomón fue el segundo hijo de Betsabé y fue un rey sabio y próspero.

PIÉNSALO DE ESTA MANERA

Una de las cosas más importantes que hay que saber es que Dios llamó a David un hombre: "Conforme a su corazón" (1 Samuel 13:14). Como ya leíste la vida de David era muy distante de ser perfecta. A causa de eso es un gran ejemplo para nosotros de que Dios desea nuestra fe y es sobre el fundamento de esa fe que Él nos aprueba. Entonces Él camina con nosotros a través de nuestros errores y fracasos, redimiéndonos con esa fe como fundamento.

PREGUNTAS

LA BIBLIA

Cuando los lectores comienzan a leer *2 Samuel*, algunas veces tienen preguntas más específicas.

P. ¿Cómo puede ser Dios una roca? (2 Samuel 22:2)

R. *Las rocas son inertes, sin vida y no hablan. Las rocas no pueden responder a la compasión humana, no pueden moldearse a sí mismas en nada útil (excepto por un accidente de la naturaleza), y finalmente se erosionan a grava. ¿Dios es como esto?*

Obviamente, cualquier metáfora con la naturaleza no puede ser cien por cien descriptiva del soberano Dios. Nada es como Dios en todos los aspectos. En este caso, parece que la vida de David se esta desmoronando a su alrededor, su reino está temblando, su ejército confundido, sus sacerdotes divididos. De hecho, su propia familia estaba en su contra, por lo menos en parte. Frente a este caos, posiblemente la estabilidad y el peso firme de las rocas era la imagen perfecta que David necesitaba para apoderarse del amor estable y sin cambios de Dios.

Si construyes una fortaleza de roca, las muchas lluvias no podrán deslavarla. El amor de Dios permanece a través de las tormentas y los desastres que David estaba sintiendo, y en ese sentido, comparar a Dios con una roca parecía ser justo la seguridad que él necesitaba.

Alabado sea Dios por la imaginación para encontrar significado espiritual en la más humilde de las obras creativas de Dios.

1 REYES

EN CONTEXTO

Datos generales

Escrito: *No sabemos.*

Escrito por: *Posiblemente un grupo de personas, pero no estamos seguros.*

Estilo literario: *Registros históricos.*

En una frase: *El rey Salomón gobierna, entonces el reino se divide en los reinos del norte y del sur.*

EL ARGUMENTO

El libro de 1 Reyes abre con la muerte del gran rey David. Antes de morir, nombra a uno de sus hijos, Salomón, su sucesor. La primera mitad de 1 Reyes es acerca de Salomón estableciendo su reino, construyendo el templo y amasando su a-som-bro-sa fortuna.

La segunda mitad de 1 Reyes es acerca del reinado después de Salomón. Las cosas se complican un poco aquí, así que amárrate fuerte el cinturón. El reino de Israel se divide en dos reinos: Israel (el reino del norte, después llamado Samaria) y Judá (el reino del sur). Era una guerra civil permanente.

REY SALOMÓN

Salomón era conocido por su sabiduría. De hecho, Dios se le apareció a Salomón en un sueño y le dijo que pidiera lo que quisiera. (¿A quién no le encantaría estar en ese sueño? El Dios de toda la creación ofreciéndote lo que sea.) La petición de Salomón es una petición sorprendente. Pidió sabiduría para gobernar bien y para discernir el bien del mal. Dios recompensó una petición así al darle a Salomón, no sólo sabiduría y entendimiento, sino también la riqueza y el honor que podría haber pedido, pero que no pidió.

Una de las primeras cosas que hizo Salomón como rey fue construir un hermoso templo. Salomón entonces construyó su propio palacio (le tomó trece años) y siguió amasando una fortuna increíble. Suena bien, ¿no? Bueno, hay un pequeño problema.

UN PEQUEÑO PROBLEMA

Por esas fechas, Salomón se había casado con una muchacha extranjera de Egipto (el lugar en el que sus ancestros habían sido esclavos, como te habrás podido dar cuenta). Junto con su esposa vinieron sus prácticas de adoración de ídolos. También se casó con muchas otras mujeres que adoraban otros dioses. ¿Cómo ves? Mientras las cosas le estaban saliendo muy bien a Salomón, se volvió cada vez más tolerante con estas prácticas idólatras. ¡Hasta que él mismo estaba adorando dioses falsos! Eso fue como escupirle al Dios Todopoderoso en la cara.

Al final de la vida de Salomón, era un anciano desilusionado. Había permitido que cayeran sus cimientos y su reino cayó colina abajo junto con él.

EL REINO DIVIDIDO

Posiblemente recuerdas que el origen de las doce tribus de Israel fueron los doce hijos de Jacob, a quien Dios le cambió el nombre por Israel. Una tribu, los descendientes de Leví, no recibió territorio porque eran los sacerdotes y trabajarían en el templo en lugar de trabajar la tierra. La tierra estaba dividida entre las otras tribus.

Después de la muerte de Salomón, surgió un conflicto civil. Las tribus del norte siguieron a un hombre llamado Jeroboam. Las tribus del sur, Benjamín y Judá, siguieron al hijo de Salomón, Roboam. Nunca se volvieron a unir.

ACAB Y JEZABEL

Uno de los reyes más famosos del reino del norte fue Acab. Probablemente ya has escuchado acerca del rey Acab y su esposa, la reina Jezabel. Incluso, probablemente has escuchado que algunas personas se refieren a otra como una Jezabel. Si así fue, seguro que le sacaste la vuelta. Jezabel era un desastre. Ella era la Cruella DeVille de su día. Si hubiera vivido en el reino del sur, probablemente le hubieran llamado: indecente (*nota del traductor: el autor está tratando de comparar el reino del sur de Israel con el sur de los Estados Unidos y utilizó en inglés una palabra para indecente, que sólo se usa en esa zona*). Acab no era nada mejor, pero es recordado más por su connivencia. Tú sabes... detrás de cada hombre malvado, usualmente hay una mujer peor que él.

Acab reinó durante veintidós años. La Biblia dice que él hizo que los pecados de los reyes anteriores parecieran triviales. De hecho, la Biblia dice que Acab hizo más para provocar la ira de Dios que todos los reyes antes que él. Él y su esposa se solazaban en la adoración a Baal. Eran muy celosos de ello. Básicamente, alentaban la maldad de cualquier forma que pudieran. Hubo un hombre que se puso en su camino. Un personaje muy importante en la historia de 1 Reyes es el profeta Elías, un faro en ese día oscuro y un piojo atormentador en la cabellera proverbial de Jezabel.

EN CONTEXTO

Puede sonar como que las cosas realmente cambiaron para el pueblo de Israel (quienes en esta época eran conocidos como el pueblo de Judá y el pueblo de Israel), pero en realidad era la misma canción, segunda estrofa. Todavía se alejaban de Dios hasta el momento en el que se metían en problemas y entonces corrían de regreso a Dios pidiendo que los ayudara, pero Él no los protegió de las consecuencias, y al final de la historia las consecuencias eran bastante lúgubres.

ELÍAS

Elías era un tisbita (palabra graciosa, repítela en voz alta). Provenía de un lugar llamado Tisbe. Aparece por primera vez cuando le anuncia al rey Acab que Dios estaba a punto de declarar una sequía.

Elías no siempre se sentía de lo mejor. Una vez, en particular, le dio la depresión: después de haber trabajado realmente duro para confrontar la maldad todo lo que obtuvo fue salir huyendo de la ciudad. Pero, todavía más a menudo, Elías tenía una gran fe y Dios lo usaba y le proveía salidas milagrosas. Una vez fue alimentado por cuervos. En otra ocasión, la harina y el aceite de una viuda nunca escasearon milagrosamente porque ella lo alimentó. Fue, también, a través de Elías que el hijo de una mujer regresó a la vida. Pero hay definitivamente un milagro que es lo que realmente hizo famoso a Elías.

EL GRAN ESPECTÁCULO

Elías invitó a la religión falsa de Acab y Jezabel a una competencia. Fue en la cima del monte Carmelo. Les dijo a los profetas de Baal (un ídolo) que construyeran un altar, pusieran un sacrificio sobre él y que le pidieran a su dios que enviara fuego del cielo para encender el altar. Elías construyó otro altar y lo empapó en barriles y barriles de agua.

Como te puedes imaginar, los profetas de Baal rezaron, bailaron, gritaron e incluso (sí, así fue) se cortaron la piel con cuchillos para mostrar su fervor y sinceridad. Pero cuando estás pidiéndole a la nada, no sucede nada. No hubo fuego del cielo. Sólo un montón de profetas sangrantes y mucha carne cruda.

Entonces Elías oró sobre su sacrificio mojado y ensopado en el altar. Dios respondió. Cayó fuego del cielo que consumó el altar, el sacrificio y el agua.

Fue un buen día para el pueblo de Dios. Fue un mal día para los profetas de Baal (quienes fueron perseguidos y ejecutados). Y, sin duda, Jezabel estaba bastante furiosa.

PREGUNTAS

LA BIBLIA

Cuando los lectores comienzan a leer *1 Reyes*, algunas veces tienen preguntas más específicas.

P¿De qué sirve leer acerca de estos reyes antiguos? (1, 2 Reyes)

R. *Los libros de 1 y 2 Reyes rastrean la historia de Israel durante los* *cuatrocientos años de la muerte del rey David a la destrucción de Jerusalén. Cada rey es juzgado sobre la base de si obedeció a Dios o no, o si fue malo ante sus ojos.*

Podemos obtener muchas lecciones de estas historias. Aprendemos qué es lo que motiva a la gente para rechazar a Dios. Observamos las consecuencias del pecado. El mensaje principal es que la caída trágica de los días de David a la cautividad fue el resultado de la infidelidad. Si estas personas hubieran sabido, o hubieran visto cómo estaban... ¿y nosotros?

P. ¿A pesar de toda su valentía en la batalla, fue David un padre débil?

R. *Sólo porque alguien es bueno en algo no quiere decir que será bueno en otra cosa. Sólo porque David era un talentoso y valiente guerrero no quiere decir automáticamente que era buen padre. Si tal correlación fuera cierta, entonces podríamos leer estadísticas interesantes e impresionantes acerca de las familias e hijos de nuestras propias fuerzas armadas.*

En lugar de eso, David pareció ser una fracaso como padre. Posiblemente eso fue así porque pasó mucho tiempo fuera de casa, peleando sus guerras. El hijo en cuestión que descuidó más que al resto fue Adonías, porque era de muy hermoso parecer. La Biblia insinúa que David era indulgente con su hijo por esta sola causa. Ser indulgente con las faltas de un hijo sólo porque es de buen parecer, definitivamente no es la señal de ser un buen padre.

2 Reyes

EN CONTEXTO

Datos generales

Escrito: *Nadie sabe.*

Escrito por: *No estamos seguros. Posiblemente fue un grupo de escritores.*

Estilo literario: *Registros históricos*

En una frase: *La historia de los reinos divididos de Israel y Judá* *durante los días de Elías y Eliseo.*

UNA NACIÓN DIVIDIDA

El libro de 2 Reyes es la secuela de 1 Reyes. Israel había sido dividido en dos reinos (norte: Israel; sur: Judá) reyes separados, economías separadas, adoración separada y problemas separados.

A través de los diferentes gobiernos, Dios envió profetas para llamar a la gente de vuelta a la obediencia. Desgraciadamente, continuaron regresando a la idolatría. Al final, cada reino cayó. El reino del norte cayó en manos de los asirios y el reino del sur en manos de los babilonios.

DOS REYES BUENOS

Hubo dos reyes en el reino del sur que trataron de alinear a su pueblo nuevamente. El primero fue Ezequías. Uno de sus actos oficiales fue restaurar y abrir el templo, así como destruir los altares de los ídolos y los lugares altos. Una de sus más grandes contribuciones fue la creación de un acueducto para que el agua permaneciera dentro de los muros de Jerusalén. Eso les permitía sobrevivir durante una batalla sin tener que dejar la ciudad.

Un segundo rey bueno fue Josías. Josías fue coronado rey a la edad de ocho años. El también restauró el templo, y al hacerlo, encontró una copia antigua del Libro de la Ley (probablemente Deuteronomio). A causa de este libro Josías se llevó a sí mismo y a su pueblo a un nuevo nivel de entendimiento y obediencia. Josías murió en una batalla a la corta edad de treinta y nueve años.

PROFETAS

Durante el tiempo en el que Israel y Judá se comenzaron a apartar de Dios, consistentemente los profetas les recordaban sus errores. Estos hombres algunas veces predecían el futuro, pero también decían la verdad. Hablaban con los reyes. Eran conocidos en todo el país. Algunas veces eran respetados así como otras veces maltratados.

Uno de los profetas más famosos fue Elías. Elías dejó este

mundo no a través de la muerte, sino a través de un carro de fuego. El aprendiz de Elías fue Eliseo. Eliseo vivió una vida honorable e incluso estableció una escuela de profetas.

EN CONTEXTO

La obra de algunos otros profetas de la época esta registrada en libros de la Biblia, tales como Isaías, Miqueas, Oseas y Jeremías. Dios mostró su amor al nunca rendirse con su pueblo. Siguió llamándolos de regreso a través del mensaje de los profetas, pero nunca se volvieron a Él de tal manera que lo siguieran consistentemente.

PREGUNTAS

LA BIBLIA

Cuando los lectores comienzan a leer *2 Reyes*, algunas veces tienen preguntas más específicas.

P. ¿Fue Elías llevado al cielo? (2 Reyes 2)

R. Elías fue el profeta fiel que puso la Palabra de Dios antes que su propia vida al condenar a Acab, rey de Israel. La fidelidad de Elías fue recompensada, primero cuando Dios le dijo que él sería tomado de la tierra y luego, al enviar el carro de fuego en un torbellino librando a Elías del dolor de una experiencia de muerte normal.

Este incidente es similar a lo que vivió Enoc en Génesis 5:21-24. Enoc disfrutó una relación cercana con Dios durante toda su vida. Entonces de pronto desapareció cuando Dios se lo llevó. Como Enoc, Elías fue un fiel siervo que Dios trasladó al cielo a través de medios divinos.

P. Dios le prometió a David que su dinastía y su reino continuarían por siempre (2 Samuel 7:16), pero más tarde el Señor cortó a Israel del reino de David (2 Reyes 17:21). ¿Qué le pasó a la promesa?

R. *En este punto de la historia Dios estaba cortando al reino del norte, diez tribus de Israel. A pesar de todo lo que Dios había hecho por Israel, incluyendo advertencias repetidas a través de sus profetas, Israel no quería escuchar. Eran necios y se rehusaron a creer (2 Reyes 17:14). Así que Dios rechazó a los descendientes de Israel.*

Dirigiendo a Judá (el reino del sur) estaba Ezequías, un descendiente de David. Cuando Judá fue llevado cautivo, un remanente de judíos siguieron fieles al Señor.

Jesús, también de la familia de David (Mateo 1:17), cumplió la promesa hecha a David al inaugurar un nuevo reino que duraría para siempre, un nuevo pueblo que creería en Jesucristo como Señor y llevaría Su nombre delante de todas las naciones de la tierra.

Date cuenta del cambio que hubo de un reino político bajo David a un reino espiritual bajo Jesucristo. Jesús es la cabeza de un nuevo Israel, la Iglesia (1 Pedro 2:10).

P. El rey Ezequías parece muy sabio para tratar con los enviados de Senaquerib de Asiria, y aun demasiado insensato para tratar con los enviados de Babilonia. ¿Cómo una persona puede ser tan lista y al mismo tiempo tan tonta? (2 Reyes 18-20)

R. *Al principio de su reinado, Ezequías era fuerte en la fe. Al ser confrontado por los enemigos, fue al templo del Señor a orar. El Señor honró su fe y envió un ángel para destruir el campamento militar Asirio. Cuando Ezequías se enfermó, oró y fue sanado. Ezequías repetidamente confía en el Señor y Él lo salva.*

Sin embargo, cuando el rey de Babilonia apela al sentido de importancia de Ezequías con cartas y regalos, Ezequías muerde el anzuelo presumiendo su palacio y sus riquezas. Confrontado por el profeta Isaías, Ezequías parece no haberse dado cuenta que su orgullo se está mostrando. Una advertencia a todos acerca de lo rápido que nos podemos inflar con la arrogancia y la autogratificación.

1 Crónicas

EN CONTEXTO

Datos generales

Escrito: A*lrededor del 400 a.C.*

Escrito por: *Esdras, de acuerdo con la tradición judía.*

Estilo literario: *Algunos registros históricos y algunas listas de genealogías.*

En una frase: *La historia de Israel, comenzando con el reino de David, pero desde un punto de vista espiritual, más que de un punto de vista político.*

UNA SENSACIÓN DE BUSCAR LAS RAÍCES PROPIAS EN UNA ÉPOCA OSCURA

El primer libro de Crónicas fue escrito en un momento en la historia de Israel cuando la gente había sido removida físicamente de sus hogares. Después del exilio, regresaron a su hogar y encontraron que su tierra había sido invadida por extranjeros. Necesitaban volver a unirse como pueblo y regresar a Dios. Primero de Crónicas fue escrito para ayudarles a lograr eso.

GENEALOGÍAS

El primer libro de Crónicas abre con listas y listas de genealogías. De hecho hay ocho capítulos de estas listas. Es verdad, no son muy recomendables para leer en la noche si uno no se quiere quedar dormido, pero míralas con los ojos de los lectores originales. Esta era una cultura en la que los individuos se definían a sí mismos por su historia familiar. Su tierra incluso había sido deslindada de acuerdo con cual de las doce tribus de Israel descendía la familia. Toda su identidad estaba en las genealogías. Su estilo de vida, en la mayor parte, había sido pasado a través de historias, tradiciones orales, fiestas y días santos que tenían su origen en la gran liberación de Egipto.

EN CONTEXTO

Aunque no leas todas las genealogías en 1 Crónicas palabra por palabra, comprende que para estas personas esas listas eran las únicas raíces que tenían. Sus hogares habían sido invadidos; su tierra estaba llena de usurpadores. Todo lo que los definía como nación eran los nombres que ves en esas listas y las vidas que esas listas representaban. Primero de Crónicas tiene mala reputación por tener mucho material que causa somnolencia, pero cuando comprendes donde estaba este pueblo como nación, entonces entiendes que no estaban bostezando cuando lo escribieron.

LA HISTORIA DE LA FAMILIA DE ISRAEL

La parte más larga de 1 Crónicas es otra historia. Describe muchos de los mismos eventos que encuentras en 2 Samuel y en 1 y 2 Reyes. Sin embargo, los autores tienen un punto de vista diferente de esos eventos. Primero de Crónicas fue escrito muchos años después de esos eventos. Siempre que ves un periodo de tiempo desde el punto de ventaja de *muchos años después,* ves las cosas de una manera diferente. Ves más las cosas importantes y no te fijas en los detalles. Ves el significado más que los eventos mismos. Primero de Crónicas realmente describe la historia de la adoración en Israel, la historia de su relación con Dios, más que sólo quién gobernó, cuándo y durante cuánto tiempo.

REY DAVID

David es el personaje central en 1 Crónicas. Como rey, David hizo muchas cosas, pero este libro describe en detalle los preparativos para el templo.

David hizo que los israelitas de antes del exilio se concentraran en la adoración. A causa de esto, fue algo bueno para los israelitas después del exilio considerar nuevamente el papel de David en la historia para que una vez más, hicieran de la adoración una prioridad. Su templo estaba en ruinas. Sus hogares no estaban mejor que el templo. En 1 Crónicas encontraron un patrón para encontrar sus raíces en su familia y en su consagración a Dios.

LOGROS

Cuando vemos atrás en nuestras vidas o en la vida de cualquier otro, podemos ver un sendero claro de lo que han logrado. Pero cuando estamos en medio de la vida, viviéndola, algunas veces el sendero no es tan claro. No podemos saber lo que el rey David pensaba de la adoración en su época, pero mirando hacia atrás, es como si tuviera un plan en mente:

- Recapturar Jerusalén para poder poner el templo allí.
- Regresar el arca del pacto (el artículo más sagrado en la historia judía, parecido a una cápsula del tiempo santa) al tabernáculo. (El tabernáculo era el precursor portátil del templo.)
- Escribir canciones para que las pueda cantar el coro del tabernáculo y trabajar con Asaf, el director del coro.
- Organizar a los sacerdotes, los músicos de adoración y los guardias.
- Juntar el material de construcción y el equipo para que en el momento adecuado, Salomón, mi hijo, pueda construir el templo.

Si David tenía una lista de pendientes, seguramente se parecía mucho a ésta porque eso es exactamente lo que hizo.

PREGUNTAS

LA BIBLIA

Cuando los lectores comienzan a leer *1 Crónicas*, algunas veces tienen preguntas más específicas.

P. ¿Quién escribió 1 Crónicas? (1 Crónicas 1:1)

R. *De acuerdo con la tradición judía (el Talmud), Esdras el sacerdote fue el autor de 1 y 2 Crónicas. Otra evidencia apoya esta creencia. El énfasis del libro sobre el templo, el sacerdocio, el juicio y la bendición de Dios tienen la perspectiva de un sacerdote. El estilo de escritura del libro se asemeja al de Esdras. Además, la conclusión de 2 Crónicas (36:22-23) es muy similar al principio de Esdras (1:1-3). Algunos estudiosos especulan que los libros tenían el propósito de ser leídos como una historia consecutiva, similar a Lucas y Hechos.*

P. ¿Por qué el material en 1 Crónicas repite el material de 1 y 2 Samuel?

R. *El primero y el segundo de Crónicas cubren el mismo periodo de la historia judía que 1 y 2 Samuel; sin embargo, hay una diferencia: la perspectiva. Primero y segundo de Samuel se concentran en la historia política de Israel y Judá, mientras que 1 y 2 Crónicas ofrecen un comentario religioso de la historia de los judíos. Los libros de Samuel fueron escritos desde un punto de vista profético. Los libros de Esdras, desde un punto de vista sacerdotal.*

Como los libros de Crónicas (probablemente una sola obra cuando fue escrita originalmente) fueron escritos para los exiliados que regresaban a su hogar, tienen un tono positivo distintivo. Al mirar de vuelta los comienzos de la nación judía y al concentrarse en el templo, el linaje mesiánico y las reformas espirituales necesarias, Esdras esperaba animar al pueblo a reconstruir su herencia espiritual. ·

2 Crónicas

EN CONTEXTO

Datos generales
Escrito: *Alrededor del 400 a. C.*
Escrito por: *Esdras, de acuerdo con la tradición judía.*
Estilo literario: *Registros históricos.*
En una frase: *La historia de Israel desde el reinado de Salomón hasta la cautividad en Babilonia desde una perspectiva espiritual.*

La reseña de una nación

El segundo libro de Crónicas es la continuación de 1 Crónicas. Así que, como 1 Crónicas, es un recuento de los eventos enlistados en 1 y 2 Reyes, pero desde un punto de vista muy diferente. Segundo de Crónicas se escribió muchos años después (que Reyes) y en retrospectiva. El pueblo judío habían estado fuera de su tierra en el exilio y ahora estaban apenas regresando. Habían estado perdidos y deambulando sin raíces ni familia.

EN CONTEXTO

El autor de Crónicas (probablemente Esdras, conforme a la tradición) intentaba darle al pueblo un sentido de historia e identidad. A la luz de esto, Crónicas pone mayor énfasis en los aspectos positivos de los personajes históricos. Hubo muchos reyes idólatras y malvados en la historia de Judá, pero Crónicas saca lo mejor del reinado de esos hombres. Es un intento deliberado de recordarle a Israel acerca de lo que pueden estar orgullosos y de lo que se pueden tomar acerca de su historia. También es un recordatorio de cómo sus ancestros adoraron y sirvieron a Dios, para que comenzaran su nueva vida en casa con el pie derecho.

EN CONTEXTO

TABLOIDES

.Aquí hay algunos encabezados que leerías si 2 Crónicas fuera seguido por los tabloides:

- Gran rey Salomón reduce la plata al valor de una piedra (2 Crónicas 1)
- Reina abuela mata a todos sus descendientes para poder convertirse en reina (2 Crónicas 22)
- Niño rey coronado a los siete años (2 Crónicas 24)
- Acaz, líder nacional, involucrado en sacrificios de niños (2 Crónicas 28)
- Rey Joacaz establece el récord por el reinado más corto de la historia (2 Crónicas 36)

SALOMÓN

El reinado de Salomón toma la primera parte de 2 Crónicas. Salomón era sabio. Era riquísimo. Tenía influencia, Tenía muchas esposas. Lo tuvo todo. En sus años jóvenes le sirvió bien. En sus últimos años lo desilusionó. De hecho escribió un libro de la Biblia llamado Eclesiastés en el cual dice que tuvo todo, pero que sin Dios *todo* significa *nada.*

LOS REYES DE JUDÁ

Después del reinado de Salomón, el reino fue dividido en el reino del sur, Judá, y el reino del norte, Israel. Segundo de Crónicas se concentra en los gobernantes de Judá. De esos gobernantes, 2 Crónicas define una correlación directa entre su consagración a Dios y el éxito de su reino. A través de la historia Dios les dijo: "Obedéceme y te bendeciré, desobedéceme y no tendrás éxito". El segundo libro de Crónicas revela en retrospectiva que lo que Dios dijo fue verdad.

PREGUNTAS

LA BIBLIA

Cuando los lectores comienzan a leer *2 Crónicas*, algunas veces tienen preguntas más específicas.

P. ¿Da Dios promesas abiertas hoy, como se las dio a Salomón? (2 Crónicas 1:7)

R. *Esta interrogante saca a la luz una de las preguntas más importantes que enfrentamos para entender a Dios: ¿Hasta qué grado podemos contar con ayuda verdadera del exterior? O Dios es como el banquero, que ayuda al próspero a serlo más. En otras palabras, ¿la ayuda divina se mezcla con el ingenio humano de manera que haga que la parte divina es difícil de reconocer?*

El Nuevo Testamento está lleno de ofertas, al parecer abiertas, de ayuda divina si no provisión directa desde lo alto. En el evangelio de Mateo, una comparación del ofrecimiento de Jesús a sus discípulos con el ofrecimiento de Dios a Salomón, hace parecer al último como una persona en desventaja.

Aun así, estos ofrecimientos de ayuda no son completamente abiertos, como tampoco lo fue el ofrecimiento a Salomón, quien no podía esperar que Dios lo ayudara si no obedecía también claramente la Ley de Dios. Salomón sabía claramente que el pacto bajo el cual él iba a poder prosperar conllevaba una gran responsabilidad (2 Crónicas 6:16). No era una vuelta gratis. Salomón estaría obligado a vivir de manera que honrara a Dios si Dios iba a seguir bendiciendo su reino.

De la misma forma, las promesas de Dios en nuestros días no son muestras gratis. Mientras que no podemos ganarnos el favor de Dios, somos responsables de vivir en fe y obediencia a Dios. Las buenas obras no incrementan la generosidad de Dios para nosotros: la obediencia responde a Dios en amor y gratitud.

Esdras

EN CONTEXTO

Datos generales

Escrito: *Alrededor del 400 a.C.*

Escrito por: *probablemente Esdras.*

Estilo literario: *Registros históricos.*

En una frase: *Los hebreos regresaron del exilio en Babilonia y reconstruyeron el templo.*

La quintaesencia

Puede ser que recuerdes o no que al final de 2 Crónicas los hebreos habían sido exiliados a Babilonia. Cuando los persas invadieron Babilonia, el líder persa, Ciro, permitió que los judíos regresaran a casa. Ésta era una cosa buena y una cosa mala al mismo tiempo. Habían estado en Babilonia, ¡SETENTA AÑOS! Muchas de las personas que habían sido tomadas cautivas habían fallecido ya. Más de toda una generación había hecho su hogar en Persia. Jerusalén, su ciudad natal, estaba a mil cuatrocientos cuarenta y ocho kilómetros de distancia y esto fue antes de que aparecieran los automóviles. (Incluso a un carro en una carretera vacía le tomaría quince horas recorrer esa distancia. ¿Te lo puedes imaginar a pie?). Hubo un poco de renuencia entre muchos hebreos a aceptar la oferta de Ciro.

Los exiliados regresan con Zorobabel

De dos millones de judíos, como cincuenta mil escogieron regresar a su patria con un hombre llamado Zorobabel. Su prioridad cuando llegaron allí era reconstruir el templo. El significado de este acto era más que tener un lugar para adorar. Era el acto de reconstruir su relación con Dios.

Hubo una gran celebración cuando los constructores pusieron los cimientos. Hubo música y celebración y alabanza. Y también había tristeza. Los ancianos que habían regresado con Zorobabel podían recordar el glorioso templo que Salomón construyó.

Lloraron por lo lejos que habían quedado de esos días.

EN CONTEXTO

La historia de la adoración de este pueblo ha sido la de: Ahora sí, ahora no. El hecho de que hubieran regresado a casa a reconstruir el templo era una señal de que reconocían el liderazgo de Dios en la vida de su nación. Éste era un gran paso.

LOS EXILIADOS REGRESAN CON ESDRAS

Después de que el templo había sido reconstruido, Edras regresó a Jerusalén con aproximadamente dos mil personas más (la mayoría de ellos sacerdotes). Lo que encontró lo decepcionó. El templo estaba listo, pero mucho menos grandioso que antes.

Sin embargo, la preocupación principal de Esdras no era el edificio. La condición tan pobre del templo era sólo un reflejo de la condición pobre del corazón del pueblo. Rasgó sus vestidos (que era una señal de duelo en esos días). Y comenzó a predicar de los más profundo de su corazón. ¡Y funcionó! El pueblo renovó su relación con Dios.

SIEMPRE HAY UN TROPIEZO EN CONSTRUCCIÓN

Aun y hace tanto tiempo como este libro registra, la gente utilizaba los trámites para retrasar la construcción. Considera este escenario en Esdras 4.

- Ahora, recuerda que no había correo electrónico, no había fax, teléfono, papel carbón, copiadoras, ni siquiera servicio postal. Sólo había camellos, carros y mensajeros. Y había mil cuatrocientos cuarenta y ocho kilómetros entre el sitio de construcción y la ciudad capital donde estaba el gobierno. (¡Y tú pensabas que tenías retrasos!).
- Los vecinos hostiles ofrecieron "ayudarles" con la construcción del templo. Los israelitas rechazaron su ayuda. Los vecinos tomaron la actitud de: "Ahora van a ver...".

- Los vecinos enviaron mensajeros o agentes con mentiras acerca de los israelitas. Le enviaron estas historias al rey Ciro todo el tiempo de su reinado, entonces al rey Darío después de él. Después de Darío, le escribieron a Asuero y luego al rey Artajerjes. Les advertían a los reyes que los hebreos eran problemáticos y que si la construcción continuaba, probablemente dejarían de pagar impuestos.
- El rey Artajerjes revisó los archivos de la historia de Judá e Israel y vio su historial rebelde. Esto no era reconfortante, así que envió de regreso una demanda (otros mil cuatrocientos y tantos kilómetros otra vez) para que se detuviera la obra de reconstrucción.
- En medio de todo esto, los israelitas comenzaron a combatir el fuego con el fuego. Comenzaron la reconstrucción de nuevo y le escribieron al rey pidiéndole que revisara el decreto ORIGINAL del rey Ciro que autorizaba la construcción. Salieron los secretarios en busca de las tablillas de piedra y pergamino y ahí estaba, con polvo y demás. (Ningún permiso de construcción EN TODA LA HISTORIA requirió tanto trabajo.)
- La construcción siguió adelante y el encargado de los archivos se tomó un descanso.

Ahora, ESO, mis amigos, es burocracia: burocracia multigeneracional.

PREGUNTAS

LA BIBLIA

Cuando los lectores comienzan a leer *Esdras*, algunas veces tienen preguntas más específicas.

P. ¿Por qué Ciro les permitió a los judíos regresar a su tierra? (Esdras 1:1)

R. *El rey Ciro de Persia era fundamentalmente tolerante y positivo hacia la fe judía. Creía que era bueno para él y para su reino permitir diferentes grupos en su reino con cierto grado de independencia, especialmente con respecto a la práctica religiosa. Sobre todo y más allá de la tolerancia de Ciro, Dios movió su corazón para permitir que los judíos regresaran a Jerusalén. Dios frecuentemente movía el corazón de reyes paganos para cumplir cierta misión o sacar a un individuo de problemas.*

P. **¿Por qué era tan importante para Esdras y sus seguidores restaurar el templo? (Esdras 1:5)**

R. *El templo representaba el centro de la vida religiosa de Israel, la gloria de Israel, el símbolo de todo lo que hacía especial a Israel como el pueblo de Dios. Mientras el templo estuvo desolado, el sentido de identidad del pueblo y de unidad estaba en asolamiento. Hasta que atendieron la casa de Dios, entonces las cosas comenzaron a estar bien en la casa de Israel.*

P. **¿Por qué Esdras se enojó tanto con los matrimonios mixtos? (Esdras 9)**

R. *El problema más grande de Israel a través de la historia fue el sincretismo: la mezcla de las religiones paganas con la adoración del Dios verdadero. Dios juzgó a Israel severamente por fracasar en mantener la adoración limpia y pura. Y uno de los caminos más fáciles a la infidelidad en el corazón de los israelitas eran los matrimonios con pueblos paganos. Esdras conocía esto bien, lo cual explica su vehemente y emocional oposición en contra de tomar esposas extranjeras.*

La preocupación principal de Dios era que la nación de Israel fuera diferente de las naciones que la rodeaban. Mientras Israel obedecía los mandamientos de Dios, les testificaban a las demás naciones de la gloria de Dios sobre los demás dioses. Así que la razón detrás de la oposición de los matrimonios mezclados era prevenir la pérdida de testimonio de la verdad, como con Salomón, cuyas varias mujeres extranjeras se dice que desviaron su corazón de Dios (1 Reyes 11:1-13).

La prohibición contra los matrimonios mezclados no era absoluta. Deuteronomio 21 contiene reglas para casarse con mujeres extranjeras tomadas cautivas en la guerra. Ejemplos de matrimonios interraciales incluyen a Booz y Rut la moabita, Moisés y la mujer cusita. El punto principal es fidelidad a Cristo. Cualquier matrimonio que pone la fe en peligro está mal.

Nehemías

EN CONTEXTO
Datos generales
Escrito: *Alrededor del 400 a.C.*
Escrito por: *Moisés.*
Estilo literario: *Registros históricos.*
En una frase: *Más hebreos regresan de Babilonia y reconstruyen los muros de Jerusalén.*

Nehemías se arriesga

Hablando de estrategias profesionales. Nehemías era un hombre que creía en un mercado de trabajo creativo. Cuando comienza la historia, Nehemías es el copero del rey. Parte de su trabajo eran las ocupaciones típicas de un asistente administrativo y parte era servir al rey como mayordomo. Pero parte de su trabajo era, literalmente, probar el vino del rey. Una de las razones era control de calidad. La otra era control de tóxicos y venenos. ¡Hablando de profesiones arriesgadas!

Lo bueno acerca del trabajo de Nehemías es que le daba la oportunidad de hablar directamente con el rey acerca de sus preocupaciones. Nehemías había escuchado por conducto de un amigo que los judíos que habían regresado de Babilonia para reconstruir Jerusalén la estaban pasando muy mal. Los muros estaban destruidos y esto dejaba la ciudad abierta a ser atacada. Estas noticias rompieron el corazón de Nehemías.

Cuando el rey le preguntó a Nehemías por qué estaba tan triste (¡un jefe sensible!), hubo una pronta respuesta. Nehemías le pidió un permiso para ir a ayudar a reconstruir el muro. Obtuvo el permiso y se dirigió a Jerusalén.

Nehemías construye un muro

Un par de días después de su llegada, Nehemías se escurrió una noche y revisó el muro. Era un revoltijo.

Para comprender por qué tuvo que hacer esto a hurtadillas, tienes que entender que esta tierra había sido habitada por tantas personas que existían emociones encontradas acerca de que los hebreos regresaran a habitar la tierra. También había oficiales del gobierno que eran muy sensibles a cualquier independencia que los hebreos pudieran recuperar que los llevara a rebelarse o dejar de pagar sus impuestos.

Una vez que Nehemías había visto el muro, anunció su plan. Dividió las puertas y las secciones del muro entre diferentes personas y los puso a trabajar. La mayoría de la gente estaba contenta de estar trabajando. Entonces, otra vez, había dos personajes llamados Sanbalat y Tobías.

Sanbalat y Tobías se sentían amenazados por todo el asunto del regreso de los judíos. Temían perder su propio poder sobre la gente. Así que la primera estrategia de intimidación fue el ataque verbal.

Nehemías oró.

Entonces trataron de desanimar a los trabajadores.

Nehemías les recordó la ayuda de Dios.

Entonces se zambulleron en un nuevo nivel de amenazas físicas.

Nehemías armó a los trabajadores y estableció estrategias de guerra con ellos. Básicamente, los constructores tenían las herramientas en una mano y el arma en la otra. ¡Qué manera de edificar un muro!

Finalmente, Sanbalat y Tobías amenazaron con asesinar a Nehemías.

Nehemías oro de nuevo, pero no retrocedió.

Aunque no lo creas, estos constructores terminaron ese muro en menos de dos meses (de hecho, cincuenta y dos días, como siete semanas). Esta no fue una proeza pequeña considerando que era un muro tan sólido y ancho, ya que cuando terminaron marcharon sobre él alrededor de la ciudad para celebrar. (¿Te puedes imaginar la escena de esa fiesta?)

REUNIÓN DE AVIVAMIENTO

Después de terminar el muro, Esdras (el mismo del libro de Esdras) leyó la Ley de Dios al pueblo. Juntos confesaron su pecado y se volvieron a consagrar a Dios y a adorarle, a cuidar el templo y a, básicamente, hacer las cosas bien.

Nehemías trabajó durante bastante tiempo para ayudar a los hebreos a renovar y mantener su compromiso de hacer las cosas conforme a la manera de Dios.

PIÉNSALO DE ESTA MANERA
ORADOR, OFRECE SUS SERVICIOS

Si Nehemías viviera hoy en día, sería el candidato principal para hablar en congresos de liderazgo. Fue un líder y un administrador excelente. Si te hubiera dado copias o notas de sus conferencias, los puntos principales se parecerían a algo como esto:

- Orar por sabiduría acerca de las decisiones y oportunidades.
- Si es posible, trabaja con las autoridades existentes; la cadena de mando.
- Mide tu tarea bien antes de comenzar a trabajar.
- Divide tu trabajo en segmentos manejables y entonces asígnaselo a alguien que esté interesado en hacerlo.
- No te dejes atemorizar por los opositores.
- No permitas que alguien amenace tu reputación. Defiende tu propia integridad.
- Confronta los problemas y a las personas cara a cara.
- Conoce lo que la Biblia dice y sigue su consejo.

PREGUNTAS

LA BIBLIA

Cuando los lectores comienzan a leer *Nehemías*, algunas veces tienen preguntas más específicas.

P. ¿Cómo practicaba Nehemías la oración? (Nehemías 1:4)

R. *Nehemías es un ejemplo de una persona que vivía a través de la oración. Respondía a las dificultades con oración. Planeaba en oración. Oraba antes de hablar. Cuando evaluaba su trabajo, lo hacía también en oración. Cuando otros lo atacaban o lo amenazaban, Nehemías oraba.*

Nehemías no se volvió efectivo en oración porque sólo tenía grandes peticiones de oración. Sino que oraba por todo y se volvió muy bueno en eso. Nehemías vivía por el principio descrito por Pablo siglos después en Filipenses 4:6-7: "Por nada estéis afanosos, sino sean conocidas vuestras peticiones delante de Dios en toda oración y ruego, con acción de gracias. Y la paz de Dios, que sobrepasa todo entendimiento, guardará vuestros corazones y vuestros pensamientos en Cristo Jesús".

P. ¿Qué es un copero? (Nehemías 1:11)

R. *El copero era uno de los empleados de mayor confianza del rey, quien estaba a cargo de la calidad de todo lo que el rey bebiera. El copero garantizaba con su propia vida que la bebida en la copa del rey en todo momento era adecuada para ser tomada. Esa confianza venía acompañada de una cantidad significativa de influencia. Los coperos a menudo eran consejeros no oficiales y confidentes.*

P. ¿Por qué fue tan poderosa la lectura de Esdras de la Ley de Dios?

R. *Los eventos que ocurrieron en la Puerta de las Aguas en tiempos de Nehemías pueden ser descritos como un avivamiento espiritual.*

El pueblo sabía que Dios había hecho posible que reconstruyeran la ciudad. Ahora estaban listos para escuchar que otra cosa les quería decir Dios. Escucharon con atención. Cuando Esdras leyó la Palabra de Dios se pusieron de pie con respeto y con expectación por lo que estaban a punto de escuchar.

Entonces, el pueblo respondió personalmente, colectivamente e inmediatamente a la Palabra de Dios. En los días que siguieron, fueron prontos para poner en práctica lo que habían leído. El avivamiento de la Puerta de las Aguas fue un tiempo en el que el pueblo escuchó con propósito y obediencia el mensaje de Dios, la recuperación de una visión y una esperanza.

ESTER

EN CONTEXTO

Datos generales

Escrito: *Alrededor del 500 a.C.*

Escrito por: *No estamos seguros.*

Estilo literario: *La historia de una reina.*

En una frase: *Los hebreos sobrevivieron el exilio en Persia gracias a que una judía ganó el* concurso de belleza real.

EN GENERAL

Ester es una historia que muestra a Dios obrando en las circunstancias cotidianas. Es una historia que nos asegura que las coincidencias, casi nunca, son resultado de la suerte.

EN CONTEXTO

Lo que sucede en Ester aconteció en Babilonia cuando los hebreos estuvieron cautivos allí. No eran esclavos; fueron inmigrantes a la fuerza. Podían trabajar y vivir sus vidas, pero no eran ciudadanos de Babilonia. Estaban esperando regresar un día a casa.

LA REINA VASTI

La historia abre con un conflicto entre el rey Asuero (también llamado Jerjes) y la reina Vasti. El rey estaba teniendo una fiesta desenfrenada y salvaje con sus amigos y llamó a su esposa para presumir su belleza. La reina se rehusó a ir. ¡¿SE REHUSÓ A IR?! Posiblemente hoy, eso no signifique mucho, pero en esa época, era un asunto serio. De hecho, tan serio que el rey se divorcio de ella y comenzó una búsqueda, cierto tipo de concurso de belleza, para encontrar una nueva reina.

Eso abrió la oportunidad a la historia de Ester.

ENTRA: ESTER

Ester era una muchacha hermosa. Era una jovencita judía (su nombre judío era Hadasa). También era huérfana, por lo que su primo mayor, Mardoqueo, era como un padre para ella. Mardoqueo inscribió a Ester en el concurso. Ganó y sobrepasó las expectativas y se casó con el rey. De alguna forma, esto sucedió sin que el rey supiera que Ester era judía.

Todo iba bien hasta que... Amán.

EL PLAN DE AMÁN

Amán era un pequeño Hitler. Era un hombre hambriento de poder que con mucho gusto exterminaría a los judíos de su país. Era un intolerante, un racista, un fanfarrón. Particularmente le era antipático el primo de Ester, Mardoqueo. Mardoqueo se había ganado el favor del rey, al denunciar un plan para asesinar al rey, con lo cual le había salvado la vida. A Haman no le agradaba ni un poco el buen nombre de Mardoqueo, y no ayudaba el que Mardoqueo no se inclinara delante de Amán. Amán tramó un plan para deshacerse del pueblo judío con Mardoqueo como el primero en la lista de víctimas.

Pero, lo que Amán no sabía era que la reina era hebrea y estaba emparentada con el hombre que estaba planeando asesinar. Mardoqueo acudió con la reina Ester para que pudiera hablar delante del rey a su favor y salvar a su pueblo. Esto era una cosa que le causaba temor a Ester (era contra la Ley acercarse al rey sin invitación), pero lo hizo. De hecho, denunció los planes de Amán al rey delante de Amán mismo.

FIN

Al final, se hizo justicia. Haman fue colgado en su propia horca. Su plan fue desmenuzado. Mardoqueo fue honrado por el rey. Ester siguió siendo reina, pero no siguió manteniendo su nacionalidad en secreto. El pueblo judío estableció una nueva fiesta, *Purim*. Aun hoy, cuando una familia hebrea celebra *Purim*, leen juntos la historia de Ester y celebran la salvación de Dios a través de su compatriota la reina de Persia.

PREGUNTAS

LA BIBLIA

Cuando los lectores comienzan a leer *Ester*, algunas veces tienen preguntas más específicas.

P. El libro de Ester no menciona a Dios, ¿entonces por qué está incluido en el Antiguo Testamento?

R. *Es verdad, Ester no menciona el nombre de Dios, sin embargo, entre líneas hay referencias veladas a Dios. El tío Mardoqueo anima a Ester a que vaya delante del rey Asuero diciéndole: "¿Y quién sabe si para esta hora has llegado al reino?", implicando que Dios podía usar a Ester para librar a los judíos. Ester entonces le pide a Mardoqueo que reúna a los judíos y que ayune; ella misma ayunó durante tres días (Ester 4:16), mostrando su petición a Dios por ayuda.*

Aunque no menciona a Dios directamente, Ester ilustra la provisión de Dios para Su pueblo. Algunas veces los actos hablan más alto que las palabras. Ester demuestra la providencia de Dios sin mencionar lo que sería obvio para el lector judío.

LIBROS DE SABIDURÍA

Estos libros son como poesía. Son escritos, más que libros. Son colecciones de pensamientos. Son letras de canciones. Son la creatividad del mundo antiguo. Son material para el hemisferio creativo del cerebro, en relación con Dios y todos los que los que nos unamos a escuchar.

EN CONTEXTO

LIBROS DE SABIDURÍA
- Job
- Salmos
- Proverbios
- Eclesiastés
- Cantar de los Cantares

JOB

EN CONTEXTO

Datos generales

Escrito: *Nadie está seguro, pero la historia probablemente sucedió alrededor del 2000 a.C.*

Escrito por: *Posiblemente Job, pero no sabemos.*

Estilo literario: *Un poema hebreo antiguo (que, por cierto, no rima).*

En una frase: *Los tiempos malos no significan que Dios no es bueno; sólo significan que algunos tiempos son malos.*

UNA MIRADA DETRÁS DE LA CORTINA DE LA ETERNIDAD

No pensamos muy seguido en Dios y Satanás sentados conversando. Sabemos que alguna vez fueron compañeros. Satanás era un ángel, pero después las cosas cambiaron.

No podemos pensar en Dios y Satanás comunicándose, pero esa es exactamente la manera en la que el libro de Job comienza. Satanás estaba hablando con Dios acerca de Job. Acusó a Job de que era íntegro sólo porque Job llevaba una buena vida. Dios negó que eso fuera verdad y, en pocas palabras, le dijo a Satanás que le diera su mejor golpe.

Entonces Job comenzó a sufrir. Sufrió pérdida, enfermedad, pobreza y, lo peor de todo, tres amigos bien intencionados.

Los "amigos" de Job

Al principio los amigos de Job se sentaron con él. Ofreciéndole consuelo con su presencia. Pero con el tiempo, hicieron lo que mucha gente bien intencionada hace cuando están cerca del sufrimiento. Tratan de averiguar por qué está sucediendo. Y básicamente, llegaron a la pregunta a la que todos llegan: "¿Qué habrá hecho Job para merecer esto?".

Aun estando enfermo, habiendo perdido sus hijos y su riqueza, todo menos su desesperante esposa, Job se mantuvo firme. No había hecho nada para merecerse nada de lo que le había sucedido. Eso los dejaba con la única otra pregunta que se podrían hacer: "Si no se lo merece, entonces, ¿por qué está sucediendo?". Cómo no había respuesta a esa pregunta siguieron fastidiando a Job para que confesara. Finalmente, Dios habló.

El razonamiento de Dios

La conclusión de la respuesta de Dios fue: "¿Quiénes se creen ustedes que son?" (una pregunta que no podemos responder sin primero considerar: "¿Quién creemos que es Dios?"). Dios volvió a dejar muy en claro Su lugar en el mundo, Su creación, Su soberanía, Su poder, Su deseo de rectitud en la gente.

Dios no responde la pregunta de por qué hay maldad y sufrimiento en el mundo. Probablemente porque fue respondida en los primeros tres capítulos de Génesis (la humanidad lo provocó con sus malas decisiones). Pero Dios sí dice que Él es el mismo cuando estamos sufriendo o cuando estamos bien. Nos ama cuando estamos bendecidos y nos ama cuando estamos bajo maldición. Nuestro sufrimiento no es producto de Su castigo, ni una manera de decirnos que sus sentimientos hacia nosotros hayan cambiado. La vida a veces es sencillamente un lugar de sufrimiento.

Esto todavía es algo difícil de entender para nosotros principalmente porque algunas veces Dios interviene y nos libra del sufrimiento; pero a veces no lo hace. Y al final, lo entendamos o no, el que Él pueda tomar esa decisión es la razón por la que lo llamamos Dios.

PREGUNTAS

LA BIBLIA

Cuando los lectores comienzan a leer *Job*, algunas veces tienen preguntas más específicas.

P. ¿Por qué Dios permite que Satanás arruine la vida de un hombre bueno? (Job 1 : 1 2)

R. Lo que Dios permitió en la vida de Job y lo que Satanás intentó hacer proveyeron un laboratorio para examinar la guerra espiritual, la batalla entre el bien y el mal que está siendo librada detrás de las cámaras a través de la historia. Job se convierte en el prototipo de toda persona que busca entender la justicia y de toda persona que es víctima de la injusticia. Satanás quería demostrar los fundamentos puramente pragmáticos del anhelo religioso: La gente cree cuando la vida es dulce, pero se rebela cuando las cosas se amargan. Dios permitió que el experimento se llevara a cabo, con ciertos límites.

Al experimento de Satanás le salió el tiro por la culata. Job no maldice a Dios, aunque agoniza en medio de todos los por qués. Job no es destruido; al final prospera. La fe no es fraudulenta, sino firme y fuerte. Y el universo no es malicioso, sino justo y misericordioso, ya que el carácter de Dios y no la malicia satánica es la que define el tono de la experiencia humana.

¿Creció en fe Job? Dolorosamente y lentamente, sí. ¿Descubrió, Job, más acerca del significado de la confianza personal en Dios? Sí, aun y cuando eso significó tener que descubrir su propia tem-

poralidad y su culpabilidad. ¿Son estas lecciones de vida, vitalmente importantes para cada persona? Sí, así es.

Afortunadamente, no todos nosotros sufrimos hasta el extremo de las tragedias de Job, pero ninguno de nosotros hemos estado a salvo de la culpa y el dolor. Job emerge con un nuevo entendimiento del cuidado de Dios, y también nosotros podemos hacerlo. Su vida fue arruinada en el corto plazo. Dios la redimió al final. Job vivió su historia trágica para que podamos ver más claramente hasta donde llegan el cuidado de Dios y su protección.

P. ¿Cuál es la manera correcta de ayudar a un amigo que está sufriendo una tragedia? (Job 2 :1 1)

R. Los tres amigos de Job fueron útiles al principio, pero finalmente fracasaron en la difícil tarea de ayudar a alguien a sobreponerse a una tragedia. Su primer intento fue identificarse y hacerse parte, todo lo que pudieran, del dolor de Job. Lloraron con Él, rasgaron sus vestiduras como una señal de tristeza y echaron polvo sobre sus cabezas. Sólo se sentaron con Job durante mucho tiempo, no se necesitaban palabras, y no se dijeron. Todo esto llevó a Job a expresar sus sentimientos más profundos con ellos. Esto fue bueno y útil.

Entonces las cosas cambiaron. Los sentimientos más profundos de Job estaban mezclados con demasiadas preguntas indagatorias para los tres amigos, quienes deseaban y aparentemente tenían una visión polarizada de Dios y la bondad moral: Todo lo malo que sucede está ligado al pecado humano. Para este grupo, la tragedia de Job estaba ligada a alguna falta oculta que Job necesitaba confesar. Los amigos se tornaron en acusadores.

Podemos entender esto. ¿Si Job no había hecho mal, entonces quién sí?

Los amigos podrían haber admitido su propia ignorancia delante de las preguntas de Job. Podían haberle pedido a Dios junto con Job, mayor comprensión. En lugar de eso, trataron de meter la vida de Job en sus propios moldes, insistiendo que en la vida de Job estaba la pista para su caída. Tenían que culpar a alguien y Job era el único candidato,

Los actos de una persona y sus consecuencias muy seguramente *forman parte de la clave para entender los tiempos difíciles que esté sufriendo, sin embargo estos amigos hubieran sido más efectivos si hubieran escuchado con más compasión hacia la aflicción de Job y sobrellevar con él su inmensa confusión y dolor, no tratando de forzar sus opiniones teológicas cuadradas en las preguntas perfectamente redondas de Job. Algunas veces, escuchar es un don mayor que hablar. Y cómo ayuda a una persona que está sufriendo. El método del regaño casi siempre falla.*

SALMOS

EN CONTEXTO

Datos generales

Escrito: *En un periodo de tiempo, aproximadamente entre 1400 a 500 a.C.*

Escrito por: *una variedad de autores incluyendo a David, Asaf, Salomón y Moisés.*

Estilo literario: *Poesía y letras de canciones.*

En una frase: *Letra de canciones del himnario del templo en el Antiguo Testamento.*

EN GENERAL

El libro de Salmos es una colección de poemas. La mayoría de los poemas también son la letra de una canción. Algunos historiadores le llaman a este libro: *El libro de las alabanzas.* Otros lo llaman por su nombre griego: *Psalmoi*, que significa: tañidos (como en un arpa). Otros más lo llaman el *Salterio*, que viene de *Psalterion* (canciones para ser tocadas en un arpa). Pero algunos sencillamente le llaman: El himnario del templo de Salomón.

EN ESPECÍFICO

Los temas de los Salmos incluyen:

• La bondad de Dios	• La protección de Dios	• El amor de Dios
• Ira	• Celos	• Gozo
• Remordimiento	• Enemigos	• La maravilla de la vida
• Temor	• Alabanzas	•Cantos fúnebres

PERO NO RIMAN

¿De qué hablas? Si son canciones, si son letras de cantos, si son poemas, ¿por qué no riman? Bueno, como fueron escritos en otro idioma, uno podría asumir que riman en el idioma original, aunque no rimen en español. No. El estilo de poesía en esa época en la cultura y en el idioma hebreo correspondía a una manera de pensar completamente diferente. SU música no estaba basada en tres acordes y un coro, como la música occidental contemporánea.

PIÉNSALO DE ESTA MANERA

Hay ciento cincuenta canciones en los Salmos. Algunos son acerca de Dios y otros están dirigidos a Dios. Algunos son gloriosamente alegres y llenos de adoración, mientras que otros están llenos de ira y abatimiento. Los Salmos es lo que todo cancionero debe ser, una colección de los sentimientos más profundos de la gente. Son sinceros. Están llenos de oraciones de la vida real. Son pensamientos con los pies en la tierra, bien ubicados, de personas que luchaban con y celebraban las mismas cosas que cualquier otra persona, pero permaneciendo en la presencia de Dios.

Sus formas poéticas estaban basadas en las ideas de los poemas. La primera línea usualmente expresaba la idea principal. Entonces la segunda línea repetía o elaboraba sobre esa idea. Entonces muchas veces cada línea seguía adicionando, pero sobre la misma idea principal. Por ejemplo el Salmo 27 fluye de esa manera:

Jehová es mi luz y mi salvación; ¿de quién temeré? Jehová es la fortaleza de mi vida; ¿de quién he de atemorizarme? Cuando se juntaron contra mí los malignos, mis angustiadores y mis enemigos, Para comer mis carnes, ellos tropezaron y cayeron. Aunque un ejército acampe contra mí, No temerá mi corazón; Aunque contra mí se levante guerra, Yo estaré confiado.

Salmos 27:1-3

¿ALGUIEN TOCA UN INSTRUMENTO?

Hoy en día, una orquesta se compone de cuerdas, vientos, percusiones, algunos metales, etc. Una banda está compuesta de batería, guitarras, algunas veces teclados. En los servicios judíos también se utilizaban instrumentos musicales.

CÍMBALOS

Había dos tipos de címbalos: Los címbalos de júbilo eran unos discos de metal grandes. Los címbalos resonantes eran pequeños discos de metal que se ataban al pulgar y al índice.

FLAUTA

También llamada zampoña. Más pequeña que el oboe, pero sin caña.

ARPA

Éste era un instrumento de doce cuerdas que se sostenía verticalmente y se pulsaba con los dedos.

CUERNOS

También llamados trompetas, estos instrumentos estaban hechos de cuernos de carnero o de metal amartillado. Llamaban al pueblo a la adoración. (También fueron los instrumentos que usaron cuando el pueblo gritó y los muros de Jericó cayeron.)

LIRA

Más pequeña que el arpa, tenía sólo diez cuerdas y era tañida con una púa. Nuestro dulcémele moderno percusivo es un primo distante de la lira.

OBOE

A menudo traducido como flauta o zampoña, la palabra *chalil* significa: instrumento con doble caña. Como el oboe.

Sonaja

También llamado sistro. A menudo, éstos eran hechos de barro con piedras dentro para hacer un sonido cascabeleante rítmico. Hoy se utilizan sistros semejantes hechos de plástico o de madera con forma de huevo.

Pandero

Redondo, como nuestros panderos modernos, pero sin platillos o sonajas a los lados. Este pandero era utilizado como un pequeño tambor.

El baile antes de que existieran las discotecas

No sólo ya se utilizaban instrumentos musicales en los servicios de adoración en el antiguo Israel, sino que la danza o el baile también era una parte integral de la adoración y las ceremonias. David danzó delante del Señor. María danzó durante una celebración.

Los movimientos eran ciertamente diferentes y no eran de naturaleza sensual, pero el movimiento era una parte importante para celebrar al Dios que da la vida. Adelante, inténtalo. Piensa en tus bendiciones y ponte en movimiento.

Preguntas

La Biblia

Cuando los lectores comienzan a leer *Salmos,* algunas veces tienen preguntas más específicas.

P. ¿Se enoja Dios fácilmente? (2:1 2)

R. *En realidad no. Éste salmo sugiere que sólo Dios merece nuestra sujeción (el beso: la señal ancestral de sumisión a otro) sin demora. No debemos invertir mucho tiempo considerando si nos sometemos* a Dios o no. Lo bueno o lo correcto de hacerlo debe ser tan obvio que se esperaría que nos apresuráramos a mostrarle a Dios nuestra lealtad y devoción.

¿Si no lo hacemos, va Dios a actuar como un tirano celoso?. No, Dios rompe todos los estereotipos y no puede ser comparado con gobernantes antiguos. Sin embargo, existe cierta ira en Dios que no va a tolerar la indiferencia o la oposición por siempre. Ven a Dios ahora y no juegues con esa ira. No te expongas a algo tan terrible como lo que el salmista está describiendo. Es mucho mejor experimentar a Dios como un refugio que como un horno.

P. ¿En qué sentido la gente señorea sobre la creación? (Salmos 8:6)

R. En la creación, Dios puso a la humanidad sobre todas las especies para señorear y sojuzgar la tierra (Génesis 1:28). Posiblemente a los peces y a los pájaros se les pudo haber dotado de razón, inteligencia y conciencia propia, pero, de hecho, el don y la responsabilidad recayó en los humanos, por del designio y la voluntad de Dios.

Por lo tanto, los humanos, no señorean sobre la creación como las autoridades finales. Más bien, la humanidad es administradora de todo lo que Dios ha creado. Un buen administrador se preocupa por los bienes de su patrón (Mateo 24:46) y se le compensa de acuerdo con la multiplicación de los activos a su cargo. Sea que tu vocación sea la abogacía, la plomería, la docencia, el cuidado de los bosques o el ministerio, Dios se agrada cuando tu círculo de influencia o responsabilidad es bien administrado, o sea, manejado con integridad, excelencia y visión.

P. ¿Por qué parece que Dios desaparece en los momentos cruciales? (Salmos 10:1)

R. Los Salmos está lleno de declaraciones que parecen acusar a Dios de no cumplir con las expectativas: abandono en la crisis, no escuchar los clamores de angustia, intervenir con lentitud para *corregir una situación dolorosa. Todas estas declaraciones debemos tomarlas como un reflejo de la relación personal tan intensa que el autor del salmo experimentaba con Dios y la confianza implícita en esa relación.*

Cuando estás enojado, ¿quién escucha tus quejas? Probablemente uno de tus mejores amigos o tu cónyuge, alguien con quien tienes intimidad. Cuando necesitas llorar, ¿a quién llamas? Cuando el dolor es tan difícil de manejar por ti mismo, ¿con quién dejas salir todo? Ciertamente no con un extraño o una persona que conoces superficialmente.

De la misma forma, Dios no está bajo sospecha aquí. Pero el salmista está luchando con Dios acerca de asuntos que siente profunda y apasionadamente. Las preguntas o declaraciones no son acusaciones, sino ruegos por ayuda. El salmista quiere más de Dios de lo que está experimentando en ese momento. Sabe que la intimidad con Dios es la clave para la paz personal y anhela la intimidad frente a lo que parece la ventaja temporalmente superior de los impíos. El salmista está plenamente seguro del auxilio de Dios (v. 16) y de que su situación será resuelta.

P. ¿La devoción a Dios de todo corazón lleva a la prosperidad? (Salmos 2 5 :1 3)

R. *Sí y no.*

Si la prosperidad tras la cual vas puede guardarse en un banco, viene en cantidades de miles y cientos de miles, y te hace ganar intereses, entonces: no. Lo siento.

La devoción a Dios no es una garantía para volverse rico. Ciertamente existen ciertos principios de mayordomía que, cuando los sigues, aumentan la seguridad financiera, pero muchos, muchos cristianos hoy en día (y del pasado también) han sido muy pobres, y, sin embargo, prósperos.

Si la prosperidad que buscas se centra en ser feliz, esperanzado, capaz de amar, estar seguro de la vida después de la muerte y estar dispuesto a intentar actividades para Dios que presenten un elemento de riesgo y aventura, entonces la respuesta a la pregunta es afirmativa. En fe, todos prosperan. Las personas están diseñadas para vivir en una relación con Dios, quien nos da toda la prosperidad de amigos y siervos suyos.

Piensa en el asunto en términos de propósito. ¿Para qué es el dinero? ¿Qué comprarías si pudieras? ¿Qué es lo que Dios les ofrece a los que están viviendo por fe? Puesto de esa manera, el problema ahora es fácil. Sé fiel, sé próspero; en todas las formas correctas.

PROVERBIOS

EN CONTEXTO

Datos generales

Escrito: *Alrededor del 950 a.C.*

Escrito por: *Varios autores incluyendo Salomón, Agur y Lemuel.*

Estilo literario: *Una colección de dichos sabios, algunos en forma de poesía hebrea.*

En una frase: *Pepitas de oro de sabiduría para conducirse en la vida diaria.*

LA SABIDURÍA DE SALOMÓN

El libro de Proverbios es una colección de dichos sabios. Es casi como una bolsa de galletas chinas de la suerte, pero llenas de la sabiduría de Dios, sin las galletas (y sin los números detrás de cada papelito que nadie sabe qué significan). Estos proverbios son un buen ejemplo de la poesía hebrea. Muchos son pares de versos que expresan el mismo pensamientos en dos maneras diferentes. Algunas veces reafirman y algunas veces dan ejemplos al firmar lo contrario.

EJEMPLOS PROVERBIALES

El principio de la sabiduría es el temor de Jehová;
Los insensatos desprecian la sabiduría y la enseñanza.

Proverbios 1:7

(Ves, la segunda línea es lo opuesta de la primera.)

Hijo mío, está atento a mis palabras;
Inclina tu oído a mis razones.
No se aparten de tus ojos;
Guárdalas en medio de tu corazón;

Proverbios 4:20-21

(La segunda línea reafirma la primera.)

Muchos pensamientos hay en el corazón del hombre;
Mas el consejo de Jehová permanecerá.

Proverbios 19:21

PIÉNSALO DE ESTA MANERA

CÓMO USAR ESTE LIBRO

Algunas personas leen un capítulo de Proverbios cada día, mes tras mes. Como está dividido en treinta y un capítulos, la lectura diaria se puede correlacionar con cada día del mes. Proverbios es una mezcolanza de verdad, pero es un libro muy valioso, porque siempre puedes encontrar ahí algo que va a afectar tus decisiones en ese mismo día. Es un libro acerca de cómo vives tu vida en los detalles en los que las cosas se pueden complicar más.

COPIAS O NOTAS

Si estuvieras enseñando un curso basado en el libro de Proverbios, aquí hay algunas de los temas que posiblemente incluyeras:

- La perspectiva de Dios sobre el sexo
- Cómo tener amigos
- Conociendo a Dios
- Liderazgo, a la manera de Dios
- ¿Amar las cosas o amar a las personas?
- Cómo entender los asuntos del matrimonio y la familia
- Administración del dinero
- La moralidad y usted
- Administración del tiempo
- Cómo hablar con sabiduría
- Ética profesional

PREGUNTAS

LA BIBLIA

Cuando los lectores comienzan a leer *Proverbios*, algunas veces tienen preguntas más específicas.

P. ¿Qué es sabiduría? (Proverbios 4:7)

R. *La sabiduría es lo que capacita a una persona para vivir una vida que agrade y honre a Dios. Incluye conocimiento, pero va más allá que la sola información. La sabiduría es la habilidad de usar el conocimiento para servir a Dios: integrar el corazón, la mente y la voluntad en una vida unificada de devoción a Dios.*

P. ¿Qué se quiere decir con "temor a Dios"? (Proverbios 9:10)

R. *Mientras que el concepto incluye un elemento de temor literal, la idea se refiere más al respeto lleno de amor por Dios. El hombre o la mujer que teme al Señor se va a someter a la voluntad de Dios y se va a preocupar más por honrar a Dios que por la estima propia o el bienestar.*

P. ¿Deberían las mujeres cultivar los tipos de conductas tradicionales alabadas en los Proverbios? (Proverbios 31:10)

R. *La Biblia a veces ha sido acusada de que apoya la cultura patriarcal y el hogar dominado por el esposo. Nada podría estar más lejano del espíritu y el tono de estos proverbios. Aquí, las mujeres sobresalen en decisiones sabias tocante al dinero, la moda y el estilo, y en esa elusiva, sin embargo, universalmente reconocida cualidad de atracción sexual. Esta mujer ideal cuida de su familia, tiene una variedad de habilidades especializadas que pone al servicio de la gente a su alrededor y no es arrobada por las imágenes falsas de belleza que su cultura establece como la norma. Este proverbio hace resaltar bien que la belleza, de hecho, va mucho más profundo que los cosméticos o la forma del cuerpo.*

¿La mujer alabada en este proverbio posee las cualidades internas más fuertes de sabiduría, discernimiento, servicio, lealtad y valentía? ¿Es esta mujer retratada como una persona que vive a la altura y la profundidad de su ser?

Sí, enfáticamente. ¿Está la mujer descrita en este proverbio atra-

pada en un lazo de tradicionalismo circunstancial, atada a sus tareas, bailando al ritmo de los hombres, siendo una muñeca de exhibición, ciudadana de segunda clase? Para nada. El consejo de Dios para hombres y mujeres es el mismo a través de las épocas: Cultiva las habilidades y las virtudes que reflejan el amor y el cuidado que Dios tiene por toda la gente, y vas a encontrar paz, contentamiento y pasión. Ese es el mensaje para cada década y era.

Eclesiastés

EN CONTEXTO

Datos generales
Escrito: *Alrededor del 900 a.C.*
Escrito por: *Probablemente Salomón.*

Estilo literario: *Literatura sapiencial, lo cual significa literatura profunda que inspira el pensamiento, a veces llamada poesía.*

En una frase: *Lo tuve todo, y no sirvió para nada sin Dios. Sinceramente, el rey Salomón.*

El hombre que lo tuvo todo

¿Recuerdas a Salomón? El fue el hijo del rey David. Cuando era un rey joven, Dios le dijo que le pidiera lo que quisiera, y Salomón dijo: "Sabiduría". Dios recompensó una respuesta con tanto discernimiento dándole sabiduría así como riqueza y poder. Durante muchos años Salomón vivió una vida que honraba a Dios.

Pero antes de que todo terminara, Salomón resbaló. Había permitido que la idolatría y la desilusión se escurrieran en la casa real (junto con cientos de esposas y concubinas). Es en este punto que se cree generalmente que escribió el libro de Eclesiastés.

Un tiempo para todo

Probablemente recuerdes el famoso pasaje: Un tiempo para *esto* y un tiempo para *aquello*. Vamos a ver cuánto realmente recuerdas:

Todo tiene su tiempo, y todo lo que se quiere debajo del cielo tiene su hora.
Tiempo de n_____, y tiempo de morir;
tiempo de plantar, y tiempo de a_____ lo plantado;
tiempo de matar, y tiempo de c_____;
tiempo de destruir, y tiempo de e_____;
tiempo de l_____, y tiempo de reír;
tiempo de endechar, y tiempo de b_____;

tiempo de esparcir piedras, y tiempo de j_____ piedras;
tiempo de a_____, y tiempo de abstenerse de abrazar;
tiempo de buscar, y tiempo de p_____;
tiempo de guardar, y tiempo de d_____;
tiempo de romper, y tiempo de c_____;
tiempo de callar, y tiempo de h_____;
tiempo de a_____, y tiempo de aborrecer;
tiempo de g_____, y tiempo de paz.

Eclesiastés 3:1-8

AQUÍ ESTÁN LAS RESPUESTAS

Todo tiene su tiempo, y todo lo que se quiere debajo del cielo tiene su hora.

Tiempo de nacer, y tiempo de morir;
tiempo de plantar, y tiempo de arrancar lo plantado;
tiempo de matar, y tiempo de curar;
tiempo de destruir, y tiempo de edificar;
tiempo de llorar, y tiempo de reír;
tiempo de endechar, y tiempo de bailar;
tiempo de esparcir piedras, y tiempo de juntar piedras;
tiempo de abrazar, y tiempo de abstenerse de abrazar;
tiempo de buscar, y tiempo de perder;
tiempo de guardar, y tiempo de desechar;
tiempo de romper, y tiempo de coser;
tiempo de callar, y tiempo de hablar;
tiempo de amar, y tiempo de aborrecer;
tiempo de guerra, y tiempo de paz.

Eclesiastés 3:1-8

> ✝ **TROCITOS DE LA BIBLIA**
> Una frase que se usa ene veces en Eclesiastés es la frase: "Bajo el sol". (*Ene* es una cifra redondeada, dependiendo de la versión de la Biblia que estés usando.) Otro tema recurrente es: "Todo es vanidad". Salomón seguramente lo sabía; él tenía todas las comodidades que su cultura ofrecía. Y aun así, *todo* no era suficiente sin Dios.

PREGUNTAS

LA BIBLIA

Cuando los lectores comienzan a leer *Eclesiastés*, algunas veces tienen preguntas más específicas.

P. ¿Por qué un hombre que tiene todo se siente tan deprimido y abatido? (Eclesiastés 1:1-1 1)

R. El predicador en Eclesiastés lo tiene todo; sin embargo, encuentra la manera de sentirse deprimido y abatido. La razón que da para su depresión es la aparente vacuidad de la vida y el hecho de que un hombre no puede encontrar satisfacción o contentamiento. Cada nuevo día es sólo la repetición de todos los días que han sido antes que éste. De hecho, no hay nada que sea en realidad nuevo, nada que sea fresco. En una inquieta y cansada consecución de frases, el predicador acuña la bien utilizada frase célebre: "¿Qué es lo que fue? Lo mismo que será. ¿Qué es lo que ha sido hecho? Lo mismo que se hará; y nada hay nuevo debajo del sol". De acuerdo con el razonamiento del predicador no hay ningún valor en hacer cosas que ya han sido hechas, vistas y experimentadas por otras personas.

La depresión y el abatimiento son trampas en las que se cae fácilmente. Absolutamente nada en la vida nos va a traer satisfacción a menos que nos demos cuenta y entendamos que sólo Dios trae legitimidad a nuestras vidas. Podemos alcanzar la posición más alta en el gobierno, amasar fortunas, crear grandes obras de arte o invertir nuestras vidas en causas humanitarias. Sin embargo, si estas cosas se llevan a cabo sin la presencia de Dios como Señor de nuestras vidas, no van a traer satisfacción; al contrario, sólo traerán vacuidad.

P. ¿Cómo puede Salomón aconsejar que hay tiempo para matar, para aborrecer y para derribar, si esto es contrario a tantos mandamientos bíblicos? (Eclesiastés 3 :1-1 1)

R. *La lista de tiempos de Salomón: llorar, reír, y demás, debe ser vista en el contexto más amplio de la vida y la historia. No está diciendo necesariamente: "Oye, son las doce, es hora de matar, así que sal con tu carro y atropella a alguien".*

Más bien, Salomón insiste en que la vida humana se desarrolla dentro de un marco más amplio de sucesos que se repiten en la historia; risa, lágrimas, matar, sanar, destruir, edificar, morir, nacer. No nos debemos sorprender o extrañarnos si estas cosas nos suceden a nosotros. Estas cosas les sucedieron a infinidad de personas, y les van a volver a suceder a otros sin número; los ritmos de la vida: gozosos y tristes.

Cantar de los cantares

EN CONTEXTO

Datos generales

Escrito: *Alrededor del 950 a.C.*

Escrito por: *El rey Salomón.*

Estilo literario: *Un poema romántico.*

En una frase: *Estoy enamorado apasionadamente y no puedo dejar de pensar en ella. Salomón.*

De tal palo, tal astilla

Salomón era el hijo de un músico y un soldado. Su padre, David, escribió muchos de los Salmos (los cuales son poemas-canciones, como recordarás). Salomón venía de un linaje creativo. Así que, a causa de su amor por una mujer hermosa, una que él atesoraba, surgió este poema romántico que está inspirado, no por la flecha de Cupido, sino por Dios mismo.

PIÉNSALO DE ESTA MANERA
¿Para adolescente y adultos?

Posiblemente no parezca así a primera vista, pero la Biblia es un libro muy práctico. Habla de las cosas de la vida diaria. Cantar de los cantares es un buen ejemplo. Es amor en su expresión más melosa, y a veces, en su expresión más sensual.

Lo que piensan los teólogos

Como te puedes imaginar, este libro de la Biblia ha causado un gran revuelo a través de los siglos. Por no decir otra cosa, partes de él son bastante íntimos (los muchachos judíos no podían leer este libro hasta después de los trece años de edad). A causa de esto, muchos se han sentido incómodos con su interpretación. Después de haberse calmado el alboroto, la mayoría concuerdan en que Cantar de los cantares es literalmente un poema romántico acerca de personas reales.

Pero también, la mayoría concuerda en que este libro es una gran ilustración de lo que siente Jesús por su Iglesia. El Nuevo Testamento llama a la Iglesia, la esposa del Cordero. En este sentido, el deseo y la pasión que el rey muestra en este libro por su esposa es semejante al deseo y la pasión que Cristo tiene hacia nosotros—Su cuerpo, Su Iglesia. Somos apreciados. Somos como un trofeo a alcanzar. Somos un objeto de deseo. Le traemos gozo.

PREGUNTAS

LA BIBLIA

Cuando los lectores comienzan a leer *Cantar de los cantares,* algunas veces tienen preguntas más específicas.

P. ¿Debe la gente hablar de este tipo de cosas en público? (Cantar de los Cantares 3 :1)

R. *Posiblemente no totalmente en público, porque eso hace un mercado de la intimidad y tiende a convertir el amor verdadero en pornografía, gratificando no las necesidades del corazón, sino las necesidades de los impulsos hormonales de alguien, simple y llanamente. Demasiada exposición pública convierte al sexo más en una actividad de animales que en una acto entre dos seres humanos que viven delante de un Dios de amor. El encuentro humano más íntimo de todos debe ser protegido de mucha exposición pública, si no se corre el riesgo de que se pierda la intimidad y que la dinámica del amor mismo se prostituya.*

Pero en muchos círculos cristianos, el problema opuesto es la norma: no se habla lo suficiente del sexo como un don de Dios. ¡Qué desperdicio! Los cristianos que piensan que el silencio puede hacer desaparecer un asunto están engañándose a sí mismos. Desde que los sentimientos sexuales comienzan en la pubertad, hasta el cese de ellos en la senectud, el tema debe ser discutido en la familia y en la iglesia. Necesitamos comprender esta extraordinaria parte de nuestro ser, y nuestro entendimiento tiene que ser, como toda otra cuestión importante, informado por la Palabra de Dios y restaurado (porque a menudo está quebrado) por el amor salvador de Dios.

PROFECÍA

Las profecías del Antiguo Testamento incluyen muchos tipos diferentes de información. Incluyen relatos (como en Daniel), visiones locas (como en Ezequiel), sermones (como en Isaías), y algo de predicción del futuro. Son los escritos de hombres que fueron sacudidos en sus vidas por Dios y que se les dio un mensaje. Su responsabilidad, entonces, era dar ese mensaje. Venían de diferentes trasfondos. Si recuerdas a Jonás, entonces puedes ver que no todos estaban a gusto con el llamado de Dios sobre su vida. Pero todos respondieron a él, y algunos de ellos de una manera bastante creativa. A Oseas se le pidió que se casara con una prostituta para mostrar una ilustración de cómo Dios había amado al infiel Israel. Ezequiel dio parte de su profecía a través de mímica o pantomima (aunque no se registra que usara guantes blancos, o usara tirantes ridículos). Jeremías escribió parte de su mensaje como cantos fúnebres.

Sus escritos son tan diversos como cualquier colección que puedas encontrar. Pero eran los Billy Graham o Luis Palau de su época. Eran las voces llamando a su país: "¡Estamos divagando aquí! ¡Dios quiere relacionarse con nosotros en una manera diferente!". A causa de eso, sus mensajes todavía tienen algo que decirnos hoy.

Tenemos también la palabra profética más segura, a la cual hacéis bien en estar atentos como a una antorcha que alumbra en lugar oscuro, hasta que el día esclarezca y el lucero de la mañana salga en vuestros corazones; entendiendo primero esto, que ninguna profecía de la Escritura es de interpretación privada, porque nunca la profecía fue traída por voluntad humana, sino que los santos hombres de Dios hablaron siendo inspirados por el Espíritu Santo.

2 Pedro 1:19-21

Profetas mayores

- Isaías
- Jeremías
- Lamentaciones
- Ezequiel
- Daniel
- Miqueas

Profetas menores

- Oseas
- Joel
- Amós
- Abdías
- Jonás
- Malaquías

- Nahum
- Habacuc
- Sofonías
- Hageo
- Zacarías

Isaías

EN CONTEXTO

Datos generales

Escrito: *Alrededor del 700 a.C.*

Escrito por: *Isaías.*

Estilo literario: *Compilación de sermones y profecías.*

En una frase: *Pongan atención. Dios tiene un plan maestro y necesitamos ser parte de él.*

El profeta de profetas

Isaías le predicó a los judíos en una época en la que no les quedaba mucho sobre lo cual apoyarse. Se habían rehusado a serle fieles a Dios en la adoración. Habían mezclado y revuelto su cultura con la cultura de los pueblos a su alrededor. Estaban a un paso de ser llevados exiliados a Babilonia, y como consecuencia, perder completamente su hogar.

¿Cómo prepararías un mensaje para esta gente? ¿Qué dirías? Lo que Isaías dijo fue, básicamente: "Examinemos los detalles de nuestras vidas, pero encontremos esperanza en el panorama general. Posiblemente echamos a perder todo a gran escala, pero Dios tiene un plan mayor para redimir al mundo. Vamos a tomarnos de eso".

La primera parte de Isaías

El libro de Isaías se divide fácilmente en dos partes. Los primeros treinta y nueve capítulos son acerca del juicio. Se refieren a eventos que ocurrieron en los días de Isaías así como a eventos que no han sucedido aún. Vas a encontrar que así es la mayoría de la profecía bíblica. Habla verdad para la gente de ese lugar y de ese tiempo, pero las profecías también reflejan un evento mayor en el futuro más distante.

Dios habló a través de Isaías con compasión y con una voz del tipo: "Te digo las cosas como son porque te amo".

LA SEGUNDA PARTE

Los últimos veintisiete capítulos de Isaías (40-66), a menudo son llamados el libro de consolación. Hablan de la aparición de Jesús en el Nuevo Testamento. Isaías 53 es la profecía más famosa y más descriptiva del nacimiento, vida y muerte de Jesús.

> *Angustiado él, y afligido, no abrió su boca; como cordero fue llevado al matadero; y como oveja delante de sus trasquiladores, enmudeció, y no abrió su boca. Por cárcel y por juicio fue quitado; y su generación, ¿quién la contará? Porque fue cortado de la tierra de los vivientes, y por la rebelión de mi pueblo fue herido. Y se dispuso con los impíos su sepultura, mas con los ricos fue en su muerte; aunque nunca hizo maldad, ni hubo engaño en su boca.*
>
> **Isaías 53:7-9**

Nadie sabía mejor que Isaías que cuando Cristo viniera a la tierra sufriría grandemente para que nosotros no tuviéramos que sufrir.

¿SABÍAS QUÉ?

?

ISAÍAS CON MÚSICA

¿Alguna vez has escuchado El Mesías de Handel? Es una pieza coral clásica que se canta a menudo alrededor de la Navidad. La canción mejor conocida es el Aleluya, que ha aparecido en todo, desde templos hasta programas y comerciales de televisión.

De cualquier forma, si has escuchado El Mesías de Handel, has escuchado partes de Isaías con música. Las Escrituras siguientes son los versículos que Handel citó:

"Todo valle sea alzado, y bájese todo monte y collado; y lo torcido se enderece, y lo áspero se allane" (Isaías 40:4). Esto describe la verdad de Dios revelada en Jesucristo.

"Porque un niño nos es nacido, hijo nos es dado, y el principado sobre su hombro; y se llamará su nombre Admirable, Consejero, Dios Fuerte, Padre Eterno, Príncipe de Paz" (Isaías 9:6). Muchas canciones se han basado en este versículo en una versión u otra.

"Despreciado y desechado entre los hombres, varón de dolores, experimentado en quebranto; y como que escondimos de él el rostro, fue menospreciado, y no lo estimamos" (Isaías 53:3). Jesús no fue aceptado por sus contemporáneos. No fue reconocido por quién era Él.

"Mas él herido fue por nuestras rebeliones, molido por nuestros pecados; el castigo de nuestra paz fue sobre él, y por su llaga fuimos nosotros curados" (Isaías 53:5). Jesús murió por nuestros pecados. La llaga se refiere a los azotes que recibió antes de ser crucificado.

"Todos nosotros nos descarriamos como ovejas, cada cual se apartó por su camino; mas Jehová cargó en él el pecado de todos nosotros" (Isaías 53:6). Ésta es la conclusión del Evangelio: Jesús se sacrificó a sí mismo por nuestro pecado (por nuestra iniquidad).

PREGUNTAS

LA BIBLIA

Cuando los lectores comienzan a leer Isaías, algunas veces tienen preguntas más específicas.

P. ¿Por qué Dios dijo que estaba hastiado de los sacrificios que le ofrecían los israelitas? (Isaías 1:1 1-1 4)

R. *El pueblo de Israel era religioso exteriormente, pero era rebelde en su interior. En lugar de obedecer a Dios con su corazón y guardar su pacto fielmente, modificaban sus prácticas religiosas para que se adaptaran a sus propios deseos. El resultado fue una mezcolanza idolátrica y ecléctica en la que el Santo de Israel (el nombre favorito de Dios del profeta) apenas y era reconocido. La fuerte acusación de Dios (dada a través del profeta) decía: "Dice, pues, el Señor: Porque este pueblo se acerca a mí con su boca, y con sus labios me honra, pero su corazón está lejos de mí, y su temor de mí no es más que un mandamiento de hombres que les ha sido enseñado" (Isaías 29:13).*

Por estas razones, Dios les dijo a los israelitas que le pusieran fin a su conducta hipócrita e inútil.

P. **¿Isaías sí anduvo desnudo como Dios se lo ordenó durante tres años? (Isaías 20:1-6)**

R. *El mandato de Dios a Isaías utiliza el mismo lenguaje que encontramos en Génesis 2:25, que habla de Adán y Eva en su inocencia, desnudos, sin vigilarse a ellos mismos y sin vergüenza. Si Isaías entendió que el mandato requería desnudez literal, seguramente también entendió la actitud que debería asumir.*

Por otro lado, andar desnudo, puede referirse a caminar sin la ropa externa (los profetas a menudo llevaban un saco de silicio), cubierto sólo con la ropa interior.

Cualquiera que haya sido el grado de desnudez que Dios quería, Isaías llamó la atención de su público egipcio y etíope. Los asirios pronto invadirían y humillarían a los que invadieron a Israel.

P. **¿Qué podemos decir con certeza del cielo nuevo y de la nueva tierra? (Isaías 65:17)**

R. *Aquí, Dios dice: "¡Miren, estoy creando un nuevo cielo y una nueva tierra! Tan maravillosos que nadie incluso va a recordar los anteriores". La misma frase aparece otra vez en Isaías 66:22-23, 2 Pedro 3:13 y Apocalipsis 21:1 (aquí la referencia es en singular, "cielo* *nuevo"), sin embargo se conocen pocos detalles. Todo lo que se puede decir con certeza es que el cosmos recreado de Dios va a estar marcado por el gobierno firme de Dios y que los habitantes de este Estado eterno experimentarán seguridad, paz, prosperidad y gozo. Es por una buena razón que los dos capítulos finales de la Biblia han sido una gran fuente de consuelo para muchos santos a través de las edades.*

JEREMÍAS

EN CONTEXTO
Datos generales
Escrito: *Alrededor del 600 a.C.*
Escrito por: *Jeremías.*
Estilo literario: *Una profecía o mensaje de Dios.*
En una frase: *Prepárate para enfrentar las consecuencias de vivir apartado de Dios. Pero recuerda que el plan de Dios todavía está en su lugar.*

LLORANDO Y ENDECHANDO

Jeremías llevaba una vida que pocos de nosotros desearíamos. Experimentó mucho rechazo. Pasó la mayor parte de su vida y ciertamente su vida adulta llorando por los errores de sus conciudadanos. Fue un profeta que no recibió mucho reconocimiento.

Jeremías predicó principalmente en Judá, el reino del sur de Israel. Como todo Israel estas personas se habían desviado cada vez más lejos de la manera de hacer las cosas de Dios. Al principio las profecías de Jeremías eran advertencias como esta: "Ustedes saben lo que SIEMPRE sucede cuando no seguimos a Dios. Nos debilitamos y nos debilitamos hasta que otro país nos conquista. Está a punto de suceder otra vez".

Más tarde en su ministerio, sus profecías se parecían a algo más como: "Bueno, ya hicieron su cama. Necesitas prepararte para acostarte en ella. Te has debilitado tanto con el pecado y la idolatría que de plano no puedes pelear contra ningún enemigo. Acepta que algo malo está a punto de suceder".

Más tarde se rindió de tratar de arreglar la situación y en lugar de eso comenzó a profetizar acerca de la salvación a largo plazo que venía delante de ellos. Su mensaje era: "Hemos desperdiciado este tiempo como nación. Pero siempre hay esperanza en el futuro porque Dios ha prometido un Mesías que va a arreglar este desaguisado que hemos hecho".

Así fue. El pueblo de Jeremías terminó siendo cautivo en Babilonia. Pero también se cumplió, que aproximadamente seiscientos años más tarde, Jesús vino para darles, y darnos, esperanza.

PREGUNTAS

LA BIBLIA

Cuando los lectores comienzan a leer *Jeremías*, algunas veces tienen preguntas más específicas.

P. ¿Cómo es que Dios puede conocer a alguien antes de que esa persona sea una persona? (Jeremías 1:5)

R. *Dios nos conoce desde antes de que seamos huevos fertilizados en el vientre de nuestra madre. Mira, Dios es el único que planea a la persona, conoce y entiende la individualidad de cada persona, examina el camino que cada vida va a tomar.*

Es importante darse cuenta de esto, porque es por esa razón que podemos saber que cada persona que nace ya ha sido conocida, escogida y querida por Dios. Por lo tanto, sea que un bebé sea concebido aparentemente por accidente, violencia o dentro del amor de una familia, lo más importante aun que todo lo demás es que ese bebé fue conocido primero por Dios.

P. Muchas veces, Israel es comparado con una prostituta. ¿Por qué? (Jeremías 2:20, 33; 3:1-3)

R. *Cuando Dios escogió a Israel como su nación santa, tenía el propósito de que estuviera consagrada solamente a Él. Israel era como*

*la novia amada que se guarda a sí misma para un solo hombre.
Sin embargo, a través de la historia de Israel en el Antiguo
Testamento, la nación constantemente rompía su consagración a
Dios y hacía alianzas con otras naciones y con otros dioses. A
causa de este coqueteo y estos amoríos con otros dioses además del
Señor, Jeremías compara a Israel con una prostituta.*

P. ¿Cómo se circuncida el corazón? (Jeremías 4:4)

R. *La circuncisión era una señal del pacto, de estar en acuerdo con el
Señor. Sin embargo, el acto físico de la circuncisión no significaba
necesariamente que la persona en realidad tuviera un pacto con el
Señor. Rápidamente se convertía en otro caso de aparentar.*

*Circuncidar el corazón, por otro lado, significa que estás
entrando en un acuerdo de pacto con el Señor en donde realmente
estás; en medio de los motivos verdaderos y los deseos privados de
tu mismo ser. Circuncidar el corazón significa que estás permitiendo que el Señor entre en tu corazón, sea Señor de tu ser, Señor
de tu vida, de tus deseos, voluntad y pensamientos.*

*La circuncisión física puede ser hecha fácilmente por un ser
humano. Realizada en un día y después olvidada. La circuncisión
del corazón puede ser hecha por cualquier persona pero no se
olvida tan fácilmente, porque es más profunda que física.*

LAMENTACIONES

EN CONTEXTO

Datos generales
Escrito: *Alrededor del 600 a.C.*
Escrito por: *Jeremías.*
Estilo literario: *Sermones o profecías en forma de cantos fúnebres.*
En una frase: *Lo que habíamos temido ha sucedido. Nuestro
pecado nos ha destruido. Mi corazón está roto.*

Nadie me quiere, todos me odian, creo que comeré algunos gusanos...

Piensa en la canción más triste que conozcas y entonces vas a estar en el ánimo correcto para leer Lamentaciones. El libro de Lamentaciones en realidad son cinco poemas hebreos. Son tan tristes que son considerados cantos fúnebres. En realidad, los capítulos del 1 al 4 son acrósticos en hebreo (un acróstico es cuando la primera letra de cada frase corresponde a la letra de una palabra que se lee verticalmente). En el caso de estos capítulos, las letras de las primeras líneas de los versos corresponden al alfabeto hebreo. (En el capítulo 3 eso sucede cada tres versos.) El capítulo 5 es el único capítulo que no es un acróstico alfabético, pero aun así es un poema.

Invertimos muy buena parte de nuestras vidas tratando de no preocuparnos por el pecado por lo cual es difícil comprender por qué Jeremías estaba tan preocupado con él. De hecho, la gente de su época sentía lo mismo. Ridiculizaron a Jeremías. Rechazaron su mensaje. Pero eso no cambió el hecho de que lo que él decía era verdad. Él les había dicho que si no enderezaban su camino, iban a volver a perder su tierra y... ¿qué crees? Así sucedió, fueron llevados cautivos a Babilonia. Hasta donde sabemos, Lamentaciones se escribió para el pueblo mientras estaban cautivos.

Lamentaciones pudo haber sido un libro: "Te lo dije". Jeremías de hecho le había advertido al pueblo acerca de las consecuencias de su pecado. Pero, en lugar de escribirles un libro de ese tipo, Jeremías escribió un libro que habla de la tristeza de ser separados una vez más de su tierra y por haber sido desobedientes a Dios, lo cual causó que los quitaran de su tierra.

PREGUNTAS

LA BIBLIA

Cuando los lectores comienzan a leer *Lamentaciones*, algunas veces tienen preguntas más específicas.

P. ¿Por qué un Dios Todopoderoso permite que sus hijos sufran? (Lamentaciones 2:19)

R: *De las cosas horribles que suceden en el mundo, el sufrimiento y la muerte de un niño puede ser lo más difícil de entender. Seguramente que Dios no permitiría que aquellos que están tan claramente indefensos sean lastimados.*

El problema a menudo se centra en la inocencia de los niños. Pero la inocencia sólo sugiere que los niños sufren en situaciones por las que nos son directamente responsables. Otras personas, a menudo adultos codiciosos o maliciosos, toman decisiones y llevan a cabo acciones que resultan en el sufrimiento de los niños. Los niños son atrapados en el fuego cruzado del pecado de otros. La inocencia desaparece cuando se junta toda la verdad.

Para argumentar que un niño no debe sufrir porque no han pecado indica una perspectiva ingenua de la naturaleza humana. La idea de ausencia de pecado malentiende al pecado mismo, el cual es parte y paquete de la naturaleza humana. El pecado afecta a toda persona y a cada institución humana, y el dolor es el resultado.

P. Sólo Dios puede erradicar el sufrimiento. Dios ha prometido hacerlo al final de la historia. ¿Por qué no lo puede hacer ahora?

R. *El adjudicarle la responsabilidad a Dios por el sufrimiento del inocente pierde de vista una de las lecciones principales de la vida: la responsabilidad personal. Nadie vive como un individuo aislado; las decisiones y las acciones siempre afectan a alguien más. La gente inocente sufre cuando alguien decide hacer crecer su imperio, tomar un riesgo innecesario o satisfacer un apetito mal-*

vado. *Los niños sufren porque Dios creó un mundo en el que las decisiones sí importan.*

¿Será vengado el sufrimiento? ¿La justicia moral alguna vez formará parte de la experiencia humana? ¿El sufrimiento de una persona inocente, de un niño, será alguna vez tratado en una corte de apelaciones en la que la restitución sea posible? Estas preguntas nos sacuden. Tal proceso sería la secuencia más difícil de solución de problemas que alguna vez se intente. Sin embargo, Dios nos promete sólo esto: En un Reino por venir, se enjugarán las lágrimas en la belleza de la santidad de Dios, el consuelo de Su amor y la comunión de Su pueblo.

Dios conoce la experiencia de las personas que sufren y ha hecho algo al respecto: Jesucristo, el Mesías, enviado a redimir al mundo. Confía en el Hijo Santo de Dios, y reconoce que el sufrimiento es sólo por un momento.

EZEQUIEL

EN CONTEXTO
Datos generales
Escrito: *Alrededor del 550 a.C.*
Escrito por: *Ezequiel.*
Estilo literario: *Sermón o profecía.*
En una frase: *Vi algunas visiones desde el punto de vista de Dios acerca de cómo hemos vivido nuestras vidas. Déjenme describírselas.*

UN HOMBRE CON UNA VISIÓN

Ese es Ezequiel. Pero no sólo una visión. Muchas visiones. El libro de Ezequiel es una profecía colorida. Incluye juicio y condenación. Es casi patear a la gente mientras está ya en el suelo, porque les estaba predicando mientras estaban en el exilio lejos de casa. El libro también incluye visiones del cielo y esperanza para el futuro.

Como Ezequiel es un libro tan imaginativo, puede parecer difícil navegar a través de él en ciertos momentos. Sólo recuerda que son los escritos de un hombre a quien Dios le está mostrando cosas espectaculares. Ezequiel está tratando de describir sus visiones del cielo y de las cosas celestiales en términos humanos. Fundamentalmente, eso es imposible. Así que dice muchas veces declaraciones del tipo: "Era semejante a...". Al final todos tendremos que esperar hasta que veamos a Dios para entender realmente lo que Ezequiel vio.

UNA VISIÓN DE DIOS

Una cosa muy linda que podemos hacer es preguntarle a los niños pequeños cómo y qué piensan de Dios. Algunas respuestas son tan graciosas, pero ninguna es como la visión que Ezequiel tuvo de Dios. Escucha esto:

> *Y sobre la expansión que había sobre sus cabezas se veía la figura de un trono que parecía de piedra de zafiro; y sobre la figura del trono había una semejanza que parecía de hombre sentado sobre él. Y vi apariencia como de bronce refulgente, como apariencia de fuego dentro de ella en derredor, desde el aspecto de sus lomos para arriba; y desde sus lomos para abajo, vi que parecía como fuego, y que tenía resplandor alrededor. Como parece el arco iris que está en las nubes el día que llueve, así era el parecer del resplandor alrededor.*
>
> *Esta fue la visión de la semejanza de la gloria de Jehová. Y cuando yo la vi, me postré sobre mi rostro, y oí la voz de uno que hablaba.*
>
> *Ezequiel 1:26-28*

Y escucha a estas descripciones de los ángeles alrededor del trono:

- Y esta era su apariencia: había en ellos semejanza de hombre. Cada uno tenía cuatro caras y cuatro alas.
- Y los pies de ellos eran derechos, y la planta de sus pies como planta de pie de becerro; y centelleaban a manera de bronce muy bruñido.
- Debajo de sus alas, a sus cuatro lados, tenían manos de hombre.

- Y el aspecto de sus caras era cara de hombre, y cara de león (...) cara de buey (...) cara de águila.
- Cuanto a la semejanza de los seres vivientes, su aspecto era como de carbones de fuego encendidos, como visión de hachones encendidos (...) Y los seres vivientes corrían y volvían a semejanza de relámpagos.
- Mientras yo miraba los seres vivientes, he aquí una rueda sobre la tierra junto a los seres vivientes, a los cuatro lados. (...) Y sus aros eran altos y espantosos, y llenos de ojos alrededor en las cuatro.

Consulta Ezequiel 1:5-21

EL MIMO SANTO

Ezequiel de hecho actuaba parte de sus profecías como lo haría un mimo. Pasó mucho tiempo sin hablar. Pasó un tiempo todavía más largo recostado en el mismo lugar. Realmente se iba a los extremos para comunicar sus ideas.

PIÉNSALO DE ESTA MANERA

Sea que entendamos la visión de Ezequiel o no, podemos entender su mensaje, que hay una realidad más allá de lo que podemos ver y que existe esperanza más allá de cualquier obstáculo que enfrentemos.

¿SABÍAS QUÉ?

¿CUÁLES HUESOS?

Una de las ilustraciones más poderosas en Ezequiel es el valle de los huesos secos. Los huesos representaban a Israel, sin esperanza. Dios sopló vida en los huesos para mostrarle a Ezequiel que había esperanza para Israel y que algún día regresarían a su tierra. Consulta Ezequiel 37:1-14.

PREGUNTAS

La Biblia

Cuando los lectores comienzan a leer *Ezequiel*, algunas veces tienen preguntas más específicas.

P. ¿Qué es lo que significa "hijo de hombre"? (Ezequiel 2:1)

R. *Al profeta Ezequiel se le llama "hijo de hombre" cada vez que se hace referencia a él, un título que es utilizado más de noventa veces en el libro. El título muestra el contraste entre Ezequiel, un hombre, y el Señor Todopoderoso. Este nombre podría retratar los límites y debilidades humanas en contraste con la gloria y grandeza de Dios.*

El término "hijo de hombre" es usado dos veces en Daniel (7:13 y 8:17), las cuales son las únicas otras referencias en el Antiguo Testamento. Daniel 7:13 describe que "el hijo de hombre" es uno que viene con las nubes del cielo a quien se le dará: "Dominio, gloria y reino, para que todos los pueblos, naciones y lenguas le sirvieran". Esto es tomado a menudo para referirse al Mesías esperado.

Jesús se refiere a sí mismo como "el Hijo del Hombre" en Marcos 2:10 y otros, lo cual apunta hacia Su identificación con la humanidad así como Su deidad.

P. ¿Por qué se le dijo a Ezequiel que no llorara la muerte de su esposa? (Ezequiel 2 4:1 6)

R. *Ezequiel amaba a su esposa, pero Dios le dijo que no la llorara en público cuando muriera. Esto debía ser un mensaje viviente para el pueblo con respecto a que habían abandonado a Dios. Sí, el dolor iba a venir a ellos, el dolor de la cautividad. Iban a sufrir a manos de los conquistadores babilonios, y sus casa, tierras y su precioso templo sería destruido. ¿Estarían tan mudos como Ezequiel, o se arrepentirían con dolor de su pecado y se volverían a adorar a Dios?*

El sacrificio personal de Ezequiel seguramente le afectó profundamente. Sin embargo, la obediencia a Dios hace demandas inusuales a sus líderes. Ningún cristiano es llamado a ser un estoico: que acepte todo y cada dolor sin lágrimas; sin embargo, algunas veces, con fines especiales, los cristianos son llamados a soportar dificultades extraordinarias por el bien de la misión. Ezequiel conocía su comisión, y aunque otros no entendieran su naturaleza, él sí lo hacía. Era el llamado de Dios. El camino a través del cual Ezequiel enviara un mensaje al pueblo, el cual no escucharían por otro medio.

P. **¿Qué mensaje está escondido en los huesos secos? (Ezequiel 3 7 :1)**

R. *Los huesos secos simbolizan que la nación de Israel estaba muerta y desterrada, esparcida entre las naciones porque su gente se había enfriado, habían hecho morir sus corazones, a Dios.*

Ezequiel habla de la esperanza de que los exiliados dispersados de Israel escucharían nuevamente la Palabra de Dios, se reunirían y encontrarían finalmente otra vez su identidad como un pueblo consagrado a Dios.

DANIEL

EN CONTEXTO
Datos generales
Escrito: *Alrededor del 550 a.C.*
Escrito por: *Daniel.*
Estilo literario: *Algunos relatos, algunas visiones y algunas profecías.*
En una frase: *Ésta es la historia de Daniel, un exiliado judío en Babilonia, y sus visiones para el futuro.*

DANIEL: LA HISTORIA

Los primeros seis capítulos del libro de Daniel cuentan su historia. Es como una miniserie que se desarrolla en medio del exilio del pueblo judío. Daniel era un muchacho cuando su pueblo fue llevado cautivo a Babilonia.

Primero, los babilonios trataron de alimentarlo con alimentos que estaban prohibidos para este muchacho judío. Prefirió legumbres y frutas. Pronto, ya había influenciado a los guardias para que les sirvieran a todos los muchachos alimentos más sanos.

Siguiente, se convirtió en un siervo del rey e incluso interpretó los sueños del rey. A causa de esto, fue puesto a cargo de todos los sabios en Babilonia.

Como te puedes imaginar, esto no les sentó bien a los babilonios del lugar. Le pusieron una trampa: convencieron al rey de que diera una orden general, incluyendo al pueblo judío, para que se inclinaran delante de un ídolo. Daniel y sus amigos se rehusaron. Posiblemente has escuchado la historia de los tres amigos que fueron echados dentro de un horno ardiente (una variante de pena capital) y que no sólo sobrevivieron, sino que ni siquiera quedaron oliendo a humo.

En otro intento por hacer tropezar a Daniel, se publicó un decreto que decía que nadie podía orar a Dios durante treinta días. Daniel, por supuesto, siguió orando. Su castigo fue ser lanzado en un foso con leones hambrientos. Aunque no lo creas, ningún león tocó a Daniel.

Daniel: La profecía

La última mitad del libro de Daniel se compone de las profecías de Daniel. Hasta donde sabemos, muchas de sus profecías ya se cumplieron. Sin embargo, algunas se refieren al mismo periodo de tiempo descrito por el libro de Apocalipsis (Nuevo Testamento): el fin del mundo.

PREGUNTAS

La Biblia

Cuando los lectores comienzan a leer *Daniel,* algunas veces tienen preguntas más específicas.

P. ¿Por qué Sadrac, Mesac y Abed-Nego no se postraron delante de la estatua de oro? (Daniel 3 :1 2)

R. *Sabían que la estatua no era Dios, así que, ¿de qué servía? La gente saluda a una bandera que pasa frente a ellos, se cuadran cuando el presidente pasa delante de ellos y hacen diferentes gestos de reverencia, dependiendo del país, al cantar su himno nacional. ¿Por qué no se postraron delante de la imagen falsa del rey (un símbolo más de su identidad nacional)?*

El temor es un campo fértil que produce una gran cosecha de pretextos. Los amigos de Daniel podrían haber usado varios: 1. Postrarse, pero fingir y no adorar realmente. 2. Adorar en sí, sólo esta vez, y luego pedirle perdón a Dios (Dios entiende este tipo de presión). 3. Si postrarnos esta vez está mal, ¿por qué Dios nos puso en estos cargos? 4. El rey ha sido bueno con nosotros, así que cooperemos. 5. Si le mostramos a la gente un poco de buena voluntad, posiblemente nos escuchen cuando les hablemos de Dios. 6. Postrarse puede no ser la mejor opción, pero piensa en todas las cosas peores que nuestros ancestros cometieron, ¡incluso en el templo de Dios en Jerusalén! 7. El que nos postremos un poco no va a lastimarnos. 8. Si perdemos nuestros cargos, el rey va a asignar a un pagano y ya no vamos a poder ayudar a nuestro pueblo.

Algunos de estos posibles pretextos, esconden el hecho de entrar en componendas mejor que otros, pero cada uno es una forma de traición. Sadrac, Mesac y Abed-Nego valoraban su relación con Dios más que sus vidas. Mostrar respeto a los símbolos patrios era una cosa; adorar un ídolo (incluso aunque nadie creyera en la divinidad del ídolo) era otra. Los tres jóvenes judíos le pusieron un límite a los honores que rindieran. Todo el honor que ellos pudieran dar le pertenecía sólo a Dios.

P. ¿Confiar en Dios significa que no nos va a suceder nada malo? (Daniel 3 :1 9)

R. *Confiar en Dios no es una transacción que ofrecemos a cambio de* *que Dios nos libre del dolor de la persecución o la amenaza de un desastre natural. Confiar en Dios significa que no vamos a dudar cuando las cosas no estén resultando de la manera que hubiéramos querido. Los amigos de Daniel le dijeron al rey que ellos esperaban ser librados de las llamas (Daniel 3:17) porque creían que Dios podía hacerlo. Pero también le dijeron al rey que aun la muerte, si eso era lo que Dios escogía, lograría su rescate. Confiar en Dios significa que tenemos una razón para tener esperanza cuando parece que todo lo malo nos está sucediendo.*

P. ¿Quién era el cuarto varón en el horno del rey Nabucodonosor?

R. *Posiblemente fue una visita temprana de Jesús o posiblemente una compañía angelical que Dios envió para proteger a los tres hombres fieles. Cualquiera que haya sido su identidad la apariencia de este cuarto varón era diferente. El rey lo describe como alguien que parecía un ser celestial. Cuando el rey llamó a Sadrac, Mesac y Abed-Nego a que salieran del horno, no invitó al cuarto varón. Aparentemente Nabucodonosor no estaba listo para un encuentro cara a cara con quien quiera que ese varón haya sido.*

OSEAS

EN CONTEXTO
Datos generales
Escrito: *Alrededor del 700 a.C.*
Escrito por: *Oseas.*

Estilo literario: *Compilación de las profecías de Oseas mezcladas con historias de su vida.*

En una frase: *Efraín, eres tan infiel para Dios como una prostituta a su marido. Arrepiéntete.*

EL GRAN: "¿QUÉ?"
Si alguien sabe algo acerca de Oseas es usualmente que él fue el profeta que se casó con la prostituta. ¿Qué?

¿Por qué? Porque Dios le dijo.

¿Por qué le pediría Dios que hiciera eso? Para que su vida fuera una ilustración de cuánto Dios amaba a Israel aun y cuando lo amaran o no a Él.

¿Por qué compara Dios a Israel con una prostituta? Buena pregunta. La respuesta a esa pregunta es el fundamento para entender la profecía de Oseas. El pueblo hebreo era como una prostituta en general, porque eran infieles a Dios. Dios les había pedido que lo adoraran sólo a Él, nada de ídolos, nada de dioses falsos: una relación monógama de adoración. Algunas veces el pueblo obedecía a Dios, usualmente cuando necesitaban su ayuda. Pero, en cuanto comenzaban a ir las cosas bien, olvidaban su promesa de lealtad y comenzaban a adorar al ídolo más popular del momento.

Esto había estado sucediendo por años. Los había debilitado políticamente. Había causado que perdieran sus hogares, sus batallas, su bienestar. Estaba a punto de causarles el ser llevados cautivos a otra tierra. Por eso Dios le pidió a Oseas que llegara a medidas tan extremas. Básicamente Dios le dijo: Cásate con una prostituta y deja que sus acciones despreciables hacia ti le demuestren a este pueblo como me han tratado. En otras palabras, el matrimonio de Oseas fue otra enseñanza gráfica de Dios.

Oseas lo hizo. Se casó con una prostituta. Tuvieron tres hijos. La esposa de Oseas, Gomer, saca tus propias conclusiones (*nota del traductor: en inglés, el nombre de esta mujer es utilizado para referirse a una prostituta*), constantemente rompió el corazón de Oseas al regresar a su vida pasada, sin importar cuanto la amara o que tan bien la tratara.

Un mensaje a Efraín

Sin embargo, la profecía de Oseas no es sólo la historia de su matrimonio. Oseas era un profeta en el reino del norte de Israel. Dirigió su mensaje a la tribu de Efraín, la tribu más grande de ese reino, pero era un mensaje para todos los hebreos. Les llamó la atención en varios asuntos: la inestabilidad de su compromiso con Dios, su identidad diluida como seguidores de Dios y su superficialidad espiritual.

Posiblemente algunos de los israelitas escucharon. No sabemos. No se arrepintieron de su prostitución religiosa. Siguieron adelante adorando a otros dioses hasta que fueron destruidos como nación.

PREGUNTAS

LA BIBLIA

Cuando los lectores comienzan a leer *Oseas*, algunas veces tienen preguntas más específicas.

P. ¿La historia de Gomer y Oseas fue una historia verdadera o una alegoría? (Oseas 1)

R. *¿Por qué un Dios santo le ordenaría a su siervo que se casara con una prostituta? La improbabilidad de tal orden ha llevado a algunos a interpretar Oseas como la figura de la relación entre Dios e Israel. Sin embargo, los tres primeros capítulos de Oseas se presentan directamente en forma de relato histórico. Nada en el texto sugiere algo menos que el entendimiento literal de esos acontecimientos.*

JOEL

EN CONTEXTO

Datos generales

Escrito: *Alrededor del 800 a.C.*

Escrito por: *Joel, un profeta enviado a Judá, el reino del sur.*

Estilo literario: *Compilación de sermones.*

En una frase: *A causa de su pecado, la cosa se va a poner peor antes de que mejore. Pero va a mejorar un día.*

LAS LANGOSTAS ANDAN SUELTAS

En el Antiguo Testamento el juicio de Dios por el pecado venía en muchas formas. En las plagas de Egipto, el juicio de Dios vino en forma de muerte, insectos, enfermedad y clima.

El libro de Joel es un mensaje de alerta para el pueblo de Judá de que Dios ya había tenido suficiente de su rebelión y volubilidad. Joel también fue específico. Le dijo a su pueblo que su castigo vendría en forma de langostas: saltamontes voladores que se comían toda la vegetación de la tierra.

El ser castigado con saltamontes posiblemente no nos suene como algo tan malo, sino sólo una molestia además del gasto en tiempo para conseguir repelente para insectos. Sin embargo, necesitamos entender la cultura de ese tiempo. La gente vivía de la tierra. Sembraban; cultivaban comida para sus animales. Si una gran nube de langostas pasaba y destruía toda la vegetación, la gente se quedaba sin nada. Los animales se morirían. Todos, finalmente, pasarían hambre.

(Todavía peor, algunas personas piensan que Joel estaba usando la ilustración de las langostas para referirse a los soldados asirios avanzando para tomar Judá. No existía repelente para asirios.)

Cuando Joel dio su profecía de fatal condenación, todo iba muy bien en Judá. Era difícil para el pueblo pensar que vendrían tiempos difíciles cuando tenían abundante comida. Probablemente por eso no escucharon a Joel. Cuando la vida es fácil, no es difícil descartar las advertencias de Dios de que el pecado destruye.

Y EN EL FUTURO

Joel también dio unas pocas de buenas noticias. Como muchos otros profetas, su mensaje incluía una cláusula para el futuro. No sólo predijo la destrucción de Judá a causa del pecado, sino la salvación final de Judá a través del perdón final de Dios.

La gente también toma como referencia las profecías de Joel cuando discuten acerca del fin del mundo. Hay mucha visión del futuro empaquetada en este manuscrito de tres capítulos.

✝ **TROCITOS DE LA BIBLIA**

Las palabras de Joel no sólo aparecen aquí en sus profecías, sino también en el Nuevo Testamento. Posiblemente recuerdes que al principio del libro de los Hechos, Dios viene a la Iglesia de una manera nueva: como el Espíritu Santo. Es un tiempo emocionante de montones de idiomas y fuego del cielo. En medio de todo eso, Pedro cita a Joel. Esto es parte de lo que Pedro dijo:

Mas esto es lo dicho por el profeta Joel: Y en los postreros días, dice Dios, derramaré de mi Espíritu sobre toda carne, y vuestros hijos y vuestras hijas profetizarán; vuestros jóvenes verán visiones, y vuestros ancianos soñarán sueños; y de cierto sobre mis siervos y sobre mis siervas en aquellos días derramaré de mi Espíritu, y profetizarán.

Hechos 2:16-18

PREGUNTAS

LA BIBLIA

Cuando los lectores comienzan a leer *Joel*, algunas veces tienen preguntas más específicas.

P. **¿Los desastres naturales como las inundaciones, plagas de langostas, sequía y terremotos son los métodos de castigo de Dios?**

R. *La Biblia cita muchas ocasiones en las que Dios usó desastres naturales como medio de castigo. El pequeño libro de Joel, por ejemplo, comienza con una plaga inminente de langostas que va a devastar la nación. Junto con la advertencia viene una invitación al arrepentimiento. Se le dice al pueblo que una conversión genuina del pecado los puede salvar, pero no pueden asumir que serán exentos del castigo. El desastre todavía podría venir, sin importar lo que la gente hiciera.*

La Biblia nunca dice que los desastres naturales siempre son un castigo de Dios. El pecado será castigado, pero el momento, el lugar y la manera no son tan predecibles como simples fórmulas que igualen los fenómenos climáticos a la ira divina.

P. **¿Cómo es que el mensaje de Israel a Joel se puede aplicar a algo hoy en día? (Joel 2:12-13)**

R. *El mensaje de Joel fue dado primero a una audiencia específica en cierto momento de la historia. Aunque todos los mensajes eran para ellos, se aplican de diferentes maneras. El mismo proceso sigue operando hoy. La aplicación se refiere a la manera en la que la Palabra de Dios nos cubre, nos gobierna y se vuelve la base para la acción.*

La Palabra de Dios nos cubre cuando nos damos cuenta de que somos el tipo de personas descritas en el pasaje. Cuando nos identificamos con la Escritura, el Espíritu Santo nos aplica la Escritura a nosotros; la verdad viva de la Palabra de Dios personalmente a nosotros. La gente de los tiempos de Joel estaban cubiertos por las palabras de advertencia y esperanza de Dios. Estamos cubiertos por esas mismas palabras. Los peligros que se aproximan posiblemente no sean nubes de langostas o ejércitos invasores, pero son tan peligrosos si los enfrentamos con corazones no arrepentidos y espíritus que rehuyan el cuidado de Dios.

La Palabra de Dios nos gobierna cuando tomamos sus mandamientos seriamente y reconocemos su autoridad. Dios no tiene que ganarse el derecho de dirigirnos; debemos estar dispuestos y atentos a recibir la dirección de Dios. La gente de los tiempos de Joel que se beneficiaron de las palabras del profeta no fueron aquellos que lo tomaron como información interesante. Más bien, aquellos que oyeron a Dios hablando a través de Su profeta y escucharon para obedecer fueron bendecidos y perdonados.

La Palabra de Dios tiene el propósito de que la pongamos por obra. Algunos versículos de la Escritura a menudo encuentran inmediatamente un lugar en nuestras vidas. Joel escribió: "Por eso pues, ahora, dice Jehová, convertíos a mí con todo vuestro corazón, con ayuno y lloro y lamento. Rasgad vuestro corazón, y no vuestros vestidos, y convertíos a Jehová vuestro Dios; porque misericordioso es y clemente, tardo para la ira y grande en misericordia, y que se duele del castigo" (2:12-13). Estas palabras confrontaron a la gente del tiempo de Joel con un llamado inmediato al arrepentimiento. Ese mismo llamado llega hasta nosotros a través de los siglos. Nuestra tendencia persistente es alejarnos de Dios. En lugar de eso, deberíamos tomar cada oportunidad para aprender de la Palabra de Dios.

P. ¿Qué es arrepentimiento? (Joel 2:1 3)

R. El arrepentimiento describe el proceso de duelo y tristeza por el pecado que causa que la persona desee profundamente el perdón. Como la mayoría de las experiencias humanas, el arrepentimiento viene en versión verdadera y versión falsa. El arrepentimiento afecta los resortes internos más profundos del corazón; el arrepentimiento falso se conforma con un cambio de conducta sin conexión alguna con cualquier transformación interna. En la Biblia, la gente a menudo rasgaba sus ropas en señal de arrepentimiento. Ésta era una demostración efectiva cuando acompañaba una emoción real. Desgraciadamente, esta acción se convirtió sólo en un acto. La gente descubrió la eficiencia de rasgar sus vestidos sin esa molesta lucha interna involucrada en el arrepentimiento.

A estas personas la palabra de Joel les ardía.

Otros deben poder observar los efectos del arrepentimiento verdadero, pero el público real para el arrepentimiento es Dios, quien nunca es engañado por la mera muestra externa de arrepentimiento, sino que busca la conexión interna con nuestro espíritu que significa el reconocimiento auténtico de la santidad de Dios y nuestra bajeza.

Amós

EN CONTEXTO
Datos generales
Escrito: *Alrededor del 750 a.C.*
Escrito por: *Amós, un profeta de Judá (el reino del sur) que le predicó a Israel (el reino del norte).*
Estilo literario: *Un sermón o profecía.*
En una frase: *Conforme a los estándares humanos, lo estás haciendo bien, pero conforme a los estándares de Dios estás reprobando.*

Una lección irónica

Amós era un pez fuera del agua en muchos aspectos. Él era del reino del sur, pero le predicó al reino del norte. Era un boyero, pero le predicaba a gente adinerada. Su mensaje era algo negativo, pero le estaba predicando a personas que la estaban pasando de maravilla.

El meollo del mensaje de Amós era que Dios no estaba satisfecho con la adoración de Su pueblo en Israel. Venían al templo a adorar, y luego vivían de explotar a los pobres de su sociedad. Estaban haciendo algunas de las cosas ceremoniales correctamente, pero no estaban adorando a Dios con la forma en la que vivían sus vidas. Por esto, Dios, a través de Amós, los condenó.

Una de las formas en las que Dios dirigió a Amós para advertir al pueblo fue a través de una lección gráfica. Dios le mostró a Amós una plomada. Una plomada era un cordón atado a un peso que le mostraba a un albañil si su obra estaba derecha. Era como un nivel vertical. Dios le dijo a Amós que Él estaba midiendo a

Israel con la plomada para ver sus caminos eran rectos o no. Definitivamente, ellos no estaban siendo aprobados conforme a la plomada de Dios.

Preguntas

La Biblia

Cuando los lectores comienzan a leer *Amós*, algunas veces tienen preguntas más específicas.

P. ¿Qué es un nazareo? (Amós 2 :1 1 -1 2)

R. *Un nazareo es la persona que toma un voto de ser separado o dedicado al Señor de manera especial. Los nazareos no eran sacerdotes, pero eran usados por Dios como ejemplos de santidad a lo grueso del pueblo. Algunos nazareos fueron Sansón, Juan el Bautista y Samuel. Llevaron vidas ascéticas, negándose a sí mismos muchas comodidades físicas, incluyendo beber vino, lo cual les era prohibido.*

Abdías

EN CONTEXTO
Datos generales
Escrito: *Alrededor del 850 a.C.*
Escrito por: *Abdías.*
Estilo literario: *Un anuncio de juicio.*
En una frase: *Atención pueblo de Edom: has afligido a Israel y ahora tendrás que vértelas con Dios mismo.*

Recibirás tu merecido

Abdías es único en que no le predicó a Israel o Judá. En vez de eso, le predicó de su parte a los edomitas.

Un poco de historia: Muchas generaciones antes, el país de Edom surgió de un hombre llamado Esaú, cuyo nombre luego fue Edom. Esaú fue el hermano gemelo de Jacob, cuyo nombre fue luego cambiado a Israel. En otras palabras, los israelitas y los edomitas descendían de hermanos gemelos. Así como Esaú y Jacob tuvieron sus diferencias (Génesis 25-27), los israelitas y los edomitas tenían las suyas.

La profecía de Abdías es básicamente una condenación a Edom por NO haber ayudado a Israel a defenderse y por haber afligido a Israel. Abdías profetizó que toda la nación de Edom finalmente desaparecería. Por el 70 d.C., ya habían desaparecido.

HABLANDO DE UNA TELENOVELA

La verdad acerca de los edomitas y los israelitas parece una telenovela.

Esaú (más tarde llamado Edom) y Jacob (más tarde llamado Israel) fueron hermanos gemelos quienes, desde el vientre, peleaban entre sí para ver quien sería el mejor, el primero. Esaú nació primero, lo cual significaba que tenía los derechos de la primogenitura. La primogenitura se convirtió en un conflicto que duró todas sus vidas.

Esaú era un hombre rudo que le gustaba el campo. Jacob era lo opuesto. Un día Esaú llegó de cazar y estaba ferozmente hambriento. Jacob lo convenció de intercambiar la primogenitura por un guisado. Sí, así fue. La primogenitura por un guisado.

PIÉNSALO DE ESTA MANERA

Podrías estarte preguntando, ¿por qué la correspondencia acusatoria de alguien más forma parte de la Biblia? El mensaje de Abdías es como una moneda con dos caras. Una cara es una denuncia ardiente contra Edom. Pero el otro lado es una mirada al aspecto *mamá osa* de la actitud de Dios hacia su pueblo. Abdías nos revela un perfil de Dios que no se cruza de brazos y nos deja indefensos delante de nuestros enemigos. El mensaje de Abdías dice que cuando Dios entre en acción, Él tendrá la palabra final. Aquel que nos defiende tiene el poder de hacer el trabajo.

La primogenitura en realidad no significaba nada sin la bendición de su padre (Isaac) que la acompañara. Cuando el tiempo vino, Jacob se vistió como Esaú y fue a su padre disfrazado para recibir la bendición de Esaú. Isaac estaba viejo y casi ciego. Erróneamente le prometió a Jacob la parte mayor de la herencia y el papel de liderazgo en su familia. Esto podría no sonar definitivo hoy en día, pero en esa época significaba todo.

Cuando Esaú regresó a casa ese día, comprendió que le habían usurpado el futuro como líder y como hombre acaudalado. Se le concedió hacer su hogar entre extraños. Por eso terminó en Edom, con un resentimiento enorme que transmitió a través de las generaciones.

Hablando de riñas familiares.

PREGUNTAS

LA BIBLIA

Cuando los lectores comienzan a leer *Abdías*, algunas veces tienen preguntas más específicas.

P. ¿Si Dios va a juzgar a naciones enteras, de qué sirven la obediencia y la virtud individuales? (Abdías 1 5)

R: Las naciones son juzgadas por el rumbo que toman como un todo colectivo, las decisiones que afectan y que son adoptadas por toda la sociedad. Dios juzga a las naciones por tales decisiones aquí en la tierra, en el terrenal aquí y ahora.

Sin embargo, cada persona es juzgada como individuo. Es de acuerdo con nuestra virtud, nuestra obediencia a Dios, nuestra relación con Él, que cada uno de nosotros es juzgado y castigado o recompensado. Y este juicio en especial tiene consecuencias eternas.

Además de la razón del juicio individual, existe el hecho de que Dios nos llama a ser virtuosos y obedientes. Si estamos en una relación con Dios, debemos estar contentos de obedecerle. Juan dice que el cristiano que ama a Dios va a obedecer su Palabra (1 Juan 2:5).

JONÁS

EN CONTEXTO

Datos generales

Escrito: *Alrededor del 750 a.C.*

Escrito por: *Jonás.*

Estilo literario: *La historia de la profecía de Jonás a Ninive.*

En una frase: *Jonás le profetiza sin ganas a una ciudad impía y queda decepcionado con los buenos resultados.*

LA HISTORIA DE UN PEZ

La historia de Jonás es una historia clásica de *mi manera* contra *la manera de Dios*. Dios le dijo a Jonás que fuera a Ninive y profetizara. Jonás se fue en dirección opuesta. Al principio esto que hace Jonás puede parecer un acto bastante rebelde. ¿Era desobediente? ¿No quería servir a Dios?

Como la mayoría de los dilemas humanos es un poco más complicado que eso. ¿Sabes dónde estaba Nínive? Nínive era la capital de un país que era el más grande enemigo del país de Jonás. Para poder profetizarle a Nínive, Jonás tenía que violar cada prejuicio racial y político que era parte de su ser. Él quería que Dios juzgara a Nínive por su crueldad en lugar de darles una oportunidad de arrepentirse. La mayoría de nosotros nos hubiéramos sentido de la misma forma si hubiéramos estado en las sandalias de Jonás.

De regreso a la historia. Jonás recibió el llamado de Dios y subió a un barco que iba en la dirección contraria. El barco quedó atrapado en una tormenta, una tormenta bastante fuerte, por cierto. La destrucción estaba a un paso cuando los marineros se dieron cuenta de que Dios estaba tras algo. Jonás *tiró la sopa* y ellos lo lanzaron por la borda. Jonás fue tragado por un gran pez y estuvo tres días en el oscuro y salado estómago del animal—suficiente tiempo para considerar su siguiente jugada.

Jonás oró un poco mientras estaba dentro del pez, y después de esos tres días el pez lo vomitó (¡qué asco!) en la playa. Dios una vez más le dijo que fuera a Nínive; Jonás fue.

Hasta aquí la historia nos es muy familiar. La parte del estómago del pez es la parte más famosa. Pero hay más.

Cuando Jonás fue a Nínive, le predicó a la gente y, tan malvados como eran, respondieron apropiadamente. Se arrepintieron de su pecado y echaron fuera la maldad de la ciudad.

¿Cómo respondió Jonás, este gran profeta de Dios?

Estaba decepcionado. Había pasado muchos problemas y había caminado un largo camino para que ahora estas personas cambiaran sus caminos y se libraran del juicio. Jonás se sentó solo y tuvo una gran fiesta de autocompasión.

Entonces Dios le dio una de esas lecciones gráficas que nos dejan pensando: "¡Eh!". Un día una planta creció alrededor de Jonás para darle sombra. Esto fue una cosa extraordinaria. Pero al día siguiente, un gusano mató a la planta, dejando a Jonás otra vez sin protección del sol.

Jonás se quejó con Dios. Ahora, entiende todo el asunto. Aquí está un hombre que pasó tres días en el estómago de un pez quejándose porque un gusano mató una planta. Dios le respondió a Jonás con una buena reprimenda.

PIÉNSALO DE ESTA MANERA

 Así que, ésta es la pregunta: ¿En realidad de qué se trata la historia de Jonás? ¿Se trata de un pueblo malvado llamado Nínive que recibe una segunda oportunidad? ¿Es acerca de un profeta cabeza dura que necesitaba aprender algunas lecciones? ¿O se trata de un Dios que quiere que todos dejen sus caminos autodestructivos, sin importar lo que hayan hecho o quienes sean? ¿Se trata de un seguidor de Dios que prefería que a los malos les dieran lo suyo (el postre que les tocaba y no el perdón misericordioso) en lugar de que Dios recibiera lo suyo? Todos podemos encontrarnos a nosotros mismos en muchos papeles diferentes en esta historia. Vale la pena darle una revisada.

PREGUNTAS

LA BIBLIA

Cuando los lectores comienzan a leer *Jonás*, algunas veces tienen preguntas más específicas.

P. **¿Cómo puede una persona sobrevivir setenta y dos horas dentro de un pez? (Jonás 1:17)**

R. *La obvia improbabilidad de este acontecimiento ha causado que muchos interpreten el libro de Jonás como una parábola o alegoría, no una historia verdadera. De hecho, no existe ningún otro registro de que un ser humano sobreviviera a tales sucesos. ¿En realidad le sucedió a Jonás, y cómo sobrevivió?*

Primero, consideremos la manera de medir el tiempo en la Biblia. "Tres días y tres noches" podría significar: todo un día y partes de otros dos, como en el caso de la muerte de Jesús, que fue anunciada claramente por la experiencia de Jonás (Mateo 12:40). El tiempo en el que Jonás se privó de agua y alimento pudo haber sido considerablemente más corto que setenta y dos horas.

Segundo, consideremos las posibilidades científicas. Es bastante remota, de hecho, la probabilidad de que un pez de un gran tamaño nadando en la superficie sin enzimas digestivas se trague a un ser humano y horas después vomite el cuerpo nada suave en aguas cerca de su destino inicial. Bastante remota.

Tercero, consideremos el milagro. Dios está diciendo algo importante acerca de toda la historia de la humanidad a través de la vida de este profeta menor. El Evangelio vendría a través del mismo Hijo de Dios, quien sucumbiría, de la misma forma, en un final poco probable: muerto como un delincuente. Sin embargo, lo vuelve a la vida. El milagro de Dios en la experiencia de Jonás es uno de los muchos milagros a través de los cuales Dios escogió comunicarse con la creación que ama. El milagro más grande de todos fue la encarnación, o sea, la venida de Dios mismo en forma humana, Jesucristo, cuya resurrección da esperanza más allá de la certeza de la muerte.

MIQUEAS

EN CONTEXTO

Datos generales

Escrito: *Alrededor del 600 a.C.*

Escrito por: *Miqueas.*

Estilo literario: *Varios sermones basados en visiones de Dios.*

En una frase: *Somos inmorales y vamos hacia la destrucción. Sólo Dios puede librarnos de nosotros mismos.*

BUENAS NOTICIAS Y MALAS NOTICIAS

El profeta Miqueas era único en que el profetizó a ambos reinos, el reino del norte, Israel (llamado Samaria) y el reino del sur, Judá. Los otros profetas le predicaron a uno o al otro. Pero, como los otros profetas, predicó tanto buenas noticias como malas. Profetizó que venía el juicio a los hebreos y de la victoria futura que vendría a través de Jesucristo.

Miqueas era un profeta con los pies en la tierra quien vio a su alrededor y vio un revoltijo. No economizaba palabras, fuera que estuviera describiendo el mal que veía, la destrucción venidera o la esperanza del futuro. Llamó a su pueblo a que regresara a una consagración de corazón en lugar de una fe que sólo cumple con las apariencias. Predijo el exilio de su país, el cual finalmente sucedió. También predijo el lugar en donde iba a nacer Cristo, Belén.

 TROCITOS DE LA BIBLIA

Miqueas siempre iba al grano.

Oh hombre, él te ha declarado lo que es bueno, y qué pide Jehová de ti: solamente hacer justicia, y amar misericordia, y humillarte ante tu Dios.

Miqueas 6:8

PREGUNTAS

LA BIBLIA

Cuando los lectores comienzan a leer *Miqueas*, algunas veces tienen preguntas más específicas.

P. **¿Por qué la gente debe escuchar a Dios en contra de sus propios intereses? (Miqueas 1:2)**

R. *Parece que no van a ser buenas noticias. Se ha cometido un crimen, y Dios va a ser el testigo de cargo para el fiscal (quien también es Dios). Los acusados — el pueblo — deben escuchar.*

Pero a diferencia de un juicio penal, Dios nunca fuerza a la gente a escuchar y estas personas, ciertamente podían decidir no hacerlo.

La respuesta depende de la naturaleza del que responde. Dios no anuncia malas noticias, sino sólo la verdad acerca de la condición humana y Su propia provisión para reparar el daño. Sí, esta noticia no es buena: el pueblo ha pecado terriblemente. Seguramente habrá consecuencias, un despliegue peor de temor y dolor. Pero aún así, a pesar del pecado y la pérdida, Dios tiene un corazón para redimir y salvar. Por eso el pueblo debe escuchar. Sin la esperanza de Dios, el dolor sólo es dolor, pero en el plan de Dios, el dolor se convierte en restauración y bendición.

NAHUM

EN CONTEXTO

Datos generales

Escrito: *Alrededor del 650 a.C.*

Escrito por: *Nahum.*

Estilo literario: *Un sermón.*

En una frase: *No importa qué tan fuerte parezca el mal, Dios se deshará de él cuando esté listo.*

¿Quién es Dios?

Nahum fue un profeta en Judá. Su profecía fue escrita en forma de poesía. Abre con algunas declaraciones fuertes acerca del poder y la bondad de Dios. Nahum dice que el poder de Dios se va a encargar de los suyos. Entonces cuando Nahum termina este punto, vuelve su atención a una fuerza del mal de su época: Nínive.

¿Qué es Nínive?

Asiria era el vecino de Israel y Judá hacia el este, y Asiria era un vecino que constantemente los afligía. Primero Asiria tomó el control de Israel. Una vez que eso sucedió, Judá y su capital Jerusalén, estaban bajo constante amenaza. Nahum dirigió su profecía a Asiria y particularmente a su capital, Nínive.

Recuerda que Nínive fue la ciudad a la que le profetizó Jonás después de todo el numerito del gran pez vomitando al profeta en la playa. Una de las razones por las que Jonás no había querido ir a predicar a Nínive fue que ellos eran el enemigo. Por eso ni siquiera se emocionó cuando se arrepintieron y Dios no los destruyó. Eso fue como cien años antes de la época de Nahum.

Nínive no permaneció en un estado de arrepentimiento. Regresaron a sus malos caminos. Nahum los enfrentó con las noticias de que Dios castigaría su maldad de una vez por todas. Con los ojos cerrados. Sin límite. Sin escatimar gastos. Sin preguntar.

PREGUNTAS

LA BIBLIA

Cuando los lectores comienzan a leer *Nahum*, algunas veces tienen preguntas más específicas.

P. ¿Por qué a los últimos libros del Antiguo Testamento se les llama profetas "menores"?

R. *Los profetas le hablaron a diferentes públicos durante años, pero* cada uno enfatiza temas comunes: *condenación del pecado; exhortación a la santidad; el juicio viene; y el dolor del juicio de Dios será seguido por la pronta venida del Mesías.*

De la misma forma en la que los cuatro evangelios (Mateo, Marcos, Lucas, Juan) se enfocan en Jesucristo, pero resaltan aspectos diferentes de Su persona y obra, también los profetas tomaban mensajes básicos para sus respectivos públicos. Como resultado, en los libros proféticos hay un poco de traslape y repetición entre ellos.

"Menores" se refiere a su tamaño, no a su importancia. Los últimos doce libros proféticos son generalmente más cortos que los cinco profetas mayores (excepto Lamentaciones que fue escrito por Jeremías y anexado a su obra mayor).

HABACUC

EN CONTEXTO
Datos generales
Escrito: *Alrededor del 600 a.C.*
Escrito por: *Habacuc.*
Estilo literario: *Sermón en forma de preguntas y respuestas.*
En una frase: *Dios, ¿por qué no evitas que sucedan cosas malas?*

LAS PREGUNTAS DIFÍCILES

Habacuc era lo suficientemente honesto para hacer las preguntas difíciles. De hecho, así es como comienza su profecía. Tan refrescante como es escuchar a un profeta de Dios preguntar cosas que nosotros hemos preguntado a menudo, todavía es más refrescante saber que Habacuc recibió respuestas.

Básicamente, Dios le dijo a Habacuc lo que muchos padres le dicen a sus hijos: Vas a tener que confiar en que Me encargaré de esto a Mi tiempo. Dios dijo que el castigar la maldad le correspondía sólo a Él. Sin embargo, le recordó a Habacuc que al final la maldad no quedaría sin castigo.

Una de las cosas interesantes en la profecía de Habacuc es que comenzó con preguntas difíciles, pero terminó adorando. Eso sucede muy a menudo cuando te sientas con Dios el tiempo suficiente para escuchar Sus respuestas y confiar en ellas. Después de que Habacuc escuchó a Dios, aceptó el control de Dios sobre la situación. Cerró orando:

Aunque la higuera no florezca, ni en las vides haya frutos, aunque falte el producto del olivo, y los labrados no den mantenimiento, y las ovejas sean quitadas de la majada, y no haya vacas en los corrales.

(En la época de Habacuc esto quería decir: "Aunque la economía se vaya por el caño y no vayamos a sobrevivir...")

Con todo, yo me alegraré en Jehová, y me gozaré en el Dios de mi salvación.

Habacuc 3:17-18

La mayoría de nosotros definimos quién es Dios en nuestra vida de acuerdo a las circunstancias presentes. Habacuc se enfrentó a lo peor de la vida y aun allí encontró la fidelidad de Dios.

✝ **TROCITOS DE LA BIBLIA**

Habacuc le pregunta a Dios el mismo tipo de preguntas, que nosotros a veces quisiéramos hacer:

¿Hasta cuándo, oh Jehová, clamaré, y no oirás; y daré voces a ti a causa de la violencia, y no salvarás? ¿Por qué me haces ver iniquidad, y haces que vea molestia? Destrucción y violencia están delante de mí, y pleito y contienda se levantan.

Habacuc 1:2-3

COMPARACIÓN

Habacuc era muy parecido a Asaf en el hecho de que estaba dispuesto a mirar a través de las *cosas difíciles* para ver a Dios. Compara este escrito de Asaf con lo que Habacuc escribió.

En cuanto a mí, casi se deslizaron mis pies; por poco resbalaron mis pasos. Porque tuve envidia de los arrogantes, viendo la prospe-

ridad de los impíos. Porque no tienen congojas por su muerte, pues su vigor está entero. No pasan trabajos como los otros mortales, ni son azotados como los demás hombres.

Por eso Dios hará volver a su pueblo aquí, y aguas en abundancia serán extraídas para ellos. Y dicen: ¿Cómo sabe Dios? ¿Y hay conocimiento en el Altísimo?

Se llenó de amargura mi alma, y en mi corazón sentía punzadas. Tan torpe era yo, que no entendía; era como una bestia delante de ti. Con todo, yo siempre estuve contigo; me tomaste de la mano derecha. Me has guiado según tu consejo, y después me recibirás en gloria. ¿A quién tengo yo en los cielos sino a ti? Y fuera de ti nada deseo en la tierra. Mi carne y mi corazón desfallecen; mas la roca de mi corazón y mi porción es Dios para siempre.

Salmos 73:2-5, 10-11, 21-26

PREGUNTAS

LA BIBLIA

Cuando los lectores comienzan a leer *Habacuc*, algunas veces tienen preguntas más específicas.

P. ¿Por qué Dios nos hace esperar las respuestas de nuestras oraciones? (Habacuc 1:2)

R. Habacuc abre su breve libro con palabras que hemos escuchado muchas veces en la vida diaria: ¿quién está escuchando mis oraciones? Varios salmos hacen eco del mismo sentimiento (consulta Salmos 6 y 10).

Casi siempre respondemos esta queja resaltando que el tiempo humano y la eternidad divina no siempre cazan. Dios no está limitado por el tiempo. Un retraso para nosotros no es un retraso para Dios. Sin embargo, esta respuesta no es tan cierta porque Dios estableció las circunstancias de la temporalidad y entiende perfectamente cuán atadas al tiempo se sienten las personas. Dios no insistiría en que la gente descartara sus sentimientos acerca del tiempo, más que la ley de gravedad. Porque ambas son condiciones de la experiencia humana.

La respuesta apropiada a los retrasos en las respuestas a la oración es que esa es la voluntad de Dios. La voluntad de Dios no está abierta al juicio o la investigación humana; ni tampoco Dios esta obligado a ponerse al teléfono, digamos. Dios escucha nuestras oraciones por Su generosa voluntad y las responde por la misma razón. La respuesta sabia de Dios puede no corresponder ni en sustancia ni en tiempo, con nuestra preferencia. Ni tampoco es probable que Dios nos explique Su voluntad, como si Su respuesta o Su tiempo requirieran justificación.

La llave a la oración es la comunicación fiel con nuestro Creador y Redentor. Oren sin cesar, nos insta Pablo (1 Tesalonicenses 5:17). En el caso de Habacuc, la oración tomó la forma de una queja acerca de la disposición de Dios para escuchar, pero la queja misma demuestra la fe subyacente del profeta. No tiene caso que nos quejemos de la oración, en una oración, a menos que creamos que Dios escucha nuestras oraciones. Habacuc creía esto, y nosotros debemos creerlo también, aun y cuando estemos impacientes por recibir una respuesta.

Sofonías

EN CONTEXTO

Datos generales

Escrito: *Alrededor del 630 a.C.*

Escrito por: *Sofonías.*

Estilo literario: *Un mensaje directo de Dios.*

En una frase: *Dios nos pedirá cuentas por nuestras acciones. Por todas ellas.*

Sofonías fue uno de los últimos profetas de Judá antes de que fueran llevados cautivos a Babilonia. Su mensaje, aunque al principio a Judá, es para todas las naciones. Les recordó a los hebreos que Dios les tomaría cuentas de sus acciones. Nos recuerda lo mismo todavía hoy.

La primera sección de Sofonías, la cual es la sección de juicio, es clásica entre los profetas. Posiblemente has escuchado el término *infiernista* para describir a un predicador que le está dando duro a su audiencia. El mensaje de Sofonías comenzó así. Luego, gradualmente cambió de un lugar de condenación a un lugar de esperanza.

Sofonías de hecho siguió el patrón de muchos grupos contemporáneos de autoayuda. Primero, sabía que la gente necesitaba reconocer todo lo malo que había hecho. Entonces les podía ofrecer la esperanza de que no estaban solos en su situación. La última porción de Sofonías incluso señala la venida de Cristo como la mayor esperanza de salvación.

PREGUNTAS

LA BIBLIA

Cuando los lectores comienzan a leer *Sofonías*, algunas veces tienen preguntas más específicas.

P. ¿Cómo va a ser el día del Señor? (Sofonías 1:7)

R. De acuerdo con Sofonías, va a suceder de pronto y va a ser inevitable, a escala global y de naturaleza catastrófica. Este día venidero de juicio va a involucrar tanto a Israel como a las naciones gentiles (3:9-20).

La frase, en su sentido más amplio, se refiere al reino absoluto y justo de Dios sobre Su creación. Indicios de este día ocurren en la historia en diferente momentos cuando Dios interviene poderosamente para traer juicio. La intervención más importante fue la primera venida de Cristo y su conquista del pecado. Satanás y la muerte por Su propia muerte y resurrección (Lucas 10:18; Juan 3:19).

Una postura más común considera el día del Señor (en su plenitud) como algo futuro: un periodo de tiempo que comienza con la segunda venida de Cristo que incluye todos los acontecimientos necesarios para la recreación de Dios de los cielos y la tierra (Isaías 65:17-19; 66:22; 2 Pedro 3:13; Apocalipsis 21:1). Los juicios terribles relacionados con el día del Señor (Sofonías 1:15-16) están descritos en Apocalipsis 4-19.

P. ¿Por qué es tan importante la predicción de la caída de Nínive? (Sofonías 2 :1 3 -1 5)

R. *En la época de la profecía de Sofonías, Asiria (el país cuya capital era Nínive) era el imperio más grande y más poderoso de la tierra. Durante trescientos años los asirios habían conquistado a todos los pueblos en su camino. Nínive, el brillante centro de la cultura, el aprendizaje y la tecnología, era considerado invencible con sus altos muros y defensas vanguardistas. Predecir su destrucción era sorprendente e impensable. Una predicción de ese tamaño ponía al aparentemente invencible poder de lo mundano contra el poder aparentemente invisible de la verdad espiritual.*

P. ¿Cómo pueden las ideas imaginarias derrocar un imperio? Podría preguntarse un secularista.

R. *¿Cómo puede un imperio sostenerse delante del poder del Dios Todopoderoso? Respondería un cristiano. Los simples imperios no pueden salirse con su rebelión en contra de Dios para siempre, finalmente se enfrentan con el poder verdadero.*

P. ¿Por qué Dios (el único Dios verdadero) se perturba tanto con los dioses falsos (imitaciones)? Podría parecer un caso de alguien que duda de sí mismo y de inseguridad. (Sofonías 3 :8)

R. *La Escritura describe a Dios como celoso (Éxodo 20:5; 34:14; Deuteronomio 4:24; Josué 24:19) y que no está dispuesto a compartir Su gloria con otro. Esto no tiene nada que ver con dudar de Sí mismo, pero tiene todo que ver con rectitud. Como el santo y sorprendente Creador, sólo Dios merece todo el honor. Adorar lo que no* es Dios es la perversión máxima. *Como criaturas creadas por Dios, no podemos encontrar nuestra plenitud apartados de Él. Darle lugar a los dioses falsos es perderse el placer de conocer y servir a Dios. Como la idolatría le roba a la gente la verdad y a Dios la honra, Dios la odia: enfáticamente, ciertamente y completamente.*

HAGEO

EN CONTEXTO
Datos generales
Escrito: *Alrededor del 500 a.C.*
Escrito por: *Hageo.*
Estilo literario: *Cinco sermones breves.*
En una frase: *No ignores lo que es más importante: tu relación con tu Dios y creador.*

ESTABLECE PRIORIDADES

El libro de Hageo trata acerca de prioridades. A diferencia de Sofonías, que fue escrito antes del exilio a Babilonia, Hageo fue escrito después del exilio. El pueblo había regresado a Judá, pero están retrasando el poner a Dios como prioridad y restaurar su lugar de adoración: el templo. Hageo básicamente los confronta con su desidia: ¿Qué están haciendo? ¿Acaso están dejando la casa de Dios hecha un desastre para poder trabajar en su propia casa?

El mensaje de Hageo nos parece que está al revés. Después de todo, siempre estamos escuchando esa expresión: "El buen juez por su casa empieza". ¿No estaba el pueblo en lo correcto al ir a trabajar en sus casas primero? Bueno... recordemos dos cosas:

1. Ya habían pasado diez años de que regresaron a casa. No es como si Hageo les estuviera diciendo que reconstruyeran el templo antes de que incluso desempacaran su equipaje. Habían establecido un patrón de constantemente evadir el asunto.

2. El problema de todo el tiempo con el pueblo judío, de hecho la razón por la que perdieron sus hogares por principio de cuentas, era el no darle la prioridad a la adoración. Dios les había dicho:

"Adórame sólo a mí". Pero no habían escuchado. Reconstruir el templo sería un paso significativo para establecer un nuevo patrón de vida. Se trataba de que atendieran su bienestar espiritual, no sólo de un edificio.

Hageo también le habló al pueblo acerca del templo futuro, cuando Jesús regresaría a la tierra y el nuevo cielo y la nueva tierra estuvieran listos. Viniendo de Hageo, esto sirvió como un recordatorio de que venían días mejores.

PREGUNTAS

LA BIBLIA

Cuando los lectores comienzan a leer *Hageo*, algunas veces tienen preguntas más específicas.

P. ¿Por qué reconstruir el templo era tan importante para los israelitas? (Hageo 2 :3)

R. *El templo era el centro de la vida religiosa de Israel desde el tiempo de David y Salomón. El arca del pacto estaba colocada ahí. El templo representaba la presencia de Dios; ahí Dios revelaba Su voluntad a Su pueblo. También era una señal de la unidad de Israel en la adoración del Señor.*

El templo fue destruido y su contenido fue llevado a Babilonia cuando Nabucodonosor derrotó a Judá y se llevó cautivo a su pueblo. Daniel registra que los objetos sagrados del templo fueron tomados y colocados en la casa del tesoro del dios de Babilonia. Era como si Dios hubiera sido derrotado y tomado cautivo. La destrucción del templo era un recordatorio gráfico del castigo de Dios por la rebelión e impiedad del pueblo.

La reconstrucción del templo era un símbolo para los que habían regresado de la esperanza de que Dios todavía estaba entre ellos y la confirmación de su consagración para creer en la promesa de Dios de que el reino de David permanecería para siempre; que Dios continuaría su relación de pacto al enviar un nuevo líder (un Mesías) para restaurar la nación.

ZACARÍAS

EN CONTEXTO
Datos generales
Escrito: *Alrededor del 500 a.C.*
Escrito por: *Zacarías.*
Estilo literario: *Dos sermones.*
En una frase: *Termina el templo y pon en orden y a funcionar tu relación con Dios. ¡El Mesías viene!*

¡SÓLO ES CUESTIÓN DE TIEMPO!

La primera parte del libro de Zacarías se relaciona más cercanamente con la reconstrucción del templo en Jerusalén. Zacarías escribió para motivar al pueblo. "¡Realmente, vale la pena!", era el mensaje de Zacarías.

La segunda parte del mensaje de Zacarías contiene más profecías acerca de Jesús que ningún otro profeta en el Antiguo Testamento.

- Jesús entró a Jerusalén montado sobre un asno antes de morir (Zacarías 9:9).
- Judas traicionó a Jesucristo por treinta monedas de plata (Zacarías 11:12).
- El costado de Jesús fue perforado durante la crucifixión (Zacarías 12:10).
- La sangre de Jesús limpió nuestro pecado (Zacarías 13:1).
- Jesús tenía marcas en Sus manos y en Su costado (Zacarías 13:6).
- Jesús fue arrestado y abandonado por sus discípulos (Zacarías 13:7).
- Zacarías también profetizó la segunda venida de Jesús para reinar en la tierra (Zacarías 14:4; Apocalipsis 11:15).

PREGUNTAS

LA BIBLIA

Cuando los lectores comienzan a leer *Zacarías*, algunas veces tienen preguntas más específicas.

P. ¿Cómo se compara Dios con un muro de fuego? (Zacarías 2:5)

R. *La profecía de Zacarías tenía el propósito de inspirar una renovación espiritual entre los creyentes judíos que habían regresado de Jerusalén y enfrentaban la reconstrucción del templo. Aun así la profecía expandió mucho su visión estrecha. En lugar de un templo* donde Dios morara, la promesa es que Dios moraría: "Entre ustedes". En lugar de muros de piedra protegiéndolos de los ataques, el Señor sería su muro de fuego. Esto cumple con tres propósitos que las piedras no pueden cumplir: 1. Mantener alejados a los enemigos: no existe la amenaza de que alguien se acerque cuando estás protegido con fuego que se levanta hasta el cielo. 2. Expande la ciudad a voluntad: un muro de fuego se puede expandir para hacer crecer el área y alojar a más personas. En este caso, personas de muchas naciones se juntarían con esos judíos bajo la protección de Dios. 3. Consume lo que está dentro si se contrae: el pueblo de Dios debía escuchar el mensaje de Dios y obedecer. El tono de la promesa aquí, no es motivar a través del miedo, sino proveer y proteger a través de la fe en el poder de Dios. El futuro está lleno de posibilidades. El profeta te insta: llénate de fe.

MALAQUÍAS

EN CONTEXTO
Datos generales
Escrito: *Alrededor del 400 a.C.*
Escrito por: *Malaquías.*
Estilo literario: *Un sermón en forma de preguntas y respuestas.*
En una frase: *Adorar a Dios no se trata de darle las sobras. Hazlo de todo corazón.*

POR ÚLTIMO, PERO NO MENOS IMPORTANTE

Malaquías es el profeta que conecta el Antiguo Testamento con el Nuevo Testamento. Profetizó acerca de Juan el Bautista y él fue el último profeta hasta Juan el Bautista. Mientras que no todos los libros del Antiguo Testamento están en orden cronológico, Malaquías sí lo está. Fue el último libro que se escribió y es el último libro del Antiguo Testamento.

Malaquías le recordó al pueblo que estaban haciendo un intento a medias para guardar la Ley de Dios. Traían sus sacrificios, pero traían lo más dañado de sus animales y sus cosechas. Estaban viviendo como si Dios no pudiera ver sus corazones y no supiera que no le estaban honrando en realidad. Estaban haciendo lo menos que podían para todavía tener un aire de vida de fe.

Malaquías también reprendió al pueblo por la misma práctica de la que los hebreos habían sido culpables desde que llegaron a su tierra: Seguían casándose con familias que adoraban ídolos, por lo que los hebreos comenzaron a mezclar a los ídolos con su propia adoración. En la época de Malaquías, los hombres incluso se estaban divorciando de sus esposas judías para casarse con mujeres extranjeras.

Malaquías predijo la venida de Juan el Bautista, así como la venida de Jesucristo.

PREGUNTAS

LA BIBLIA

Cuando los lectores comienzan a leer *Malaquías*, algunas veces tienen preguntas más específicas.

P. ¿Es posible para Dios estar indignado para siempre con un pueblo? (Malaquías 1:4)

R. Es posible, si un pueblo se rebela a Dios y abusa de Su Ley. Los edomitas tenían un largo historial de "hacerse a un lado" de cualquier cosa relacionada con el pueblo de Dios o la verdadera adoración. Los edomitas se habían hecho cada vez más necios, intransigentes y voluntariosos, sin jamás bajar la guardia delante de la verdad. La indignación que Dios expresa hacia ese pueblo no es un odio general contra el pueblo, porque eso contradiría el carácter de Dios. Su indignación es contra su rebelión deliberada. Como Dios nunca va a relajar Su santidad, darle lugar al pecado o negociar con la maldad, la indignación de Dios sigue adelante mientras el pecado sea un propósito y una prioridad del pueblo. Los edomitas sabían tras de lo que iban, y que estaba mal. La gracia de Dios, aunque no es explícita en este pasaje, es eterna y siempre le da la bienvenida a los pecadores arrepentidos a la familia de Dios.

Síntesis de libros
del Nuevo Testamento

Las páginas siguientes incluyen un poco de información acerca de cada uno de los libros del Nuevo Testamento. Igual que con el Antiguo Testamento, estos libros están separados en secciones (evangelios, historia, cartas, profecía), y también están en el orden que aparecen en la Biblia.

Para cada libro puedes leer algunos datos, una reseña de una sola frase, o puedes profundizar un poco más y leer acerca de las historias principales o temas del libro.

Ten en mente que éste era un tiempo fenomenal en la historia del mundo, así como en la historia cristiana. La vida de Cristo cambió todo: estructuras políticas, visiones del mundo, etc. ¿Recuerdas lo que se siente cuando estás trabajando en un proyecto que es realmente importante para ti? Posiblemente estás trabajando en un proyecto como construir una casa a través de una organización altruista o ayudando a un refugio para los desamparados. Piensa en poner en marcha un proyecto en el que realmente crees. Esa es el tipo de atmósfera en la cual estos libros fueron escritos, pero era VIDA para esta gente más que una excursión de una semana.

Pesa esta acusación hecha en contra de los líderes de la primera iglesia:

> *Entonces los judíos que no creían, teniendo celos, tomaron consigo a algunos ociosos, hombres malos, y juntando una turba, alborotaron la ciudad; y asaltando la casa de Jasón, procuraban sacarlos al pueblo. Pero no hallándolos, trajeron a Jasón y a algunos hermanos ante las autoridades de la ciudad, gritando: Estos que trastornan el mundo entero también han venido acá.*
>
> *Hechos 17:5-6*

Trastornar al mundo entero. De eso es de lo que se trata en realidad el Nuevo Testamento.

LOS EVANGELIOS

Hay cuatro evangelios. Cada uno está escrito por una persona diferente. Posiblemente has escuchado que les llaman: "El Evangelio según Mateo", "El Evangelio según Marcos", y demás. *Evangelio* significa: buenas noticias. Las Buenas Noticias son que Jesús es el Mesías. Cada uno de estos hombres querían escribir acerca de la vida de Jesús en tal forma que pudiera convencer a sus lectores que Jesús realmente es aquel que Dios había prometido a través de la historia.

Los evangelios no son biografías en realidad, ya que los autores no trataban de escribir toda la vida de Jesús en orden cronológico. Cada uno estructuró lo que quería decir de una forma diferente. Incluyeron información distinta. Mateo le estaba escribiendo a un público judío, así que incluyó muchas citas del Antiguo Testamento. Marcos les estaba escribiendo a los romanos (o a los gentiles) así que no se refiere mucho a la historia judía. Cada autor contribuyó con un aspecto distinto de la historia. Sin embargo, lo que tuvieron en común era que querían desesperadamente que sus lectores entendieran que Jesús no sólo era un mártir más, un profeta más, una celebridad religiosa más. En lugar de eso, Jesús es el Mesías en el que todo el Antiguo Testamento había fincado su esperanza. Jesús era el cumplimiento de la promesa de Dios, de abrir una puerta entre Él mismo y la humanidad. Jesús es Dios viniendo a nosotros para pagar el precio de la rebeldía humana.

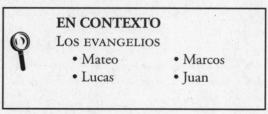

EN CONTEXTO
LOS EVANGELIOS
- Mateo
- Marcos
- Lucas
- Juan

MATEO

EN CONTEXTO

Datos generales
Escrito: *Alrededor del 60 d.C.*
Escrito por: *Mateo.*
Estilo literario: *Un relato biográfico, compilación de historias verdaderas.*
En una frase: *Queridos hebreos: Jesús es el Mesías que Dios prometió a través de los profetas y así es como lo sé.*

LA PERSPECTIVA DE MATEO

Este es el aspecto de Jesús que resalta Mateo: Jesús es el Mesías prometido. Mateo incluyó más citas de profecías del Antiguo Testamento que ningún otro autor. Rastreó la genealogía de Jesús hasta Abraham, quien es el padre de los hebreos. Mateo estableció el papel de Jesús como aquel que su pueblo había estado esperando.

EN CONTEXTO

El libro de Mateo es el primero de los cuatro evangelios, o versiones de la vida de Cristo. Cada uno de los evangelios pone énfasis en un aspecto diferente, una perspectiva distinta. Cuentan las historias en un orden diferente o con detalles distintos. Cada uno de los autores da un punto de vista verdadero, pero diferente de la vida de Jesús.

EL PROBLEMA

Desgraciadamente, eso fue muy difícil de tragar para los hebreos. A través del Antiguo Testamento, habían escuchado la promesa del Mesías. Cada vez que eran oprimidos (incluso si era por consecuencia de su propio pecado) se consolaban a sí mismos recordando la promesa del Mesías. El problema era que ellos pensaban que el

Mesías iba a ser un gobernante político y militar que destruiría a sus enemigos de un solo golpe. Ese no era el tipo de Mesías que Jesús es, por lo menos no en su primera vuelta por la tierra.

Como Mateo revela, Jesús vino a morir por nuestros pecados, no para darle su merecido a nuestros enemigos. Vino a mostrarnos otra manera de *vivir*, no de ganar. Vino a salvarnos de nosotros mismos.

Por eso los líderes religiosos de su tiempo no lo entendieron. Aquí esta el Jesús que ellos habían visto crecer. Conocían a sus padres. Habían estado en su pueblo. A ellos no les parecía nada especial. ¡¿Y además decía ser Dios?! Simplemente no lo pudieron aceptar. Añádele a eso el hecho de que Jesús los había confrontado todos los días a causa de su propia hipocresía. Al principio estaban molestos, luego resentidos, celosos y finalmente querían matarlo.

Así que después de que todo el alboroto se había calmado, después de que Jesús había vivido delante de los ojos de Mateo y había obrado milagros, y había muerto y resucitado, y vuelto al cielo, entonces Mateo se sentó a hacer un reporte. Metódicamente registró las enseñanzas y los acontecimientos de la vida de Jesús para que (en su mente) cualquier lector pudiera saber, sin duda alguna, que Jesús es el Mesías.

UN NUEVO REINO

Bueno, Jesús sí había venido para establecer un nuevo reino, sólo que no era el reino de Israel. Era un nuevo reino en los corazones de la gente. Ese era un concepto difícil de entender. Era más fácil rechazar a Jesús y buscar a alguien más que llenara sus expectativas un poco mejor.

Mateo cierra su versión de la vida de Jesús con una declaración famosa que ahora le llamamos: la gran comisión.

> *Por tanto, id, y haced discípulos a todas las naciones, bautizándolos en el nombre del Padre, y del Hijo, y del Espíritu Santo; enseñándoles que guarden todas las cosas que os he mandado; y he*

*aquí yo estoy con vosotros todos los días, hasta el fin del mundo.
Amén.*

Mateo 28:19-20

En otras palabras: Jesús vino a establecer el reino del cielo en los corazones de la gente. Después, quería que sus seguidores fueran e hicieran lo mismo.

PREGUNTAS

LA BIBLIA

Cuando los lectores comienzan a leer *Mateo*, algunas veces tienen preguntas más específicas.

P. ¿Cuándo nació Jesús? (Mateo 1:1 8)

R. *Los cristianos alrededor del mundo celebran el 25 de diciembre como la fecha del nacimiento de Jesús, pero, por supuesto nadie sabe la fecha exacta de su nacimiento, ni del año. Basándonos en la información política contenida en los evangelios, es probable que Jesús naciera en el año 4 d.C.*

**P. ¿Cuál es el *Evangelio del Reino* que Jesús predicaba?
(Mateo 4:2 3)**

R. *La repuesta completa a esta pregunta requiere que comencemos en Génesis y terminemos en Apocalipsis; o sea, que repasemos toda la Biblia y la manera en la que Dios trata con la creación. El Evangelio del Reino es sencillamente que Dios ha amado a Su creación y quiere salvarla, no destruirla, y que la voluntad de Dios se está cumpliendo delante de los ojos de los que están escuchando este mensaje; tanto los que escucharon el mensaje de labios de Jesús como todos los que escuchan Su mensaje hoy. Éste es el significado de todo en la Biblia desde el principio hasta el fin: Dios ha venido a través de Su Hijo Jesucristo, para buscar y salvar a los perdidos.*

TROCITOS DE LA BIBLIA

¿LAS BIENAVENTU... QUÉ?

Las bienaventuranzas son probablemente el pasaje más famosos de Mateo. ¿Cómo está tu memoria?

Bienaventurados los pobres en espíritu, porque de ellos es...
Bienaventurados los que lloran, porque ellos recibirán...
Bienaventurados los mansos, porque ellos recibirán... por heredad.
Bienaventurados los que tienen hambre y sed de justicia, porque ellos serán...
Bienaventurados los misericordiosos, porque ellos alcanzarán...
Bienaventurados los de limpio corazón, porque ellos verán a...
Bienaventurados los pacificadores, porque ellos serán llamados hijos de...
Bienaventurados los que padecen persecución por causa de la justicia, porque de ellos es el reino de...

Mateo 5:3-10

RESPUESTAS

el reino de los cielos
consolación
la tierra
saciados
misericordia
Dios
los cielos

MARCOS

EN CONTEXTO

 Datos generales
Escrito: *Alrededor del 60 d.C.*
Escrito por: *Juan Marcos.*
Estilo literario: *Narrativa biográfica.*
En una frase: *Eh, Romanos: Jesús fue un siervo-rey. ¡Miren lo que hizo!*

LUCES, ¡ACCIÓN!

Marcos era un autor al que le encantaban los verbos y la acción. Escribió acerca de lo que Cristo hizo, especialmente sus milagros. El evangelio de Marcos es el más breve de los cuatro evangelios. Es el que más *va al grano*.

Marcos dibujó a Jesús como un siervo. Mostró los milagros de Jesús como actos de compasión. Casi la mitad del libro de Marcos cubre los últimos ocho días de la vida de Jesús, cuando se entregó por nuestra salvación: su acto más grande de servicio.

EN CONTEXTO

Marcos y Mateo escribieron desde diferentes puntos de vista. Mateo se concentró en la *mesianidad* de Jesús. Marcos se concentró en el liderazgo servicial de Jesús. Mateo le habló a un público judío y construyó su argumento basado en la tradición judía. Marcos le habló a un público romano y se concentró en la compasión de Jesús por toda la humanidad. Marcos narró tres milagros de Jesús en el primer capítulo, mientras que Mateo cuenta un milagro dentro de los primeros siete capítulos. Mateo abre con el nacimiento de Jesús, pero Marcos abre con Jesús como un adulto.

LAS FUENTES DE MARCOS

Aunque Marcos no fue un discípulo de Jesús, estaba conectado con Jesús en varias maneras. Los discípulos se reunían en casa de su madre. Conocía bien al apóstol Pedro. Su tío era Bernabé, un colega del apóstol Pablo. Marcos incluso viajó con Pablo y Bernabé durante un tiempo en uno de sus viajes misioneros.

Como Marcos era un tipo de persona que le gustaba ir al grano tuvo algunos versículos en los que concluye una idea en los que pone demasiada verdad para que la podamos digerir:

Y llamando a la gente y a sus discípulos, les dijo: Si alguno quiere venir en pos de mí, niéguese a sí mismo, y tome su cruz, y sígame. Porque todo el que quiera salvar su vida, la perderá; y todo el que pierda su vida por causa de mí y del evangelio, la salvará. Porque ¿qué aprovechará al hombre si ganare todo el mundo, y perdiere su alma?

Marcos 8:34-36

Porque el Hijo del Hombre no vino para ser servido, sino para servir, y para dar su vida en rescate por muchos.

Marcos 10:45

El evangelio de Marcos era una descripción de la vida y obra de Jesús tan llena de acción y tan sintética que Marcos y Lucas usaron su obra como fuente para sus propios evangelios.

La última semana del ministerio de Jesús

De los dieciséis capítulos de Marcos, los últimos siete (¡casi la mitad!) cubren la última semana de la vida de Jesús. El capítulo once abre con la entrada de Jesús a Jerusalén. Este acontecimiento fue posiblemente el suceso más malentendido de todo el ministerio de Jesús. El pueblo estaba buscando un rey, un líder político-militar que los librara de su opresión. Cuando le dieron la bienvenida a Jesús ese día a la ciudad, ellos pensaban que estaban recibiendo a ese tipo de líder.

Pero Jesús venía a Jerusalén a morir por los pecados del mundo, no a convertirse en un líder nacional de un pequeño país.

Marcos registró varios eventos importantes de la última semana de la vida de Jesús para ayudarles a sus lectores a que entendieran la misión de Jesús. Registró las conversaciones que Jesús tuvo con los líderes religiosos de su tiempo, tratando de aclararles que Él era el Hijo de Dios. Pero todo lo que se les ocurrió preguntarle fue acerca de los impuestos o le hicieron preguntas tramposas como un débil intento de probar su superioridad.

Marcos también registró la historia que probablemente has escuchado de la viuda que dio su pequeña ofrenda: dos moneditas. Jesús usó su ofrenda para enseñarles a los discípulos la verdad acerca del dar. La mujer pobre había dado más que todos los demás en el templo ese día, porque ella dio todo lo que tenía.

COMENTARIOS FINALES DE MARCOS

Marcos termina su evangelio con la resurrección de Cristo, la tumba vacía y el ángel explicándole a las mujeres (y al mundo a través de Marcos) que Jesús había muerto en realidad, pero que volvería a la vida y que seguiría realizando las obras de Dios. Esto es exactamente lo que Marcos se había propuesto revelar desde el principio.

TROCITOS DE LA BIBLIA
UNA VISIÓN REVOLUCIONARIA
Mas Jesús, llamándolos, les dijo: Sabéis que los que son tenidos por gobernantes de las naciones se enseñorean de ellas, y sus grandes ejercen sobre ellas potestad. Pero no será así entre vosotros, sino que el que quiera hacerse grande entre vosotros será vuestro servidor, y el que de vosotros quiera ser el primero, será siervo de todos. Porque el Hijo del Hombre no vino para ser servido, sino para servir, y para dar su vida en rescate por muchos.

Marcos 10:42-45

PREGUNTAS

LA BIBLIA

Cuando los lectores comienzan a leer *Marcos*, algunas veces tienen preguntas más específicas.

P. ¿Cuáles son las Buenas Noticias de Dios? (Marcos 1:14)

R. *Las Buenas Noticias que Dios tiene para la gente están envueltas en* *la persona, vida y enseñanzas de Jesucristo. Cuando Jesús comenzó su ministerio, declaró que había llegado un nuevo siglo en la historia: el Dios que había creado este mundo y toda su gente estaba ahora en el planeta en cuerpo humano. Eran Buenas Noticias saber que Dios no estaba lejano o desconectado de este mundo.*

En Jesús vemos que Dios escucha nuestras oraciones y nuestro clamor. Nos conoce y las situaciones de nuestra vida. Sabemos que Dios nos sana y que nos cuida. Son Buenas Noticias: no estamos solos.

La mejor parte de las Buenas Nuevas de Jesús es que podemos tener paz con Dios a pesar de nuestra naturaleza y conducta pecaminosa. Aunque parece demasiado bueno para ser verdad, Dios envió a Jesús al mundo para que pagara nuestros pecados cuando fue crucificado en la cruz. Dios promete que si creemos en Jesús, se nos dará vida eterna (consulta Juan 3:16). Lo que no podemos hacer por nosotros mismos, Dios lo ha hecho por nosotros a través de Jesús. Ahora, ¡esas son Buenas Noticias!

LUCAS

EN CONTEXTO

Datos generales
Escrito: *Alrededor del 60 d.C.*
Escrito por: *Lucas.*
Estilo literario: *Recuento cronológico histórico.*
En una frase: *¡Noticias sorprendentes! Jesús es Dios y aun así, totalmente humano. Él comprende nuestro viaje.*

EL BUEN DOCTOR

Mateo, el discípulo y ex cobrador de impuestos, escribió para convencer a los judíos de que Jesús es el Mesías prometido. Marcos el acompañante misionero, escribió para convencer a los romanos que Jesús es un siervo y el Salvador. Lucas, el doctor, escribe para convencer a su amigo griego Teófilo que Jesús era Dios, pero también completamente humano. En otras palabras, como no podíamos reconciliarnos con Dios por nuestra cuenta,

Él se convirtió en uno de nosotros para hacer el trabajo.

> *Me ha parecido también a mí, después de haber investigado con diligencia todas las cosas desde su origen, escribírtelas por orden, oh excelentísimo Teófilo, para que conozcas bien la verdad de las cosas en las cuales has sido instruido.*

Lucas 1:3-4

Hay mucho gozo en la apertura de Lucas. Zacarías, el viejo sacerdote, está feliz de que su esposa finalmente va a tener un hijo. María, la madre de Jesús, está feliz de que Dios la haya escogido para usarla. Elisabet, la esposa de Zacarías, estaba feliz de que ella y María llevaban en su vientre a muchachos que iban a cambiar las cosas para Dios. Zacarías está todavía más contento cuando recupera su voz después del nacimiento de su hijo Juan.

Los ángeles estaban contentos cuando les dijeron a los pastores que Jesús había nacido finalmente. Los pastores estaban lo suficientemente alegres para viajar a la ciudad y saludar a este rey recién nacido.

Cuando María y José se llevaron a Jesús al templo para dedicar a su hijo se encontraron con dos personas mayores, Ana y Simeón, quienes reconocieron que Jesús no era sólo otro bebé, y celebraron justo en ese mismo lugar. Lucas comienza como una fiesta sagrada sin fin.

LA ESTRATEGIA DE LUCAS

Como Lucas está escribiendo desde la perspectiva de la maravilla de la humanidad de Jesús, incluyó algunos detalles interesantes que los otros autores de los evangelios no incluyen. Da algunos datos de la infancia de Jesús. Documentó la compasión de Cristo para tratar con los que estaban a su alrededor. El evangelio de Lucas aclara que Jesús no era tan alto y poderoso como para no inclinarse y ensuciarse las manos cuando el ministerio lo requiriera. Su prioridad era hacerse parte de nuestra travesía y enseñarnos un mejor camino.

Lucas nos reveló las amistades de Jesús. Menciona más mujeres que ningún otro evangelio. Nos revela que Jesús era en realidad

Dios venido a la tierra para caminar muchas millas cansadas en nuestras sandalias. Lucas nos revela un Jesús que finalmente murió para que pudiéramos encontrar perdón.

EL LUCAS EXCLUSIVO

Aquí hay algunas historias que Lucas incluyó y que ninguno de los otros autores de los evangelios incluyó. Estas historias nos permiten observar a Jesús en la vida diaria.

Jesús visitó a dos amigas, María y Marta, en su casa. Marta era una toda una coordinadora y no paraba de dar vueltas sin siquiera tomar aliento. María era una admiradora y pasaba el tiempo sentada a los pies de Jesús. Cuando Marta se quejó, Jesús aprobó la decisión de María de estar con Él (Lucas 10:38-42).

Un día Jesús estaba enseñando a Sus discípulos y los fariseos podían oírle. Los fariseos eran líderes religiosos quienes (más a menudo que no) hacían un negocio de la piedad. Estos líderes amaban el dinero, y más que eso les encantaba parecer rectos. En su presencia Jesús contó la historia de unos trabajadores a los que se les había dado la responsabilidad de invertir el dinero de su patrón mientras él estaba fuera de la ciudad. Algunos de los trabajadores invirtieron en las cosas que no debían, o ni siquiera invirtieron el dinero. Cuando regresó el señor, les tomó cuentas. No tenían mucho qué decir para defenderse (Lucas 16:1-17:10). Jesús no ganó nada de puntos ese día con los fariseos.

EN CONTEXTO

Mateo abre con una genealogía porque eso es lo que le interesaría a su público. Marcos abre con el ministerio de Jesús porque eso es lo que le interesaría a sus lectores. Lucas abre con mucha celebración. Posiblemente eso es lo que Teófilo necesitaba escuchar. Posiblemente eso es lo que nosotros necesitamos escuchar también.

✝ TROCITOS DE LA BIBLIA
YA LO HABÍA ESCUCHADO ANTES...

Estos versículos han aparecido en todos lados, desde las escenas navideñas en iglesias rurales a especiales de televisión de Navidad. Todo por el compromiso de Lucas con su amigo, Teófilo, para darle a conocer quién es Jesús.

Había pastores en la misma región, que velaban y guardaban las vigilias de la noche sobre su rebaño. Y he aquí, se les presentó un ángel del Señor, y la gloria del Señor los rodeó de resplandor; y tuvieron gran temor. Pero el ángel les dijo: No temáis; porque he aquí os doy nuevas de gran gozo, que será para todo el pueblo: que os ha nacido hoy, en la ciudad de David, un Salvador, que es CRISTO el Señor. Esto os servirá de señal: Hallaréis al niño envuelto en pañales, acostado en un pesebre. Y repentinamente apareció con el ángel una multitud de las huestes celestiales, que alababan a Dios, y decían: ¡Gloria a Dios en las alturas, y en la tierra paz, buena voluntad para con los hombres! Sucedió que cuando los ángeles se fueron de ellos al cielo, los pastores se dijeron unos a otros: Pasemos, pues, hasta Belén, y veamos esto que ha sucedido, y que el Señor nos ha manifestado. Vinieron, pues, apresuradamente, y hallaron a María y a José, y al niño acostado en el pesebre. Y al verlo, dieron a conocer lo que se les había dicho acerca del niño. Y todos los que oyeron, se maravillaron de lo que los pastores les decían. Pero María guardaba todas estas cosas, meditándolas en su corazón. Y volvieron los pastores glorificando y alabando a Dios por todas las cosas que habían oído y visto, como se les había dicho.

Lucas 2:8-20

También habla acerca del día en que diez, sí cuéntalos, diez leprosos vinieron a Jesús para ser sanados. Jesús los sanó y los envió al sacerdote para que los declarara limpios. De diez, sólo uno regresó para expresar su gratitud. Jesús le preguntó, posiblemente con cierto guiño de Su ojo, algo como: "¿Cómo, no había diez de ustedes? ¿Dónde están tus compadres?" (Lucas 17:11-19).

Jesús dijo dos parábolas acerca de la oración que sólo Lucas registró. En la primera, una viuda vino a un juez a pedir justicia de su enemigo. Ella era una mujer, era una viuda, por lo que no estaba muy alto que digamos en la escala social. Sin embargo, a causa de su perseverancia el juez finalmente le concede su petición. ¿Cuál es el mensaje de Jesús? No dejen de orar.

En la segunda parábola, dos hombres fueron a orar al templo. Uno era orgulloso y oraba para ser visto por los demás. El otro era humilde y oraba para ser perdonado por Dios. ¿Cuál era la enseñanza? El hombre humilde fue al que Dios escuchó (Lucas 18:1-14).

PREGUNTAS

LA BIBLIA

Cuando los lectores comienzan a leer *Lucas*, algunas veces tienen preguntas más específicas.

P. ¿Qué hace que el evangelio de Lucas sea inspirado mientras que otros evangelios (el evangelio de Bernabé, el evangelio de Tomás) no están incluidos en la Biblia? (Lucas 1:1)

R. *Lucas era un médico (Colosenses 4:14), era el compañero de viaje de Pablo, y fue el único autor gentil en el Nuevo Testamento. Escribió el tercer evangelio y Hechos.*

Los académicos consideran a Lucas un historiador de primera clase. Su relato de la vida de Cristo y el nacimiento y crecimiento de la Iglesia está marcado por investigación cuidadosa y suena lleno de autenticidad. Como él viajó con Pablo, un testigo ocular del Cristo resucitado, estaba calificado para escribir un relato de la vida de Cristo.

Un libro de escritura antigua tenía que cumplir ciertos estándares para ser incluido en el canon. Varios concilios de la primera Iglesia decidieron canonizar a los escritos — entre muchos que circulaban — a los que llevaban la marca de haber sido inspirados por Dios (2 Timoteo 3:16).

El evangelio de Lucas cumplía esos estándares: *1. Autoridad:* está respaldado por un apóstol, Pablo de Tarso. *2. Unidad:* armoniza con (más que disentir) el resto del registro de la Escritura. *3. Unicidad:* la evidencia interna indica inspiración. *4. Aceptación:* circuló pronto después de haber sido escrito. El evangelio de Lucas fue considerado por las iglesias como un libro inspirado.

Los escritos que faltaban en pasar estas pruebas eran considerados o libros apócrifos o los llamados pseudoepígrafos (los escritos falsos).

JUAN

EN CONTEXTO
Datos generales
Escrito: *Alrededor del 90 d.C.*
Escrito por: *Juan, el discípulo.*
Estilo literario: *Un perfil biográfico.*
En una frase: *Realmente es verdad. Jesucristo es Dios mismo.*

EL EVANGELIO DE JUAN

Juan escribió su evangelio después de que Mateo, Marcos y Lucas habían sido escritos ya. Los primeros tres evangelios tienen muchas similitudes. El libro de Juan añadió un poco de variedad.

Mateo abre con una genealogía. Marcos abre con el principio del ministerio de Jesús. Lucas abre con la celebración del nacimiento de Jesús. Juan abre con una simbólica, casi poética, definitivamente filosófica introducción de Jesús en la misma creación del mundo.

En el principio era el Verbo, y el Verbo era con Dios, y el Verbo era Dios. Éste era en el principio con Dios. Todas las cosas por él fueron hechas, y sin él nada de lo que ha sido hecho, fue hecho. En él estaba la vida, y la vida era la luz de los hombres.

Y aquel Verbo fue hecho carne, y habitó entre nosotros (y vimos su gloria, gloria como del unigénito del Padre), lleno de gracia y de verdad.

Juan 1:1-4, 14

Juan establece la deidad de Jesús al revelar que Él creó el mismo mundo en el que vivimos.

LA ENCARNACIÓN

A que Jesús se haya hecho hombre y haya tomado un cuerpo humano se le llama encarnación (probablemente has escuchado más reencarnación que sólo encarnación). Era y es todavía un misterio. ¿Cómo puede alguien ser completamente Dios y completamente una persona? Se requiere fe para creer.

Si Dios no hubiera sido completamente humano, Su muerte por nuestros pecados no significaría lo mismo. El no hubiera sido uno de nosotros. Si Él no era Dios completamente, Su muerte por nuestros pecados no hubiera significada tampoco nada. Una persona no puede simplemente decidir que va a tomar un castigo por el mundo entero. Se necesita que Dios, el Creador, lo decida.

SÓLO EN JUAN:

Aquí hay algunas historias sobre la vida de Jesús que sólo las puedes encontrar en el evangelio de Juan.

Juan es el evangelio que registra el primer milagro de Jesús en una boda en Caná. Se les acabó el vino. Por la petición de su madre, y con cierta negociación entre ellos, Jesús cambió un poco de agua simple de pozo en vino para que el anfitrión no fuera avergonzado (Juan 2:12-25).

Un fariseo ilustrado, Nicodemo, vino a Jesús de noche para averiguar si estaba hablando en serio. Durante esta conversación fue que Jesús estableció firmemente el concepto de ser nacido de nuevo. También es aquí donde Jesús hablo las palabras famosas que conocemos como Juan 3:16: "Porque de tal manera amó Dios al mundo, que ha dado a su Hijo unigénito..." (Juan 3:1-21).

EN CONTEXTO

Mateo se enfocó en la mesianidad de Cristo, lo cual es un asunto bastante judío. Marcos retrató a Jesús como un siervo. Lucas se enfocó

---

en la humanidad de Cristo, aunque era divino. Juan retrató a Jesús como el Hijo de Dios, Su deidad, aunque era humano.

Posiblemente has escuchado la historia que a menudo se le llama Jesús y la samaritana. Además de ser una mujer (en una cultura que no valoraba a las mujeres), ella era samaritana (con quienes los judíos tenían un conflicto racial muy importante). Su conversación con ella reveló la despreocupación de Jesús por lo establecido y Su amor por los humanos en general (Juan 4:1-42).

En un relato sorprendente, Jesús es confrontado por los líderes religiosos acerca de una mujer que fue atrapada en adulterio (lo que en la época se castigaba con la muerte). A causa de la ausencia del hombre, quien también había sido atrapado, y a causa del clima político, Jesús reconoció que esta confrontación era una trampa. En lugar de condenarla, Jesús confrontó el pecado en la vida de sus acusadores (Juan 8:1-11).

Jesús resucitó de los muertos a Lázaro, su amigo, al solamente llamar su nombre (Juan 11:1-44).

TROCITOS DE LA BIBLIA

La conclusión de Juan

En el mundo estaba, y el mundo por él fue hecho; pero el mundo no le conoció. A lo suyo vino, y los suyos no le recibieron. Mas a todos los que le recibieron, a los que creen en su nombre, les dio potestad de ser hechos hijos de Dios; los cuales no son engendrados de sangre, ni de voluntad de carne, ni de voluntad de varón, sino de Dios.

Y aquel Verbo fue hecho carne, y habitó entre nosotros (y vimos su gloria, gloria como del unigénito del Padre), lleno de gracia y de verdad.

Juan 1:10-14

PREGUNTAS

LA BIBLIA

Cuando los lectores comienzan a leer *Juan*, algunas veces tienen preguntas más específicas.

P. ¿En qué sentido era Jesús la Palabra? (Juan 1:1)

R. El uso de Juan de Verbo o Palabra para describir a Jesús fue una sorprendente aplicación de una expresión popular. El término era usado ampliamente por los teólogos y filósofos, tanto judíos como griegos. Describía el agente de la creación (Salmos 33:6);el mensaje de Dios a través de los profetas (Oseas 1:2); la Ley de Dios, su estándar de santidad (Salmos 119:11). En la filosofía griega, el Verbo, era el principio de razón que gobernaba el mundo. La descripción de Juan muestra claramente que esta hablando de Jesús (Juan 1:14): un ser humano que él conoció y amó, sin embargo al mismo tiempo, el Creador del universo, la revelación de Dios, la imagen viviente de la santidad de Dios.

El usar el término significaba ciertos riesgos para el evangelio de Juan. Los lectores judíos podrían escuchar una blasfemia al llamar a cualquier ser humano el Verbo de Dios. Los griegos cultos podrían considerar al Verbo hecho carne(Juan 1:14) algo impensable, incomprensible. Para Juan y todos los cristianos después de él, este nuevo entendimiento del Verbo era Evangelio: las Buenas Nuevas de Jesucristo.

LIBRO HISTÓRICO

Después de la vida y ministerio de Jesucristo, el Nuevo Testamento centra su atención en la Iglesia: los seguidores que Jesús dejó para que hicieran Su obra. A menudo pensamos en este periodo de la historia como si fuera arcaico. Después de todo, ¡ni siquiera tenían grandes autobuses que llevaran grupos de jóvenes en viajes de misiones! Pero si miras más de cerca, ellos estaban bastante bien organizados para un mundo que apenas se había dado cuenta que necesitaba aplicar antiséptico en las heridas.

HECHOS

EN CONTEXTO
Datos generales
Escrito: *Alrededor del 65 d.C.*
Escrito por: *Lucas (el mismo Lucas que escribió el evangelio).*
Estilo literario: *Narración cronológica.*
En una frase: *Una nueva Iglesia se organiza: El sacrificio de Jesús nos hace estar bien con Dios. ¡Publica las noticias!*

CAMINAR POR HECHOS
El libro de los Hechos es una secuela del libro de Lucas y es un puente entre los evangelios y las epístolas (o cartas) del Nuevo Testamento. Los evangelios contienen la historia de la vida de Jesús y su ministerio. Las epístolas contienen motivación y entrenamiento para la primera iglesia. El libro de los Hechos registra cómo se organizó la Iglesia, de un grupo de discípulos sorprendidos al cuerpo de Cristo en el mundo.

PENTECOSTÉS
Justo después de que Jesús regresó al cielo (esto fue después de su muerte y su resurrección), el pueblo judío tenía programado celebrar su fiesta anual llamada Pentecostés. Mientras estaban

reunidos, sucedió algo inesperado y maravilloso. Vino el Espíritu Santo. Esto fue un acontecimiento tremendo.

Jesús le había dado a sus discípulos una promesa acerca de esto: "Mas el Consolador, el Espíritu Santo, a quien el Padre enviará en mi nombre, él os enseñará todas las cosas, y os recordará todo lo que yo os he dicho" (Juan 14:26).

Si cierras los ojos y te imaginas lo que le hubiera costado a una empresa de efectos especiales recrear este suceso, lo pone en una perspectiva un poco mejor.

Cuando llegó el día de Pentecostés, estaban todos unánimes juntos. Y de repente vino del cielo un estruendo como de un viento recio que soplaba, el cual llenó toda la casa donde estaban sentados; y se les aparecieron lenguas repartidas, como de fuego, asentándose sobre cada uno de ellos. Y fueron todos llenos del Espíritu Santo, y comenzaron a hablar en otras lenguas, según el Espíritu les daba que hablasen.

Moraban entonces en Jerusalén judíos, varones piadosos, de todas las naciones bajo el cielo. Y hecho este estruendo, se juntó la multitud; y estaban confusos, porque cada uno les oía hablar en su propia lengua. Y estaban atónitos y maravillados, diciendo: Mirad, ¿no son galileos todos estos que hablan? ¿Cómo, pues, les oímos nosotros hablar cada uno en nuestra lengua en la que hemos nacido?

Hechos 2:1-8

¿Entiendes el significado de este suceso? En el Antiguo Testamento, el pueblo, incluso los creyentes, se relacionaban con Dios principalmente en el templo. No era que Dios fuera diferente. Él estaba en todos lados y dondequiera que Él quisiera estar. Pero se revelaba a la humanidad a través de un lugar santo, una columna de fuego o una zarza ardiente. Entonces Dios vino a la humanidad como Jesús, para realizar Su propio sacrificio. Pero en Pentecostés Dios vino a la humanidad para hacer su morada en cada uno de nosotros. Es una manera completamente diferente de experimentar la presencia y el poder de Dios.

Éste fue el principio de la primera iglesia. En este punto, aquellos que habían creído en la resurrección de Cristo comenzaron a organizarse. Comenzaron a determinar papeles ministeriales específicos. Empezaron a compartir su dinero y posesiones con los que no las tenían. Comenzaron a organizarse para salir y predicar las noticias del perdón de Dios a través de Su muerte. Todo era fresco y nuevo. Las reglas habían cambiado. La Iglesia estaba cambiando con ellos.

LA PRIMERA IGLESIA

Los primeros creyentes hicieron lo único que sabían hacer: Se amaban los unos a los otros y predicaban las noticias del sacrificio de Cristo y el perdón de Dios. Y se organizaron para cumplir la misión que Dios les dejó: decirle al mundo.

Uno de los líderes principales de la primera iglesia fue, sorprendentemente, el apóstol Pedro. Él fue el que, durante el juicio de Jesús, negó que siquiera conocía a Jesús. Sin embargo, después de Pentecostés, Pedro se convirtió en el soporte principal del liderazgo de la primera iglesia.

Es interesante notar que los mismos líderes religiosos que se opusieron a Jesús mientras estuvo en la tierra, se opusieron a la Iglesia. Persiguieron a los apóstoles. Desde el punto de vista de estos líderes, estaban tratando de echar fuera la herejía. Ellos no creían que Jesús es el Mesías. Tampoco querían perder el poder y el prestigio que disfrutaban en su comunidad.

? ### ¿SABÍAS QUÉ?

ALGO REALMENTE IMPACTANTE

Durante la crucifixión de Cristo, la Biblia registra un acontecimiento que sucedió en el templo. Es algo que es casi muy fácil de dejar pasar inadvertido en el evangelio de Lucas, anidado entre todos los sucesos intensos alrededor de la muerte de Jesús. Aquí está:

Cuando era como la hora sexta, hubo tinieblas sobre toda la tierra hasta la hora novena. Y el sol se oscureció, y el velo del templo se rasgó por la mitad. Entonces Jesús, clamando a gran voz, dijo: Padre, en tus manos encomiendo mi espíritu. Y habiendo dicho esto, expiró.

Lucas 23:44-46

El velo que se rasgó en el templo era la cortina que separaba el Lugar Santísimo (que era el lugar donde se suponía que moraba Dios) del lugar donde el pueblo venía a adorar y sacrificar. ¿Entiendes lo que significa? Realmente es el suceso principal que nos lleva a la venida del Espíritu Santo en Hechos.

Uno de los nombres que recibió Jesús fue Emmanuel. Eso quiere decir: Dios con nosotros. Cuando Jesús vino, Dios estaba con la humanidad en una manera completamente nueva y diferente. Caminó entre nosotros. Enfrentó nuestras mismas circunstancias y sentimientos. Pero en la muerte de Jesús, Dios se acercó todavía más. ¿Ya lo captaste? Cuando el velo se rasgó y entonces vino el Espíritu Santo significaba que Dios estaba en nosotros y con nosotros como nunca antes.

No era que Dios hubiera cambiado, pero sí era una manera completamente nueva de entender Su presencia, experimentar Su vida y conocerlo.

Fue una bomba atómica de revelación. Dios con nosotros. Dios en nosotros. Una vida completamente nueva de fe.

¡Qué increíble! Siempre me llega.

LOS VIAJES MISIONEROS

Una vez que la Iglesia tuvo su base principal organizada, fue el tiempo de expandirse. Los Hechos registran varios viajes misioneros en los que Pablo y otros esparcían las Buenas Nuevas de que Cristo se había levantado de los muertos y podía perdonar el pecado de una vez y para siempre.

Viaje misionero #1

Pablo y Bernabé viajaron juntos. Bernabé era uno de los cristianos que había sido lo suficientemente valiente para hacerse amigo de Pablo pronto después de su conversión. (Antes de su conversión perseguía y mataba cristianos.) Pablo y Bernabé viajaron juntos de Antioquía a Chipre y de ahí a Galacia. El libro del Nuevo Testamento, Gálatas, fue escrito por Pablo para las iglesias que habían ayudado durante su viaje.

Viaje misionero #2

Pablo se llevó un equipo de misioneros con él en su segundo viaje: Silas, Lucas y Timoteo. Visitaron Filipos, Tesalónica, Berea, Corinto y Atenas. Posiblemente reconoces varios libros de la Biblia que fueron escritos a esas iglesias: Filipenses, 1 y 2 Tesalonicenses y 1 y 2 Corintios.

Viaje misionero #3

Pablo fue a Éfeso para una visita larga (más tarde escribió una carta a las iglesias allí: Efesios), entonces viajó por Grecia de regreso a Jerusalén.

RECUERDA EL CONTEXTO

En la época que terminó el último viaje misionero, el cristianismo estaba levantando un gran alboroto. El mensaje y la vida de Jesucristo tenían molestos a todos, desde los líderes religiosos judíos hasta los emperadores romanos (quienes se veían a sí mismos como dioses que debían ser adorados).

EN CONTEXTO

LA REVOLUCIÓN JUDÍO-GENTIL

Si recuerdas algo acerca del Antiguo Testamento, debes recordar que la mayor parte versa sobre la historia de la nación judía. Toda su historia surgió de la promesa de Dios a un hombre llamado Abraham. Sus profetas continuamente prometían un Mesías, un libertador.

Con una historia tan rica, no es de sorprenderse que los judíos que aceptaron la deidad de Cristo en realidad no lo querían compartir con el mundo no

---

judío. Él era su Mesías prometido. Si alguien quería aceptar la sustitución de Cristo por su pecado, ¡que se circuncidara y primero se hiciera judío!

En el desarrollo de la historia de Hechos, Dios estaba continuamente derribando estas barreras. Nadie necesitaba convertirse en judío. Jesús había cumplido con lo que la Ley requería. Ahora era tiempo de que todos tuvieran acceso a Dios por la sola causa de su fe en Cristo. La promesa original de Dios a Abraham (padre de la nación judía) fue cumplida a través de la vida y obra de Jesús. Fe en lo que Cristo hizo, más que la nacionalidad o un ritual, era ahora el requisito para ser aceptado por Dios. Éste era un concepto TRE-MENDO para que la gente de esa época lo aceptara.

Damos por sentado ese tipo de mentalidad hoy en día: El amor de Dios para todos. Pero en ese tiempo, era un cambio de mentalidad muy fuerte, y probable-mente uno que los asustaba, a estas personas que habían sufrido tanto para creer.

Realmente fue una revolución.

Después del tercer viaje misionero, Pablo fue apresado. Lo que el gobierno tenía en mente era sofocar la influencia de Pablo. Así que, ¿qué hizo el gobierno? Lo llevaron a Roma, ¡el centro de todo el comercio y la comunicación! Lo pusieron en una casa bajo arresto domiciliario (lo cual le permitía recibir visitas), y básicamente instaló una base de operaciones justo bajo sus narices. Escribió muchas de las cartas que conocemos como epís-tolas del Nuevo Testamento y animaba a los cristianos de todas partes.

Finalmente, Pablo fue ejecutado por su fe, pero nunca perdió una oportunidad para predicar la noticias que habían llamado la atención del mundo: Jesucristo es el Hijo de Dios y se entregó a Sí mismo por nuestros pecados.

PREGUNTAS

LA BIBLIA

Cuando los lectores comienzan a leer *Hechos*, algunas veces tienen preguntas más específicas.

P. ¿Qué idiomas se hablaron en Pentecostés? (Hechos 2:4)

R. *Los judíos reunidos en Jerusalén para la fiesta de Pentecostés estaban sorprendidos cómo estos hombres de Galilea, que no tenían muchos estudios, estaban hablando en los idiomas de sus naciones (consulta la lista en Hechos 2:9-11). Como resultado de este impactante don de lenguas, tres mil personas se convirtieron a Cristo y se unieron a la Iglesia. Escucharon las Buenas Nuevas de Dios en su propio idioma. Había tocado emociones profundas con claridad prístina: y creyeron.*

LAS CARTAS O EPÍSTOLAS

Hablando de invasión a la privacidad. Esta sección de la Biblia se conforma, ¡de la correspondencia de otras personas! Al irse organizando la primera iglesia, no tenía acceso al correo electrónico o al teléfono, así que el correo más lento (a menudo llevado a pie) era el mejor proceso de comunicación que tenían. Puedes imaginarte la emoción cuando un pueblo recibía una carta de Pablo después de que había comenzado una congregación allí. Probablemente la leían, la releían, se la pasaban el uno al otro, y casi la desgastaban (recuerda que tampoco había copiadoras).

Los autores de estas cartas tuvieron un papel en la primera iglesia parecido al que tenían los profetas en el Antiguo Testamento con los hebreos. Los profetas hablaban y decían: "Como Dios es Dios y el Mesías viene, debemos vivir de esta manera". Los líderes de la iglesia del Nuevo Testamento decían: "Como Dios es Dios, y Jesús vino a presentar su sacrificio, debemos vivir de esta manera". Una era fe en prospectiva y la otra fe en retrospectiva.

Sabemos que las primeras trece cartas son de Pablo. De ellas las primeras nueve son a congregaciones. Las siguientes cuatro son a personas. La segunda carta a Timoteo es probablemente la última carta que Pablo escribió antes de morir. Esta es correspondencia muy importante que debemos escudriñar.

LAS EPÍSTOLAS

- Romanos
- Gálatas
- Filipenses
- 1 y 2 Tesalonicenses
- Tito
- Hebreos
- 1 y 2 Pedro
- 1 y 2 Corintios
- Efesios
- Colosenses
- 1 y 2 Timoteo
- Filemón
- Santiago
- 1, 2 y 3 Juan
- Judas

Romanos

EN CONTEXTO

Datos generales
Escrito: *Alrededor del 60 d.C.*
Escrito por: *Pablo, el apóstol.*
Estilo literario: *Una carta explicatoria.*
En una frase: *Querida Iglesia: La única forma en la que podemos estar bien con Dios es a través de la fe.*

Lo que significa todo

Pablo les escribió a los romanos como preparación a su viaje hacía allá. Quería que supieran lo más posible desde el principio. Así, cuando él llegara podrían invertir su tiempo juntos profundizando en su entendimiento de lo que significa la vida y la muerte de Jesucristo.

Mientras que el libro de Romanos no es un libro inflado, es un libro de doctrina. Es un libro que establece la lógica del cristianismo:

- Todos tenemos un defecto humano fatal: pecamos, nos preferimos a nosotros mismos antes que a Dios. Por lo que estamos muertos espiritualmente (Romanos 3:23).
- Sin importar cuantas cosas buenas hagamos para cubrir este defecto, no nos hacen limpios delante de Dios. Él quiere que tengamos una relación con Él. Las cosas buenas que hacemos no nos hacen tener vida espiritual (Romanos 5:12).
- Jesús vino como un sacrificio por todos nuestros pecados: tomó nuestro castigo. Murió físicamente para que pudiéramos tener un renacimiento espiritual (Romanos 5:21).
- A causa de lo que Él hizo, tenemos una relación amorosa y abierta con Dios (podemos vivir espiritualmente) aunque todavía seamos humanos defectuosos que luchamos con nuestro egocentrismo (Romanos 6:5-7).
- Antes de que podamos estar realmente vivos espiritualmente, debemos creer que sólo a través de la muerte y

resurrección de Cristo podemos tener esta nueva vida. Es un acto de fe en este don que Dios ofrece (Romanos 5:1-2).

- Dios nos da esta nueva vida sólo a través de un acto de fe. No nos lo podemos ganar, no lo podemos comprar. No lo podemos merecer. Sólo Dios puede hacer esto por nosotros... si creemos (Romanos 11:6). Pura vida.

LA REFORMA

Posiblemente recuerdas un periodo de la historia llamado la Reforma. Este movimiento religioso lo inició Martín Lutero (no Martin Luther King, Jr. Ese fue un periodo diferente de la historia). Martín Lutero no tenía el propósito de comenzar la Reforma. No despertó un día y dijo: "Bueno, hoy es un gran día para un revolución". De hecho todo lo que hizo fue leer el libro de Romanos.

En la época de Martín Lutero, la gente hacía cada vez más buenas obras para probarse a sí mismos y ponerse en bien delante de Dios ellos mismos. Muchos de los líderes de la Iglesia explotaron este deseo de "llegar al cielo a través de buenas obras". La gente incluso estaba pagando por lo que ellos pensaban que era perdón, ¡con dinero! Cuando Martín Lutero leyó el libro de Romanos, se dio cuenta: "No se trata de ser lo suficientemente bueno o de hacer suficientes buenas obras. Se trata de la gracia de Dios. Nos dio un regalo en la muerte de Cristo, y lo único que pide es que creamos en lo que Él hizo"

Martín Lutero comenzó a predicar ese mensaje y comenzó una revolución de pensamiento que ahora llamamos la Reforma. Cambió la manera en la que el mundo se acerca a Dios, y las cosas nunca han sido las mismas otra vez.

PREGUNTAS

LA BIBLIA

Cuando los lectores comienzan a leer *Romanos*, algunas veces tienen preguntas más específicas.

P. ¿Qué significa ser justificado por la fe? (Romanos 3:22)

R. *Seguramente éste es el anuncio más grande en la historia del periodismo: La salvación a través de seguir la Ley de Dios es imposible porque requiere que no tengamos ni una mancha, pero Dios ha establecido una manera de expiación de una persona culpable. Al haber sido declarado culpable bajo la Ley de Dios, enfrentamos toda la fuerza del castigo de Dios. Aun así, Dios declara un perdón fundamentado en el pago de Jesús por todo el pecado. El pecador es puesto en libertad: sin recibir castigo alguno. Gracia es el término para describir la moción de Dios para expiar fundamentado solamente en la obra de Cristo; fe es el término bíblico que describe la moción del pecador para aceptar la sentencia soberana de Dios sobre su vida.*

El término justificado por la fe tiene este escenario legal en mente. Dios justifica porque nos ama, Su justicia ha sido satisfecha a través de la muerte de Jesús en la cruz. Respondemos en fe a ese amor. El término expresa el pensamiento de estar bien en los ojos de Dios a través de la única manera posible, incluso para la gente del Antiguo Testamento: gracia y fe.

✝ **TROCITOS DE LA BIBLIA**
UN VERSÍCULO FAMOSO DE ROMANOS

Y sabemos que a los que aman a Dios, todas las cosas les ayudan a bien, esto es, a los que conforme a su propósito son llamados. Porque a los que antes conoció, también los predestinó para que fuesen hechos conformes a la imagen de su Hijo, para que él sea el primogénito entre muchos hermanos. Y a los que predestinó, a éstos también llamó; y a los que llamó, a éstos también justificó; y a los que justificó, a éstos también glorificó.

Romanos 8:28-30

---

1 Corintios

EN CONTEXTO

Datos generales
Escrito: *Alrededor del 55 d.C.*
Escrito por: *Pablo, el apóstol.*
Estilo literario: *Una carta instructiva.*
En una frase: *Querida Iglesia: No seas como el mundo a tu alrededor. Sé quien Dios hizo que fueras: puro y efectivo.*

La iglesia de Corinto

Pablo ayudó a comenzar la iglesia en Corinto. La iglesia de Corinto tenía muchos desafíos porque Corinto era una ciudad malvada. En esa época había un dicho: "Vivir como un corintio", que significaba ser inmoral. De hecho, si en una obra de teatro había un personaje que fuera corintio casi siempre subía al escenario borracho.

También, Corinto era un centro importante de comercio. Estaba localizado en una franja de tierra entre dos océanos. Algo único de Corinto es que había un camino que conducía de uno de los océanos al otro. Si ciertos barcos no querían tener que navegar alrededor de tierra, podían subir sus barcos en este camino y llevar sus barcos y su carga al otro lado (¿Quién dijo que no era una época tecnológica, eh?).

A causa de su inmoralidad y a causa de su gran ubicación para difundir el Evangelio, Corinto realmente necesitaba una iglesia. Sin embargo, el problema era que era muy difícil que la iglesia no fuera reabsorbida por la maldad y la (¿me atreveré a decirlo?) perversión a su alrededor.

Evidentemente, cuando Pablo escribió esta carta, a la iglesia no le estaba yendo muy bien en el asunto de resistir el ser reabsorbidos. Los esposos y las esposas no estaban siendo fieles. La gente en la iglesia no se estaba llevando bien. Las cosas estaban poniéndose realmente desastrosas. A causa de esto, la iglesia le escribió a Pablo. Lo que llamamos el *libro* de 1 Corintios es en realidad la respuesta de Pablo.

Los puntos a tratar

Hay varios pasajes en 1 Corintios que han sido tan relevantes a la Iglesia en todas las generaciones que si escuchas suficientes sermones, vas a escuchar algo de estos pasajes. Nos muestran que los problemas que enfrentamos en la Iglesia hoy en día no son tan diferentes a los problemas que la Iglesia enfrentaba en sus comienzos. Las culturas cambian, pero la naturaleza humana es la naturaleza humana.

1. División y desacuerdos

Quiero decir, que cada uno de vosotros dice: Yo soy de Pablo; y yo de Apolos; y yo de Cefas; y yo de Cristo. ¿Acaso está dividido Cristo? ¿Fue crucificado Pablo por vosotros? ¿O fuisteis bautizados en el nombre de Pablo?

1 Corintios 1:12-13

En lugar de seguir a Cristo los corintios estaban haciendo lo que la gente todavía hace hoy en día. Ponían sus ojos en las estrellas. Se estaban concentrando en las celebridades cristianas. Estaban formando sus grupos privilegiados espirituales. Estaban siguiendo a los hombres, usualmente al hombre que les había presentado el Evangelio. Pablo dirigió su fe de vuelta a donde pertenecía: Jesucristo, Dios encarnado.

2. Lo bueno y lo malo

La iglesia de Corinto estaba rodeada por una cultura parecida a la nuestra en la que la pureza sexual (abstinencia fuera del matrimonio) no estaba a la moda.

De cierto se oye que hay entre vosotros fornicación, y tal fornicación cual ni aun se nombra entre los gentiles; tanto que alguno tiene la mujer de su padre.

1 Corintios 5:1

Huid de la fornicación. Cualquier otro pecado que el hombre cometa, está fuera del cuerpo; mas el que fornica, contra su propio cuerpo peca.

1 Corintios 6:18

Es fácil para una iglesia ser influenciada por la cultura a su alrededor. La iglesia de Corinto vivía en una tierra que se rebozaba con: "Todo el mundo lo hace". Pablo les recordó que siguieran las enseñanzas de Cristo, incluso si eso significaba dejar atrás las conductas destructivas que ellos disfrutaban (¿será esto algo relevante para nuestra cultura contemporánea?).

3. DONES ESPIRITUALES

En el capítulo 12 de 1 Corintios, Pablo explicó el concepto de los dones espirituales. Dijo que cada persona tiene un don dado a través del Espíritu Santo. El propósito del don es para el bien común. En otras palabras, todos tenemos algo que ofrecer, alguna habilidad que Dios puede usar para hacer del mundo un mejor lugar.

Pablo tenía que recordarles a los corintios que sus dones no les servían para nada si se estaban peleando por y con ellos. Sus palabras nos dicen lo mismo hoy.

TROCITOS DE LA BIBLIA

LO QUE EL MUNDO NECESITA AHORA ES AMOR…
1 Corintios 13 nos describe el amor verdadero.

El amor es sufrido, es benigno; el amor no tiene envidia, el amor no es jactancioso, no se envanece; no hace nada indebido, no busca lo suyo, no se irrita, no guarda rencor; no se goza de la injusticia, mas se goza de la verdad. Todo lo sufre, todo lo cree, todo lo espera, todo lo soporta.

El amor nunca deja de ser; pero las profecías se acabarán, y cesarán las lenguas, y la ciencia acabará.

1 Corintios 13:4-8

PREGUNTAS

LA BIBLIA

Cuando los lectores comienzan a leer *1 Corintios,* algunas veces tienen preguntas más específicas.

P. ¿Una iglesia debe disciplinar a sus miembros? (1 Corintios 5:5-13)

R. *Sí. La disciplina de la iglesia es ese desagradable pero a veces necesario proceso para mantener la pureza entre el Pueblo de Dios. Es algo radical que dice: "No podemos y no vamos a permitirte que sigas viviendo en pecado", y: "Vamos a poner presión extrema sobre ti para que hagas lo que está bien".*

Mientras otros libros de la Biblia y otros pasajes hablan de este asunto, 1 Corintios revela que la disciplina de la Iglesia está reservada para los creyentes en Cristo. Como medida final (Mateo 18:15-17), el miembro pecador que no se quiere arrepentir debe ser expulsado de la comunión con los santos. El objetivo de una medida tan drástica es causar un cambió en la parte culpable y preservar la pureza de la congregación. Para que la disciplina funcione, la Iglesia debe estar unida en el asunto. El miembro disciplinado debe ser evitado por el resto (2 Tesalonicenses 3:14-15) hasta que se arrepienta. En ese punto, se requiere consuelo y perdón (2 Corintios 2:5-7), y se puede lograr la restauración.

La disciplina de la Iglesia es la única manera en la que Dios nos ayuda a enfrentar decisiones difíciles. Cuando el proceso funciona como debe, nos ayuda a tomar las decisiones que no van a llevar de regreso a Dios.

2 CORINTIOS

EN CONTEXTO

Datos generales
Escrito: *Alrededor del 55 d.C.*
Escrito por: *Pablo, el apóstol.*

Estilo literario: *Una carta personal.*

En una frase: *Querida Iglesia: Este soy yo, ahora déjame decirte quién debes ser tú.*

LA SITUACIÓN

¿Alguna vez has tratado de resolver un conflicto a larga distancia? Es difícil, ¿no? Todos los él-dijo, ella-dijo, parecen imposibles de controlar a través del teléfono, carta o correo electrónico.

Ese es el tipo de batalla que Pablo estaba peleando cuando escribió 2 Corintios. Él ayudó a fundar la iglesia en Corinto en uno de sus viajes misioneros. Sin embargo, después de que se fue, comenzó a escuchar acerca de todas las situaciones impropias que sucedían allá. Esto hizo que escribiera 1 Corintios. Era una carta firme y de confrontación.

Después de eso, las cosas parecieron calmarse. Entonces Pablo comenzó a escuchar que la gente lo estaba criticando y que de hecho estaba tratando de desacreditarlo. Les escribió otra vez. Esta vez la carta fue más personal y menos de confrontación. Esta vez les dejó saber más acerca de quien era él, más que lo que él pensaba. Abrió su corazón un poco y les dejó saber de su amor y solicitud por ellos.

SE DEFENDIÓ

Como la gente lo estaba desacreditando, Pablo se defendió delante de los corintios. Les describió su camino en el ministerio. Les narró las experiencias que le habían permitido ser usado por Dios. Caminó esa delgada línea que separa la presunción de decir las cosas como son.

Pablo sabía que para poder seguir ministrando a la iglesia de Corinto debía enfrentar a sus detractores. Eso es exactamente lo que hizo en 2 Corintios.

UNA BUENA LECCIÓN

Aquí hay una buena lección para nosotros con lo que sucedió entre la primera y la segunda carta de Pablo a los corintios. La primera carta de Pablo era fuerte y de confrontación. Los corintios podrían haberse resentido. Podrían haber empeorado más de lo que ya estaban. Se podrían haber puesto a la defensiva. Pero cuando ves la segunda carta de Pablo, te das cuenta de que los estaba felicitando. Habían escuchado la verdad y habían cambiado de acuerdo a ella. Eso es algo que hay que reconocerles... y es una buena lección para nosotros.

PREGUNTAS

LA BIBLIA

Cuando los lectores comienzan a leer *2 Corintios*, algunas veces tienen preguntas más específicas.

P. ¿Por qué a Pablo lo golpearon tantas veces? (2 Corintios 4:8-12)

R. *Como el Evangelio confronta a la gente con la debilidad de sus sistemas de soporte, la futilidad de su riqueza y la maldad de su corazón a menudo provoca una respuesta maligna. Pablo enfrentó eso muchas veces, pero especialmente cuando confrontaba a los religiosos y a los políticamente poderosos. Estos dos grupos especialmente, menospreciaban la noción de que Dios tuviera un mejor camino. Para callar la boca de Pablo, a menudo recurrían a la violencia física en alguna forma. Lo que descubrían era que Pablo no podía ser callado por ninguna razón, especialmente bajo presión.*

Si Pablo se hubiera asustado de la violencia, lo hubieran golpeado menos. Si él hubiera sucumbido a las amenazas, hubiera modificado su discurso o hubiera abandonado su enseñanza, sin duda su cuerpo hubiera sufrido menos. Pero la pasión en el alma siempre enfrenta el dolor con fe y esperanza. Pablo no buscaba que lo azotaran y algunas veces tomó medidas preventivas para evitarlo; sin embargo, aceptó el dolor como el precio de su llamado y lo usó para identificarse más plenamente con Jesús.

P. "No os unáis en yugo desigual con los incrédulos".
¿Hasta dónde debemos llevar a cabo ese consejo? (2
Corintios 6:1 4)

R. *La advertencia nos alerta a la dificultad de que un cristiano comparta una motivación básica con alguien cuya lealtad es para el dinero o el interés propio. Mucho se puede compartir con esa persona, pero entre más profunda sea la relación, más problemática será la disparidad motivacional.*

Pablo no lo estipula con precisión: Nunca firmes un contrato con un incrédulo; nunca comiences un negocio; nunca te cases. Pero el principio es que entre más profunda sea tu inversión con alguien como miembro de un equipo, más importantes se vuelven las lealtades mutuas. Por lo tanto, es muy raro que la Iglesia le aconseje a un cristiano que se case fuera de la fe. Y lo mismo sucede con otras causas comunes entre personas de distintas creencias en muchos asuntos de interés público.

Los separatistas cristianos echan a perder el consejo de Pablo al usarlo como una excusa para nunca interactuar con personas fuera de su zona de seguridad. De la misma forma, un cristiano que pocas veces busca la compañía de otros creyentes por alimento y apoyo se pierde de una buena fuente de fortaleza. Entre más íntima sea la relación, lo más fuerte que van a ser los lazos emocionales, y mayor será el impacto en la vida de uno. La amistad, como el resto de los dones de Dios, debe ayudar en el proceso del crecimiento espiritual, no demeritarlo.

GÁLATAS

EN CONTEXTO
Datos generales
Escrito: *Alrededor del 50 d.C.*
Escrito por: *Pablo, el apóstol.*
Estilo literario: *Una carta instructiva y explicativa.*
En una frase: *Querida Iglesia: No puedes obtener la aprobación de Dios obedeciendo reglas. Se requiere fe.*

Libertad contra ataduras

Cuando Pablo visitó Galacia, le explicó el cristianismo a personas que no eran judías. Sin embargo, después de su partida, estos nuevos cristianos fueron influenciados por unas personas llamadas *judaizantes*. Los judaizantes creían que cualquiera que quisiera ser cristiano debería convertirse primero en judío, o por lo menos observar las costumbres y las leyes judías, como la circuncisión, la dieta, los días de reposo y las fiestas anuales.

El problema no era tanto las costumbres judías como la actitud de que una persona no podía ser cristiana a menos que observara esas costumbres. Si eso era verdad, entonces la salvación era más que por fe y gracia: era acerca de ganársela con la justicia propia. Pablo escribió:

> *Estoy maravillado de que tan pronto os hayáis alejado del que os llamó por la gracia de Cristo, para seguir un evangelio diferente. No que haya otro, sino que hay algunos que os perturban y quieren pervertir el evangelio de Cristo.*
>
> *Gálatas 1:6-7*

A causa de la influencia de los judaizantes fue que Pablo escribió el libro de Gálatas. Lo escribió para enfatizar que la gracia de Dios es gratuita, absolutamente gratis. No hay nada que uno pueda hacer para merecerla o ganarla. Si pensamos que podemos, entonces nos aprisionamos a nosotros mismos en cadenas a la obediencia de algo que en realidad no importa.

Gálatas, la prima de Romanos

En muchas maneras Gálatas tiene el mismo mensaje que Romanos. Sin embargo, Gálatas es más breve y no tan técnico. En ambas cartas Pablo trata de comunicar que la gracia de Dios, Su amor, no le importa lo que hayamos hecho, es gratis para aquellos que crean en Él. No sirve de nada tratar de ganarlo. *Ganárselo* no es de lo que se trata el cristianismo. El cristianismo se trata de *creerlo*.

PREGUNTAS

LA BIBLIA

Cuando los lectores comienzan a leer *Gálatas*, algunas veces tienen preguntas más específicas.

P. ¿Cuál era el plan de Dios para las personas que vivieron y murieron antes de que Jesús viniera? (Gálatas 3:5-7)

R. *El plan de Dios para las personas que vivieron antes de Jesús involucraba la salvación por fe, exactamente como en las personas que vinieron después de Jesús. La expiación del pecado en la cruz se aplica también hacia atrás en la historia, así como hacia delante. Personas como Abraham pusieron su fe en la promesa de Dios de que haría algo acerca del pecado, mientras que la gente en la era cristiana pone su fe en el cumplimiento de la promesa de Dios de que haría algo acerca del pecado: Jesús mismo.*

La fe del Antiguo Testamento no era ciega en sí misma. Simplemente tenía menos detalles que los que tenemos. Los verdaderos hijos de Abraham, como lo expresó Pablo, no son aquellos que están ligados por la raza o la geografía, sino aquellos que ponen su fe en Dios.

✝ **TROCITOS DE LA BIBLIA**

PAGAR O NO PAGAR

Algunas veces es más fácil sentir que debemos ganarnos el amor y la aceptación de Dios. Después de todo, si nos lo da gratis, no sentimos como que hemos hecho nuestra parte. Sin embargo, sin importar los bien que nos haga sentir, nunca podremos ser lo suficientemente buenos o perfectos para merecer la aprobación de Dios. Recibirlo gratis, por Su gracia, es la única manera en la que lo vamos a recibir.

De Cristo os desligasteis, los que por la ley os justificáis; de la gracia habéis caído.

Gálatas 5:4

Efesios

EN CONTEXTO

Datos generales

Escrito: *Alrededor del 60 d.C.*

Escrito por: *Pablo, el apóstol.*

Estilo literario: *Una carta de aliento.*

En una frase: *Querida Iglesia: Recibe el sorprendente amor de Dios por ti. Luego, ámense bien los unos a los otros.*

Sólo para saludarlos

Sabemos que Pablo estaba en prisión en Roma cuando escribió esta carta. Sabemos que Tíquico (quien también entregó Colosenses y Filemón) la entregó. Simplemente no sabemos exactamente porque le escribió Pablo a esta iglesia en ese momento. Por todo lo que sabemos, solamente se estaba haciendo presente, atendiendo un jardín que él había ayudado a plantar. Fue algo bueno para nosotros que lo hiciera.

Efesios es una carta hermosa llena de pensamientos profundos y llenos de significado. Si tú eres del tipo de persona que siempre lleva una pluma con su Biblia para subrayar los versículos que realmente parecen saltar de la página, vas a subrayar mucho de Efesios.

Una palabra de ánimo

La primera parte del libro de Efesios es una lección de motivación. Es un maravillosos recordatorio del amor y la gracia de Dios. Algunos versículos nos recuerdan algunas otras de las cartas de Pablo:

> *Porque por gracia sois salvos por medio de la fe; y esto no de vosotros, pues es don de Dios*
>
> ***Efesios 2:8***

Es difícil leer Efesios sin sentirse amado y muy afortunado de ser parte de la familia de Dios.

*Según nos escogió en él antes de la fundación del mundo, para que
fuésemos santos y sin mancha delante de él, en amor habiéndonos
predestinado para ser adoptados hijos suyos por medio de Jesucristo,
según el puro afecto de su voluntad.*

Efesios 1:4-5

Es un desafío lo suficientemente grande que Dios nos ofrezca
una oportunidad para conocerlo y ser amados por Él. Es todavía
más grande darse cuenta de que en realidad Dios había planeado
nuestra adopción a Su familia desde el principio del mundo. Sus
intenciones hacia nosotros nunca han cambiado, comenzaron
antes de Génesis y continúan hasta hoy.

Básicamente, al Pablo decirle a la iglesia todo esto simplemente les estaba expresando su amor, al dejarles saber que Dios
no los amaba escasamente. En lugar de eso, Dios derramaba amor
sobre ellos. ¿Quién no necesita leer eso?

TROCITOS DE LA BIBLIA

BUENAS NOTICIAS

*De modo que si alguno está en Cristo, nueva criatura es; las
cosas viejas pasaron; he aquí todas son hechas nuevas.*

2 Corintios 5:17

LA IGLESIA

La última parte de Efesios se enfoca más específicamente en la
manera en la que las personas de la Iglesia podían amarse unos a
otros. Escribió acerca de los dones que cada persona tiene.
Escribió acerca de integridad básica: ser sinceros los unos con los
otros, sin robar. Escribió acerca de quién en el mundo debería de
ser la Iglesia: el Cuerpo de Cristo, la manifestación física de Dios.
Cuando reflexionas en ellos, te impacta. Igual de impresionante
que Dios tomó forma humana en Cristo para que lo pudiéramos
ver, ahora la Iglesia es ese Cuerpo para que el mundo pueda
todavía ver a Dios.

Si la Iglesia viviera en su conjunto todo lo que Pablo describe en el libro de Efesios, cuán grande imagen de Dios podríamos ser.

✝ TROCITOS DE LA BIBLIA
ESTO ES DE LO QUÉ SE TRATA LA IGLESIA

Con toda humildad y mansedumbre, soportándoos con paciencia los unos a los otros en amor, solícitos en guardar la unidad del Espíritu en el vínculo de la paz; un cuerpo, y un Espíritu, como fuisteis también llamados en una misma esperanza de vuestra vocación; un Señor, una fe, un bautismo, un Dios y Padre de todos, el cual es sobre todos, y por todos, y en todos. Pero a cada uno de nosotros fue dada la gracia conforme a la medida del don de Cristo.

Efesios 4:2-7

Quítense de vosotros toda amargura, enojo, ira, gritería y maledicencia, y toda malicia. Antes sed benignos unos con otros, misericordiosos, perdonándoos unos a otros, como Dios también os perdonó a vosotros en Cristo.

Sed, pues, imitadores de Dios como hijos amados.

Efesios 4:31-5:1

PREGUNTAS

LA BIBLIA

Cuando los lectores comienzan a leer *Efesios*, algunas veces tienen preguntas más específicas.

P. ¿Por qué el Evangelio es llamado a veces un misterio? (Efesios 1:9)

R. *Muchas de las religiones paganas de la época de Pablo se jactaban de cierta sabiduría secreta disponible sólo para sus miembros. Tales afirmaciones hacían que la membresía fuera algo especial. El mismo sentido de misterio sigue hasta nuestros días con sociedades secretas o semisecretas e incluso dentro de algunos movimientos cristianos en los que el iniciado jura no decir lo que el maestro enseña. Pablo usó el término misterio en una forma radicalmente diferente: para indicar que la verdad de Dios estaba ahora revelada en Cristo para que todo el mundo supiera.*

Hasta que Cristo vino, murió y resucitó, ¿quién iba a imaginar que el plan de Dios para salvar al mundo involucraría la muerte del Hijo de Dios? ¡Ahora el misterio ha sido revelado! ¡Y las noticias son buenas! Y no hay nada secreto acerca de ello.

Los maestros que hoy en día ofrecen sabiduría secreta están haciendo perdurar un antiguo esquema de mercadeo que no vale el precio de la entrada y puede ser peligrosamente engañoso. Aprende acerca de tu fe en la atmósfera abierta de enseñanza cristiana genuina: el misterio ha sido revelado, ¡Cristo es el Señor de toda la tierra!

FILIPENSES

EN CONTEXTO

Datos generales

Escrito: *Alrededor del 60 d.C.*

Escrito por: *Pablo, el apóstol.*

Estilo literario: *Una nota de agradecimiento.*

En una frase: *Querida Iglesia: Conocerlos me trae gozo. Conocer a Dios nos trae gozo a todos.*

LOS VIEJOS AMIGOS SON LOS MEJORES

Pablo (con Silas, Timoteo y Lucas) fundó la iglesia en Filipo en su segundo viaje misionero. Fue la primera iglesia europea fundada por Pablo y fue el paso para que el Evangelio entrara en una cultura predominantemente gentil. Filipos estaba localizada en una planicie. Era una ubicación central para todos los caminos de Grecia del norte. A causa de esto era un lugar estratégico para que se arraigara el Evangelio.

La iglesia de Filipos era una vieja amiga de Pablo. Apoyaban a Pablo en su ministerio. De hecho, en parte, Filipenses es una nota de agradecimiento de Pablo por su apoyo financiero.

GOZAOS

Filipenses es una carta de gozo. Es el tipo de carta que te hace sonreír todo el camino desde el buzón hasta tu casa. Aunque Pablo escribió Filipenses para agradecerles su amabilidad, aprovechó la oportunidad para darles una pequeña lección junto con el agradecimiento.

La lección de Pablo provenía de su propia vida. Estaba encadenado a un guardia romano mientras la estaba escribiendo, ¡qué barbaridad! Estaba en prisión, sin embargo estaba escribiendo acerca del gozo. Aquí hay algunos de sus puntos principales para los Filipenses.

- Sé íntegro (Filipenses 1:27)

- Sé humilde (Filipenses 2:3-4)
- Sé optimista (Filipenses 2:14)
- Recuerda lo que es importante (Filipenses 3:13-14)
- Ten contentamiento (Filipenses 4:11-12)

La carta de Pablo a los Filipenses parece casi como una carta escrita a los amigos, familiares y parientes allá en casa. Pablo les da las gracias y luego les escribe cosas que son importantes para él, simplemente porque así es.

 TROCITOS DE LA BIBLIA

Filipenses es un libro lleno de versículos que te hacen decir: "Mmmmmmm". Aquí hay dos:

No lo digo porque tenga escasez, pues he aprendido a contentarme, cualquiera que sea mi situación. Sé vivir humildemente, y sé tener abundancia; en todo y por todo estoy enseñado, así para estar saciado como para tener hambre, así para tener abundancia como para padecer necesidad.

Filipenses 4:11-12

Y ser hallado en él, no teniendo mi propia justicia, que es por la ley, sino la que es por la fe de Cristo, la justicia que es de Dios por la fe.

Filipenses 3:9

PREGUNTAS

LA BIBLIA

Cuando los lectores comienzan a leer *Filipenses*, algunas veces tienen preguntas más específicas.

P. ¿Por qué estaba Pablo en prisión? (Filipenses 1:12-13)

R. *Bajo arresto domiciliario en Roma, Pablo escribe acerca de la razón de su aprisionamiento: por causa de Cristo. Su extensa acti-*

vidad misionera chocaba con las autoridades religiosas y seculares, quienes arrestaron a Pablo bajo cargos políticos y religiosos. Pero finalmente. Pablo entiende que su experiencia había sido ordenada así por Dios y bendecida por el llamamiento divino. La autoridad secular dice tener poder sobre el tránsito de Pablo y su carrera, pero Pablo sirve a una autoridad más alta y en ese servicio siente inmenso gozo y libertad. De hecho, el aprisionamiento de Pablo resultó en lo opuesto a su propósito inicial: en lugar de suprimir el mensaje, estaba asentándose en el corazón del imperio romano. Otros creyentes, al ver el denuedo y la fe de Pablo, estaban predicando también. La autoridad del Estado podía restringir su tránsito, pero no podía arrestar su mensaje o paralizar su propósito.

Colosenses

EN CONTEXTO
Datos generales
Escrito: *Alrededor del 60 d.C.*
Escrito por: *Pablo, el apóstol.*
Estilo literario: *Una carta correctiva.*
En una frase: *Querida Iglesia: La fe en Cristo es suficiente. No le añadas nada más.*

Influenciados por la cultura moderna

La ciudad de Colosas era una mezcla cultural y filosófica, un crisol. Los colosenses se jactaban de una variedad de religiones y variaciones dentro de ellas mismas. Pablo había escuchado evidentemente que la iglesia en Colosas estaba siendo influenciada por la cultura que los rodeaba. Pablo le llama herejías a esas influencias. Las cuales incluían:

- Adoración de ángeles
- Creer que las reglas y normas pueden crear rectitud
- Confiar en la bondad personal en lugar de en la bondad de Dios

• Confiar en el virtuosismo filosófico y la arrogancia intelectual

Pablo escribió su carta para simplificar y aclarar lo que la fe hace y es. Su mensaje era sencillo: Todo esto que le están añadiendo no tiene nada que ver con su fe. Saber quién es Jesús: eso es lo más importante.

Los colosenses estaban siendo tentados por lo mismo que tienta a la iglesia hoy en día: estaban tratando de hacer su relación con Dios más complicada. ¡La vida ya es suficientemente difícil sin la necesidad de complicarla! Pero de alguna manera, los humanos encuentran como hacerlo. Posiblemente sentimos que necesitamos más de un sistema que de: "Dios ha hecho todo por ti; cree, obedécelo y ámalo". A través de la historia hemos batallado con dejar que la fe en Dios sea suficiente. La iglesia en Colosas estaba añadiendo partes de su cultura a su fe porque estaba de moda. No fueron la primera iglesia que batalló con este tipo de fe que se mezclaba y se adaptaba a la cultura y definitivamente no son los últimos.

 TROCITOS DE LA BIBLIA

EL EVANGELIO SEGÚN LOS COLOSENSES

Mirad que nadie os engañe por medio de filosofías y huecas sutilezas, según las tradiciones de los hombres, conforme a los rudimentos del mundo, y no según Cristo. Porque en él habita corporalmente toda la plenitud de la Deidad, y vosotros estáis completos en él, que es la cabeza de todo principado y potestad.

Colosenses 2:8-10

PREGUNTAS

LA BIBLIA

Cuando los lectores comienzan a leer *Colosenses*, algunas veces tienen preguntas más específicas.

P. ¿Cómo pueden las Buenas Noticias cambiar la vida de una persona en realidad? (Colosenses 1:6)

R. El Evangelio es poderoso y transforma vidas. Es la historia verdadera de Jesucristo viniendo a la tierra como un ser humano para dar Su vida como sacrificio y pago por nuestros pecados. A través de Jesús tenemos una puerta abierta al perdón de Dios y la vida eterna. El Evangelio está lleno de esperanza y responder a Jesús es el comienzo de una vida nueva. El Espíritu Santo de Dios nos hace una nueva creación (consulta 2 Corintios 5:17). No estamos volteando una nueva hoja; estamos comenzando una nueva vida y poniendo a Jesús a cargo.

Las Buenas Noticias reconstruye nuestra autoestima cuando nos damos cuenta que Dios no sólo nos creó, sino que nos ama tanto que envió a Jesús para que pudiéramos reconciliarnos con Él. Nos damos cuenta que Dios no está lejos o indiferente a nosotros. Podemos orar y compartir nuestras cargas con Dios porque Él tiene cuidado de nosotros.

Nuestra conducta cambia dramáticamente mientras el Espíritu Santo revela cambios necesarios en nuestro estilo de vida. El Espíritu Santo nos da poder para romper las ataduras de los hábitos autodestructivos. Aunque todavía lucharemos con el pecado mientras estemos en esta tierra, Dios no se da por vencido con nosotros. Nos dirige cada día como un padre amante y se preocupa por nosotros aun cuando caemos.

El antiguo programa de autosuficiencia y competencia con otros es desechado. No hay razón para temer a otros o vivir en culpa porque Dios nos acepta como somos y continúa moldeándonos a la imagen de Jesús. La vida ahora tiene un propósito claro: amar a Dios con todo nuestro corazón, mente y fuerza, y amar a otros como nos amamos a nosotros mismos. El éxito es redefinido como obedecer a Dios y ser cada vez más como Jesús. Nuestra vida ya no se enfoca en servirnos a nosotros mismos, sino en servir a Dios y agradarle.

P. ¿En qué es diferente Jesús de cualquier otro hombre famoso que ha fundado una religión? (Colosenses 1:15)

R. *Jesucristo resalta de los demás fundadores de las religiones principales. Las declaraciones de su deidad son muchas. Él siempre ha existido como la segunda persona del eterno y trino Dios con todo el poder, sabiduría y supremacía sobre todas las cosas que existen. Él es Señor sobre la creación y en Él todas las cosas subsisten.*

La historia del cristianismo es que esta deidad vino a la tierra y vivió en un cuerpo humano. Era Dios en la carne. Era una imagen exacta del Dios invisible. Vivió una vida sin pecado mientras nos enseñaba y nos mostraba lo que teníamos que saber acerca de Dios.

El propósito fundamental de la vida de Jesús en la tierra fue revelado cuando dio Su vida para ser ejecutado en sacrificio por el pecado. A través de Su muerte, Dios hizo un camino para que todos nosotros podamos obtener perdón y vida eterna si ponemos nuestra fe y confianza en Jesús como Salvador y Señor.

Esto no fue habladuría espiritual y un martirio temprano por Jesucristo. Él hizo lo que ningún otro líder religioso ha hecho. Tres días después de que fue crucificado y sepultado, se levantó de los muertos; conquistando la muerte y el pecado. Fue visto vivo por más de quinientos testigos antes de que ascendiera de regreso al cielo.

Ningún otro líder religioso puede hacer y sostener declaraciones semejantes a la vida de Jesucristo. Él permanece único como Señor sobre nuestro mundo.

1 Tesalonicenses

EN CONTEXTO

Datos generales

Escrito: *Alrededor del 50 d.C.*

Escrito por: *Pablo, el apóstol.*

Estilo literario: *Una carta de enseñanza y ánimo.*

En una frase: *Querida Iglesia: ¡Esperen el regreso de Cristo!*

TIEMPOS DIFÍCILES

Ser cristiano en el tiempo en el que esta carta se escribió no era muy divertido. Hoy en día los cristianos usan camisetas modernas con textos espirituales, y asisten a convenciones multitudinarias donde aprenden más y más acerca de la vida que deberían vivir. Pero no era así en el tiempo de Pablo. Ser cristiano no era popular e incluso era ilegal en algunos lugares. Cuando alguien se convertía en cristiano tenía que dejar su familia y vivir escondiéndose. Los cristianos necesitaban todo el ánimo que pudieran para guardar la fe.

Esa es una de las razones principales por las que Pablo les escribió a los cristianos de Tesalónica. No podía hacer su situación más sencilla, y no podía prometerles que no se pondría peor antes de mejorar. Así que les prometió lo único que podía. Les prometió que un día Jesús regresaría y pondría las cosas en orden. De hecho, este libro tiene uno de los pasajes más famosos de la Biblia acerca del regreso de Jesús a la tierra:

> *Porque el Señor mismo con voz de mando, con voz de arcángel, y con trompeta de Dios, descenderá del cielo; y los muertos en Cristo resucitarán primero. Luego nosotros los que vivimos, los que hayamos quedado, seremos arrebatados juntamente con ellos en las nubes para recibir al Señor en el aire, y así estaremos siempre con el Señor. Por tanto, alentaos los unos a los otros con estas palabras.*
>
> *Pero acerca de los tiempos y de las ocasiones, no tenéis necesidad, hermanos, de que yo os escriba. Porque vosotros sabéis perfectamente que el día del Señor vendrá así como ladrón en la noche.*
>
> 1 *Tesalonicenses 4:16-5:2*

¿SEGUNDA VENIDA?

Cuando Jesús dejó la tierra después de Su resurrección prometió que volvería. Las personas que lo escucharon decir esas promesas creyeron que sucederían durante su vida. Los tesalonicenses vivieron en esa generación. Casi cada generación desde entonces ha pensado lo mismo. Como todavía estamos esperando la segunda venida. La palabra de ánimo de Pablo se les aplica a ellos así como a nosotros.

PREGUNTAS

LA BIBLIA

Cuando los lectores comienzan a leer *1 Tesalonicenses*, algunas veces tienen preguntas más específicas.

P. ¿Qué significa ser escogido por Dios? ¿Algunas personas no son escogidas? (1 Tesalonicenses 1:4)

R. Esta pregunta siempre ha frustrado la mente humana y algunas veces ha dividido a la Iglesia. ¿Cómo es que las personas se convierten en parte de la familia de Dios: a través de su propia decisión o a través de que Dios los escoja? Puesto de otra manera: Dado nuestro estado de muerte espiritual, ¿qué es lo que nos hace capaces de escoger la fe? Evitando las etiquetas teológicas, vamos a describir ambos lados de la cuestión:

1. Dios escoge más fuertemente a unos, en el contexto de Su amplia selección de todos. Claramente Dios extiende Su invitación a todos los pecadores, y la muerte de Cristo cubre el castigo por el pecado de todos. Pero el estado de muerte espiritual significa que nadie puede aceptar la oferta de vida de Dios hasta que, a través del Espíritu Santo, habilita la fe de esa persona. En este punto de vista, no podemos siquiera gloriarnos de que creemos. Dios se lleva toda la gloria todo el tiempo.

2. Dios escoge ampliamente a todos pero no tiene preferencia por nin-

guno, ya que eso sería injusto. La oferta de vida eterna está disponible a todos aquellos que la conocen, y el trabajo de la Iglesia es difundir el mensaje. Todos pueden y deben creer. No culpes a Dios si fracasas en cumplir Sus condiciones para vida eterna. Todos (los que escuchen el Evangelio) tienen una oportunidad.

Mientras lees la Biblia, trata de entender que tanto que hayas escogido la fe es crucial y cuánto de que Dios te haya escogido es esencial. La relación no es cooperativa (como si Dios necesitara de tu ayuda), ni tu voluntad es irrelevante (como si Dios te pudiera forzar a decidir algo). No dudes ni un momento creer, dándole a Dios el crédito por tu habilidad para hacerlo.

P. ¿Cómo pudo Satanás estorbar los planes de un hombre espiritual como Pablo? (1 Tesalonicenses 2:18)

R. Podríamos imaginarnos a nosotros mismos cayendo en una trampa satánica, ¿pero por qué el gigante espiritual Pablo? La pregunta conduce a un elemento inesperado de la batalla espiritual entre Dios y el mal: Entre mayor sea la vida de fe, mayor es la oposición del gran adversario.

Compara el básquetbol del patio de una escuela con el nivel de competencia de un juego profesional. Entre mejores sean los jugadores, más difícil se pone el juego. Lo mismo parece ser verdad en la vida espiritual. Pablo estaba consagrado a Cristo y perseguido por el diablo; lo santos menores pueden vivir la vida de comodidad y despreocupación espiritual; el diablo no necesita atribularlos, porque su fe no va a mover ningunas aguas y va a hacer poca diferencia en alguien. Pero Pablo...

Pablo estaba frustrado por la oposición satánica, pero no vencido por ella. En su vida había un sentido de victoria final, porque sabía que Dios lo iba a hacer tener éxito. Digamos que él estaba jugando en las grandes ligas y podría esperar problemas de parte del diablo. Pero el resultado del juego nunca fue puesto en duda, y Pablo puso todo su esfuerzo en jugar duro hasta que entró su sustituto a la cancha.

2 TESALONICENSES

EN CONTEXTO

Datos generales
Escrito: *Alrededor del 50 d.C.*
Escrito por: *Pablo, el apóstol.*
Estilo literario: *Una carta aclaratoria.*
En una frase: *Querida Iglesia: ¡Esperen el regreso de Cristo! ¡Pero sigan viviendo al máximo y trabajando duro!*

¡OH, OH, LA IGLESIA SE PASÓ DE LA RAYA!

Bueno, es cierto que cuando Cristo regrese va a ser un suceso sorprendente, pero cuando lleguen los recibos tenemos que ser responsables y pagarlos. Estos tesalonicenses estaban tan emocionados por ese sólo acontecimiento que estaban abandonando sus vidas en la tierra. Pablo necesitaba enderezarlos.

Ese era el primer problema, pero había otro problema relacionado. Como los que estaban todo el día esperando al Señor, no tenían nada que hacer y estaban aburridos comenzaron a hacer lo que hace la gente que se reúne y está aburrida. Comenzaron a causar problemas, chismes, se convirtieron en unos entrometidos y se inmiscuían en los asuntos de los demás. Empezaron a verse la cara unos a otros porque no tenían dinero para pagar sus propios gastos.

Por eso Pablo le escribió la segunda carta a la iglesia tesalonicense. Necesitaba llevarlos de regreso al centro, que recobraran el equilibrio.

Porque oímos que algunos de entre vosotros andan desordenadamente, no trabajando en nada, sino entremetiéndose en lo ajeno. A los tales mandamos y exhortamos por nuestro Señor Jesucristo, que trabajando sosegadamente, coman su propio pan.
2 Tesalonicenses 3:11-12

PREGUNTAS

LA BIBLIA

Cuando los lectores comienzan a leer *2 Tesalonicenses*, algunas veces tienen preguntas más específicas.

P. ¿Qué señales nos dicen que el plan de Dios va conforme a lo planeado, aun cuando no podemos conocer el programa de Dios? (2 Tesalonicenses 2:2)

R. *Los cristianos son llamados a vivir obedientemente a la luz de dos promesas: 1. Jesús va a regresar y es posible que sea hoy: "Por tanto, también vosotros estad preparados; porque el Hijo del Hombre vendrá a la hora que no pensáis" (Mateo 24:44). 2. No podemos deducir un programa: "Pero del día y la hora nadie sabe, ni aun los ángeles de los cielos, sino sólo mi Padre" (mateo 24:36).*

La Biblia ofrece una cantidad de señales que preceden o acompañan el regreso de Cristo (consulta Mateo 24, 2 Tesalonicenses 2, Apocalipsis 4-22). Algunas de estas señales son naturales (terremotos y otros desastres naturales); otras son políticas (guerras, rumores de guerra, cambios de poder tendientes a una dominación mundial); muchas son espirituales (movimientos religiosos mundiales que rechazan a Dios en crecimiento, persecución intensa de los cristianos); algunas incluso son positivas (la difusión del Evangelio alrededor del mundo, la renovación de la nación judía). La historia demuestra que los cristianos siempre han podido ver en su contexto inmediato suficiente cumplimiento posible de estas señales y concluyen que Jesús puede volver pronto.

Estas señales son un aliento para la fe. Mientras inspiren una fidelidad cada vez más fuerte, está bien y correcto. Pero si las usamos para deducir un diagrama de los eventos futuros, erramos. Pablo nos advierte en contra de la pasión de saber lo que nadie puede: los detalles del calendario de Dios para la historia.

P. ¿Qué hay de malo en la ociosidad?

R. *Pablo advierte contra aquellos que utilizan la posibilidad del inmediato regreso de Cristo como una excusa para la pereza. Aparentemente un grupo de personas en Tesalónica había renunciado a la vida cotidiana. Estaban enseñando a otros a abandonar sus responsabilidades, renunciar al trabajo y no planear para el futuro.*

La idea de que no hacer nada es una manera efectiva de esperar el regreso de Cristo es un engaño que daña. Jesús no les mandó a sus seguidores a que dejaran todo y esperaran. En lugar de eso, les mandó que vivieran en una espera obediente (Mateo 5:13-16). Los cristianos ociosos no están ni modelando una vida de fe ni cumpliendo el mandamiento de Jesús de hacer discípulos (Mateo 28:19-20). La ociosidad fracasa en responder a las promesas de Dios con gratitud y gozo.

1 TIMOTEO

EN CONTEXTO
Datos generales
Escrito: *Alrededor del 65 d.C.*
Escrito por: *Pablo, el apóstol.*
Estilo literario: *Una carta personal.*
En una frase: *Querido Tim: Vas bien. Aquí hay algunas cosas que debes recordar para dirigir una congregación.*

COMO UN HIJO

Timoteo era el joven ideal en la Iglesia primitiva. No sabemos mucho de su padre excepto que era griego. La madre de Timoteo era judía. Una de las cosas bien sabidas de Timoteo es que su madre (Loida) y su abuela (Eunice) fueron grandes influencias en su fe. Pablo incluso las menciona en su segunda carta a Timoteo.

Por el tiempo en el que Pablo escribió esta carta, Timoteo estaba en Éfeso ayudando a dirigir la iglesia. Timoteo y Pablo habían viajado juntos a Éfeso. Pablo había dejado a Timoteo allí para mantener a la iglesia en buen camino. Recuerda que, en este punto las iglesias no tenían instalaciones ni programas. La iglesia era simplemente un grupo de personas que se reunían en diferentes lugares, a menudo hogares, alrededor de la ciudad. El desafío mayor para Timoteo en Éfeso era la mezcla de filosofías y pensamientos que continuamente desviaban a la gente de la verdad sencilla del Evangelio. A causa de eso, Pablo escribió mucho acerca de cómo mantenerse alejado de las herejías.

Pablo escribió esta carta para animar a Timoteo y para entrenarlo un poco. Es una carta directa que está atestada de consejos para un joven cristiano (o un cristiano de cualquier edad, en realidad) que quiere servir a Dios en una forma significativa.

En esta carta Pablo cubre algo del mismo material que toca en otras cartas, como:

- Adoración
- Falsos maestros
- Líderes de la Iglesia

Pablo había invertido tanto en su relación que Timoteo era como un hijo para él. Por eso en esta primera carta a Timoteo, Pablo habla de estos asuntos en una manera más personal que en algunas cartas anteriores de Pablo en el Nuevo Testamento. Puedes imaginarte cómo le escribirías a alguien con quien has trabajado lado a lado y de quien sientes una relación paternal. Pablo también le escribe a Timoteo con la urgencia de un hombre mayor que quiere derramar sus años de experiencia en alguien más joven para que siga con la obra.

EN CONTEXTO

En su primera carta a los tesalonicenses, Pablo les recordó que Jesús regresaría otra vez por ellos y para hacer un mundo mejor. Sin embargo, Pablo no sabía que la iglesia lo iba a tomar taaaaaan literal. Algunos de ellos de hecho dejaron sus trabajos para poder esperar a Cristo. Otros simplemente comenzaron a reunirse para esperar el regreso de Cristo. Otros incluso se asustaron de que Jesús ya hubiera venido y que los hubiera dejado atrás.

TROCITOS DE LA BIBLIA

Pero es necesario que el obispo sea irreprensible, marido de una sola mujer, sobrio, prudente, decoroso, hospedador, apto para enseñar; no dado al vino, no pendenciero, no codicioso de ganancias deshonestas, sino amable, apacible, no avaro.

1 Timoteo 3:2-3

Pero gran ganancia es la piedad acompañada de contentamiento; porque nada hemos traído a este mundo, y sin duda nada podremos sacar. Así que, teniendo sustento y abrigo, estemos contentos con esto.

1 Timoteo 6:6-8

PREGUNTAS

LA BIBLIA

Cuando los lectores comienzan a leer *1 Timoteo*, algunas veces tienen preguntas más específicas.

P. ¿Debe un anciano o un diácono estar casado? (1 Timoteo 3:2,12)

R. *No, pero si están casados, deben ser fieles en todas las áreas. La promiscuidad no puede ser tolerada en el liderazgo de la iglesia. La dirección del cargo aquí es apoyo de fidelidad en otras maneras también. Los líderes de la iglesia que estén casados deben testificar a la iglesia del amor de Dios a través de su propia relación que cada vez profundiza y crece más.*

P. ¿Por qué Pablo recomienda tomar vino? (1 Timoteo 5:23)

R. *Un poco de vino con el propósito de ayudar a reestablecer un mal estado de salud prolongado no viola las normas bíblicas con respecto a la borrachera. Pablo no estaba afectado por la noción moderna de que cualquier bebida alcohólica es mala y debe ser evitada a piedra y lodo. Más bien, Pablo evitaba el mal uso del vino, pero como cualquier otra sustancia alimenticia, entendía su uso apropiado también. La gula, en cualquier forma, es moralmente y saludablemente mala, porque echa a perder el cuerpo y debilita al individuo. El uso moderado de vino no es una violación de los estándares cristianos delante de los ojos de Pablo.*

2 Timoteo

EN CONTEXTO
Datos generales
Escrito: *Alrededor del 65 d.C.*
Escrito por: *Pablo, el apóstol.*
Estilo literario: *Carta personal.*
En una frase: *Querido Tim: Ven pronto a verme. No sé cuánto tiempo más voy a estar por aquí. ¡Guarda la fe!*

INSTRUCCIONES FINALES

La segunda carta de Pablo a Timoteo es una carta mordaz. Pablo sabía que iba a morir pronto. Estaba en prisión. Había pasado por varias apelaciones. Sabía que ésta era posiblemente la última carta a Timoteo, su última oportunidad para decirle cosas importantes.

Es algo maravilloso que esta carta forme parte de la Biblia. Somos hechos confidentes de los pensamientos más significativos de uno de los predicadores más famosos en la historia del mundo.

¿Qué le dirías a tu hijo si supieras que es probablemente la última vez que vas a poder comunicarte con él? Eso es de lo que se trata la segunda carta de Pablo a Timoteo.

Aquí hay algunas de las últimas palabras de Pablo a Timoteo, su amigo y casi hijo:

Pero persiste tú en lo que has aprendido y te persuadiste, sabiendo de quién has aprendido; y que desde la niñez has sabido las Sagradas Escrituras, las cuales te pueden hacer sabio para la salvación por la fe que es en Cristo Jesús. Toda la Escritura es inspirada por Dios, y útil para enseñar, para redargüir, para corregir, para instruir en justicia, a fin de que el hombre de Dios sea perfecto, enteramente preparado para toda buena obra.

2 Timoteo 3:14-17

Porque yo ya estoy para ser sacrificado, y el tiempo de mi partida está cercano. He peleado la buena batalla, he acabado la carrera, he guardado la fe.

2 Timoteo 4:6-7

PREGUNTAS

LA BIBLIA

Cuando los lectores comienzan a leer *2 Timoteo*, algunas veces tienen preguntas más específicas.

P. Pablo cita a la madre y a la abuela de Timoteo como personas de fe. ¿Dónde estaba el padre de Timoteo? (2 Timoteo 1:5)

R. Hechos 16:1 nos informa que el padre de Timoteo era un griego. Como Lucas (Hechos) señala que la madre judía de Timoteo era cristiana, podemos inferir que el padre de Timoteo no lo era. Con respecto a la paternidad espiritual, Timoteo experimentó una relación padre-hijo con Pablo. Varias veces en 2 Timoteo, Pablo le llama a Timoteo "hijo mío".

P. ¿Qué vence el temor? (2 Timoteo 1:7)

R. Probablemente Timoteo era una persona tímida, pero Pablo reconoció en él las cualidades de un líder. En lugar de empujar a Timoteo a que fuera más valiente, Pablo quiere plantar en su corazón tres virtudes: 1. Poder: la habilidad de actuar responsa-

blemente en la presencia del temor. 2. Amor: el primer fruto del Espíritu (Gálatas 5:22). 3. Dominio propio: el último fruto del Espíritu (Gálatas 5:23). Pablo le está recordando al joven líder que sus temores no son rival para los recursos que el Espíritu de Dios trae a la vida de un creyente.

TITO

EN CONTEXTO
Datos generales
Escrito: *Alrededor del 65 d.C.*
Escrito por: *Pablo, el apóstol.*
Estilo literario: *Una carta de instrucción y entrenamiento.*
En una frase: *Querido Tito: Aquí te doy algunos consejos valiosos acerca de cómo dirigir tu congregación.*

SIGUE AL LÍDER

Tito era un joven pastor en una congregación muy difícil. Era pastor en Creta, una pequeña isla al sur de Grecia. La gente de Creta era conocida por sus mentiras, su pereza y su crueldad. Era un lugar que necesitaba una iglesia, pero, ¿era un lugar en el que se podía encontrar líderes para la iglesia?

Éste era el desafío que tenía que enfrentar Tito. También fue una de las razones por las que Pablo le escribió tanto a Tito acerca de las cualidades de un líder. La mayoría de las iglesias todavía usan los criterios de Pablo hoy cuando están seleccionando sus líderes (pastores, diáconos o ancianos).

Así es como Pablo creía que los líderes debían comportarse:

Porque la gracia de Dios se ha manifestado para salvación a todos los hombres, enseñándonos que, renunciando a la impiedad y a los deseos mundanos, vivamos en este siglo sobria, justa y piadosamente.

Tito 2:11-12

Pero evita las cuestiones necias, y genealogías, y contenciones, y discusiones acerca de la ley; porque son vanas y sin provecho.

Tito 3:9

PREGUNTAS

LA BIBLIA

Cuando los lectores comienzan a leer *Tito*, algunas veces tienen preguntas más específicas.

P. ¿Qué cualidades necesita un buen líder? (Tito 1:5-9)

R. *Las tres cartas: 1 y 2 de Timoteo y Tito, también son conocidas como las epístolas pastorales porque contienen los principios prácticos para entrenar y seleccionar líderes en la Iglesia. Las cualidades de liderazgo citadas aquí incluyen:*

Una buena reputación. *Alguien que tiene el respeto de otras personas ya ha mostrado sus habilidades de poner a los demás antes que él.*

Fidelidad matrimonial. *Fidelidad al compromiso primario del matrimonio, usualmente predice lealtad al resto de sus compromisos.*

Hijos que crean y caminen en la fe. *¿Puede un líder de la Iglesia esperar discipular a otros si los que están más cerca de él no abrazan la fe?*

Ser irreprensibles. *Esto significa no sólo cumplir con todas las reglas, sino tener la disposición de buscar consistentemente el camino de Dios.*

Sin arrogancia. *La gente que está inflada con su propia importancia deja muy poco espacio para que Dios los dirija.*

No iracundos. *En un mundo de violencia interpersonal, los líderes cristianos deben ser devotos a la paz, la buena voluntad y el dominio propio.*

No dados al vino. *Ningún líder puede permitirse ser dominado por ninguna sustancia.*

No violentos. *Mientras la violencia concibe el espíritu de venganza, la Iglesia necesita el espíritu de la buena voluntad. La Iglesia es una comunidad dedicada a los demás en el servicio de Dios, no una comunidad dividida en guerra.*

No codiciosos. *Los líderes tienen acceso al dinero, pero no pueden* *amarlo ni tomar decisiones basadas en cuánto van a ganar.*

Hospitalarios. *Esto significa compartir activamente el espacio personal, extendiendo el hogar a personas que no son parte de la familia inmediata.*

Se goza en el bien. *La mayoría de los placeres públicos operan en la periferia de los estándares legales o civiles. Los líderes cristianos encuentran su recreación en el centro de la bondad moral.*

Vivir sabiamente y con sano juicio. *Esto involucra tomar buenas decisiones basándose en los datos disponibles y el consejo.*

Dedicados y disciplinados. *El líder es capaz de acorralar la tentación ocasional de salirse de control, de enajenarse, de dejarse llevar. Es alguien del que los demás pueden depender.*

Creencias y enseñanzas claras y congruentes. *Una persona que está creciendo en su corazón y mente; el líder es alguien que aprende y es un comunicador razonablemente efectivo.*

Es una lista muy larga, pero el liderazgo es un alto privilegio.

FILEMÓN

EN CONTEXTO

Datos generales

Escrito: *Alrededor del 60 d.C.*

Escrito por: *Pablo, el apóstol.*

Estilo literario: *Una carta de recomendación.*

En una frase: *Querido Filemón: Perdona a Onésimo, no como a un fugitivo, sino como a un hermano en la fe.*

¿QUIÉN DICE QUE NO PUEDES REGRESAR A CASA?

La carta de Pablo a Filemón es una carta única en el Nuevo Testamento. Es sencillamente un corte transversal de la vida en el primer siglo. La historia básica es esta: Filemón era amigo de Pablo. El esclavo de Filemón, Onésimo, se escapó y se llevó algo de dinero con él. Mientras Onésimo iba de un lado a otro se hizo cristiano y se puso en contacto con Pablo. Después de eso, Onésimo decidió corregir su falta y regresar con Filemón. Pablo lo envía con una carta esperando suavizar la reacción de Filemón. Este libro es esa carta.

Básicamente, Pablo estaba pidiendo un favor. Le recordó a Filemón que él había recibido de la vida y que era el momento para cambiar de lugares en la mesa. Ésta es la lógica de Pablo:

> *Por lo cual, aunque tengo mucha libertad en Cristo para mandarte lo que conviene, más bien te ruego por amor, siendo como soy, Pablo ya anciano, y ahora, además, prisionero de Jesucristo.*
>
> **Filemón 8-9**

Pablo apela al lado amable de Filemón.

> *Así que, si me tienes por compañero, recíbele como a mí mismo.*
>
> **Filemón 17**

Pablo apela a su amistad.

> *Yo Pablo lo escribo de mi mano, yo lo pagaré; por no decirte que aun tú mismo te me debes también.*
>
> **Filemón 19**

¡Pablo está casi torciéndole el brazo!

> *Te he escrito confiando en tu obediencia, sabiendo que harás aun más de lo que te digo.*
>
> **Filemón 21**

Sabes que es mejor que respondas cuando la persona que te pide un favor te lo agradece de antemano.

PREGUNTAS

LA BIBLIA

Cuando los lectores comienzan a leer *Filemón*, algunas veces tienen preguntas más específicas.

P. ¿Por qué apelar cuando podrías mandar? (Filemón 8)

R. *Los oficiales militares disfrutan el privilegio de dar órdenes: la palabra del oficial debe ser obedecida. Pero incluso las órdenes militares son desobedecidas (y legalmente deben ser desobedecidas) cuando se desvían de la disciplina militar y de la ley.*

Pablo sabe que su autoridad espiritual incluye el privilegio de mandar: peticiones no respaldadas por el Estado, sino más bien por la conciencia y finalmente por Dios. Aun así, toma un camino mucho más suave.

El propósito de Pablo es contar con Filemón como con un cristiano maduro que no necesita que se le mande para entender su deber y no necesita coacción para llevar a cabo ese deber. Al apelar al corazón de Filemón en lugar de mandarle, Pablo pone la mesa para que Filemón adopte una nueva postura hacia los esclavos. Pablo estaba dispuesto a confiar en la obra del Espíritu Santo en el corazón de Filemón.

Mientras los niños crecen los padres pierden el control; pero no en realidad. Sin embargo, deben cambiar de mandar a apelar, para guiar el crecimiento de la conciencia del niño. Los líderes en la Iglesia deben hacer lo mismo. Ninguna iglesia funciona bien cuando es motivada por la coacción o la culpa. Las iglesias crecen cuando las personas se hacen responsables personal y colectivamente por sus actitudes y acciones. Los líderes que quieren que su visión se ponga en práctica inmediatamente, y dan las órdenes para que se realice, deben ser despedidos rápidamente como pequeños tiranos que están usando el uniforme equivocado. Han fracasado en crecer, todos lo que los siguen quedarán atrofiados y con el corazón pequeño.

HEBREOS

EN CONTEXTO
Datos generales
Escrito: *Alrededor del 70 a.C.*
Escrito por: *Pablo, el apóstol.*
Estilo literario: *Una carta para los judíos del Nuevo Testamento.*

En una frase: *A todos los cristianos judíos: Ahora que Cristo ha venido, enfócate en él más que en los rituales que te señalaban hacia Él.*

CUANDO TODO COMENZÓ...

Cuando la nación judía era joven, Moisés escribió las leyes de la nación como Dios se las dictó (consulta Éxodo y Levítico si necesitas refrescar tu memoria). Algunas de esas leyes eran muuuuuuuuy específicas. Al pasar el tiempo el pueblo judío se organizó mejor y algunas personas hicieron el propósito de su vida seguir esas leyes. Se concentraban tanto en seguir las leyes, que a veces perdían de vista el punto de tener fe en Dios: amar a Dios y amar a otros. Estaban demasiado ocupados siguiendo reglas y normas para poderlo hacer.

CUANDO TODO CONTINUÓ...

Jesús invirtió muchas de Sus energías hablando de este tipo de tema. Todavía hablamos de él, hoy en día. Algunas personas dicen: "No me considero religioso, pero soy cristiano". Esto normalmente significa que ellos creen que siguen el corazón de la fe en lugar de la cabeza de la fe, que para ello es sólo un montón de reglas.

¿CUÁNDO VA A ACABAR TODO?

Hebreos está hablando de lo mismo. Algunos judíos sentían que Jesús no había cambiado tanto las cosas, que ellos podrían simplemente seguir guardando sus leyes y costumbres y que eso los haría rectos. El autor de hebreos les está diciendo: Jesús SÍ cambió las cosas. Cambió todas las cosas. Es una manera completamente diferente de obtener la justicia: a través de la fe en Cristo, no de guardar perfectamente las reglas y hacer los sacrificios.

LO QUE AVERIGUAS EN EL CAMINO

Hebreos nos da una mirada más profunda e interesante al papel de Jesús como sacerdote:

Por tanto, teniendo un gran sumo sacerdote que traspasó los cielos,

Jesús el Hijo de Dios, retengamos nuestra profesión. Porque no tenemos un sumo sacerdote que no pueda compadecerse de nuestras debilidades, sino uno que fue tentado en todo según nuestra semejanza, pero sin pecado. Acerquémonos, pues, confiadamente al trono de la gracia, para alcanzar misericordia y hallar gracia para el oportuno socorro.

Hebreos 4:14-16

PREGUNTAS

LA BIBLIA

Cuando los lectores comienzan a leer *Hebreos*, algunas veces tienen preguntas más específicas.

P. ¿Cuál es el perfil típico de las responsabilidades de los ángeles? (Hebreos 1:1 4)

R. *Aparentemente los ángeles pasan la mayor parte de su tiempo laboral sirviendo a los cristianos, trabajando como guardaespaldas o posiblemente guardaespíritus, ayudando a los cristianos a permanecer fieles durante su vida. Es interesante que este tipo de trabajo sea señalado en el libro de la Biblia que describe a los cristianos como más propensos a la derrota y el fracaso. Seguramente Jesús es el capitán del regimiento de todos los salvos, pero los ángeles son los soldados rasos, los guardahombres, que defienden el perímetro espiritual contra el ataque del maligno.*

Esta función no evita que los cristianos sufran desastres o derrotas, como la experiencia atestigua claramente. La efectividad del trabajo de los ángeles sólo es conocida en el cielo, pero algunas señales que tenemos con respecto a estos guardianes sugieren que la alabanza celestial a Dios será todavía más gozosa por la ayuda que recibimos de estos agentes invisibles sin saberlo.

P. ¿Jesús necesitó sufrir para ser perfeccionado? (Hebreos 2 : 1 0)

R. *Ningún otro libro de la Biblia retrata la humanidad de Jesús tan dramáticamente como Hebreos. Jesús refleja la gloria de Dios y sostiene el universo, aun así también es, durante un tiempo, un poco menor que los ángeles. Entonces, aparece esta nota tipo acertijo que sugiere que Jesús pasó por un proceso de desarrollo para obtener Su lugar a la diestra de Dios.*

Acerca de la naturaleza divina de Jesús, no se sugiere ningún proceso. Jesús no creció en divinidad o en ser Hijo de Dios, como si Dios hubiera escogido al hombre Jesús y lo hubiera moldeado hasta ser el Cristo. Para la naturaleza humana de Jesús, sí hubo un desarrollo (consulta Lucas 2:42) como lo hay para cualquier otra persona. Jesús experimentó dolor y, en ese dolor, aprendió, como hombre, la protección y la presencia de Dios Su Padre. El dolor real que Jesús sufrió hizo que Su muerte en la cruz fuera un verdadero sacrificio por el pecado. El dolor era el precio del cumplimiento (plenitud, perfección) de la misión que comenzó en la encarnación y fue consumada en la resurrección.

SANTIAGO

EN CONTEXTO
Datos generales
Escrito: *Alrededor del 50 d.C.*
Escrito por: *Jacobo (Santiago), probablemente el hermano de Jesús.*
Estilo literario: *Una carta instructiva.*
En una frase: *Sí, la salvación es por fe, pero la fe sin acción es inútil.*

MANOS A LA OBRA

Si la teología fuera un balancín, tendríamos que poner el entendimiento de Pablo acerca de la fe de un lado y el entendimiento de la fe de Santiago en el otro. Son un buen equilibrio, pero vienen de direcciones distintas. Pablo enfatizó que no podemos merecernos o ganarnos el buen favor de Dios. Sólo debemos tener fe y aceptar Su gracia. Pablo no estaba diciendo que nuestra fe es irresponsable. Sólo estaba diciendo que la responsabilidad viene de haber recibido el don que Dios ofrece. Santiago viene de la dirección contraria. Aunque no contradijo a Pablo, señaló que una vez que hemos venido a la fe verdadera, entonces nuestras acciones van a ser evidencia de esa fe. De hecho Santiago dio eso como una señal o una prueba de fe, que la verdadera fe producía buenas obras.

A causa de todo eso, Santiago es un libro muy práctico. Es un libro que dice no sólo lo que la fe es, sino lo que la fe *hace*. Es un libro que explica no sólo qué debemos creer, sino cómo vivir la vida de un creyente.

Aunque Santiago fue escrito probablemente antes que Hebreos, es muy bueno que sea el libro que venga después de Hebreos en la Biblia. Hebreos es acerca de la fe. Santiago es acerca de la aplicación de esa fe.

Santiago les recuerda a sus lectores que ser tentado y probado no eran las peores cosas que les podían suceder. Les recuerda que escuchar no es suficiente sin actuar. Les recuerda que en la forma en la que trataban a los demás daban a notar lo que realmente creían. Les recuerda que la manera en la que usaran sus palabras importa, y mucho. Les recuerda que la vida no siempre es el ambiente más propicio para la fe.

Al recordarles todo eso, nos lo recuerda a nosotros también.

PIÉNSALO DE ESTA MANERA

P. *Como cristiano, ¿cómo me debo comunicar?*

R. Por esto, mis amados hermanos, todo hombre sea pronto para oír, tardo para hablar, tardo para airarse (Santiago 1:19).

P. *¿Cuál es la verdadera prueba de nuestra religión?*

R. Si alguno se cree religioso entre vosotros, y no refrena su lengua, sino que engaña su corazón, la religión del tal es vana (Santiago 1:26).

PREGUNTAS

LA BIBLIA

Cuando los lectores comienzan a leer *Santiago*, algunas veces tienen preguntas más específicas.

P. **¿Qué es lo que lleva a una persona al cielo, la fe o las buenas obras? (Santiago 2 :1 4)**

R. *"Era una buena persona", decimos a veces acerca de un amigo que murió, esperando que sin importar qué, el cielo esté abierto para tal persona, dado que sus buenas obras, en balance, fueron las que describieron los mejores días de su vida. Un poco de justicia mezclada con algo de indulgencia debería abrirle las puertas del cielo, esperamos.*

Pero la teoría de "la buena persona" es tan defectuosa como la teoría de "sólo fe de palabra" de aquellos que profesan ser cristianos, pero siguen viviendo como paganos, buscando sus propios intereses solamente. Ambos caminos al cielo fracasan.

¿Entonces qué es lo que abre esas puertas de perla, después de todo?

La fe, que ha sido demostrada como genuina a través de una vida de obediencia a Dios. Fe significa que confiamos sólo en Cristo para nuestra salvación, no en lo que hacemos o en las buenas obras que realizamos. La obediencia significa que la fe cambia nuestras prioridades. O sea, el cambió de corazón que la fe lleva a cabo debe también cambiar nuestros hábitos y metas. Las dimensiones prácticas de la fe se expresan en virtudes como la generosidad, la paciencia, el ser dignos de confianza u el amor. Nadie que diga tener fe le debe faltar esas virtudes.

Si eres un viejo erizo (o uno joven) que se burla de esas virtudes en tu camino a la iglesia cada domingo, es mejor que examines la fe que profesas. Probablemente es sólo un caparazón vacío, que no le hace bien a nadie, incluyéndote.

1 PEDRO

EN CONTEXTO

Datos generales
Escrito: *Alrededor del 60 d.C.*
Escrito por: *Pedro, el discípulo.*

Estilo literario: *Una carta personal.*

En una frase: *Estos son tiempos difíciles. Que su fe les ayude a soportar. No se rindan sólo porque vienen problemas.*

ENCUENTRA GOZO

¿Recuerdas esos espectáculos en los que el Ticket Master prehistórico les vendía boletos a los Romanos para ir al Coliseo y ver como los cristianos enfrentaban a los leones? El libro de 1 Pedro fue escrito justo en esa época. ¡El cristianismo era ilegal! Cualquiera que dijera ser cristiano podría ser torturado, aprisionado o incluso ejecutado por creer en Dios y que Jesús es el Hijo de Dios.

Tú puedes pensar que si Pedro está escribiendo en una época tan peligrosa, debe haber estado deprimido o al menos asustado. Podrías pensar que hubiera escrito en clave o que revelara entradas secretas a las catacumbas. Sin embargo, cuando lees 1 Pedro con cuidado, escuchas esperanza en el mensaje de Pedro, no desánimo. Escuchas confianza y, si escuchas realmente con atención, incluso escuchas gozo...

> *Bendito el Dios y Padre de nuestro Señor Jesucristo, que según su grande misericordia nos hizo renacer para una esperanza viva, por la resurrección de Jesucristo de los muertos,*
>
> *1 Pedro 1:3*

> *Por tanto, ceñid los lomos de vuestro entendimiento, sed sobrios, y esperad por completo en la gracia que se os traerá cuando Jesucristo sea manifestado*
>
> *1 Pedro 1:13*

Mas vosotros sois linaje escogido, real sacerdocio, nación santa, pueblo adquirido por Dios, para que anunciéis las virtudes de aquel que os llamó de las tinieblas a su luz admirable; vosotros que en otro tiempo no erais pueblo, pero que ahora sois pueblo de Dios; que en otro tiempo no habíais alcanzado misericordia, pero ahora habéis alcanzado misericordia

1 Pedro 2:9-10

Mas el fin de todas las cosas se acerca; sed, pues, sobrios, y velad en oración. Y ante todo, tened entre vosotros ferviente amor; porque el amor cubrirá multitud de pecados.

1 Pedro 4:7-8

ÉSE ES UN PUNTO INTERESANTE

La primera carta de Pedro resalta dos asuntos que sería interesante considerar. Primero, desobediencia civil. ¿Cuándo debemos de dejar de obedecer las leyes de nuestra cultura para obedecer a Dios? Pedro nos recuerda una y otra vez que respetemos a nuestro gobierno en cualquier forma posible. No nos da permiso de ignorar las leyes de nuestra tierra.

También, el asunto de la persecución a pesar de nuestra inocencia. Las personas a las que les estaba escribiendo Pedro no eran criminales. La causa por la que ellos estaban siendo castigados era sólo por su fe. La triste verdad de la vida es que vamos a enfrentar dificultades y maltratos aun y cuando no los merezcamos. El plan de Dios para nosotros no es vengarnos. Es la habilidad de obedecerlo sin importar nuestras circunstancias. Es la habilidad de dejar la venganza a Dios mismo.

PREGUNTAS

LA BIBLIA

Cuando los lectores comienzan a leer *1 Pedro*, algunas veces tienen preguntas más específicas.

P. ¿Qué la Biblia no le promete felicidad a todos los que siguen a Cristo? (1 Pedro 1:6, 4:12)

R. *También promete dificultades, como estos versículos atestiguan. La dura realidad del mensaje de la Biblia es que la vida produce problemas, e incluso los cristianos no están exentos. De hecho, los cristianos deben esperar más problemas, mientras el adversario trata de desencarrilar la fe y tergiversar promesas bíblicas.*

No es pesimista (sólo realista y bíblico) decir que los problemas son lo normal y la paz lo excepcional, de este lado del cielo. Dios usa los problemas para edificar nuestra fe, nos redime de todos los problemas a través del poder del vencedor, Jesús.

P. ¿Los ángeles estudian? (1 Pedro 1:12)

R. *Aparentemente, los ángeles o estudian o tienen el apetito de estudiar. El significado del verbo utilizado implica observar con intensidad y esfuerzo. Si los ángeles estudian, estudian los caminos de Dios para maravillarse más plenamente de Su voluntad y poder. En este modelo, los ángeles son como aprendices talentosos e inteligentes que nunca ascienden sin embargo buscan con entusiasmo entender la mente del Maestro.*

Posiblemente los ángeles no aprenden pero muestran apetito para hacerlo de todos modos. En ese modelo, los ángeles serían el único elemento de la creación que no puede tener la esperanza de realizar su propósito o potencial. Un modelo así, aunque posible, falla en coherencia con uno de los propósitos más obvios expresados en el plan creativo de Dios: La inteligencia que busca el entendimiento está equipada para hallarlo.

2 Pedro

EN CONTEXTO

Datos generales

Escrito: *Alrededor del 65 d.C.*

Escrito por: *Pedro, el discípulo.*

Estilo literario: *Una carta de advertencia.*

En una frase: *Estos son tiempos difíciles. Guarda la fe y que ella te ayude a soportar.*

MISMO ESCRITOR, DIFERENTE RAZÓN

La segunda carta de Pedro está dirigida al mismo público que su primera carta. Ese público todavía está enfrentando tiempos difíciles. Sin embargo, en su segunda carta, Pedro no sólo les está ayudando a enfrentar a los enemigos fuera de la iglesia. También estaba dirigiéndose a los enemigos dentro de la iglesia: los falsos maestros.

Evidentemente, Pedro había escuchado que los falsos maestros les estaban diciendo a la iglesia que Jesús en REALIDAD no iba a volver otra vez y que ellos en REALIDAD no iban a dar cuentas por sus actos. Puedes imaginarte la respuesta. Si estoy siendo perseguido por mi fe y alguien me dice que esta fe realmente no es importante, entonces, ¿de qué sirve? Estos falsos maestros estaban explotando a los que los escuchaban y estaban desviando a mucha, mucha gente.

RAZÓN DIFERENTE, NUEVOS BENEFICIOS

Como Pedro estaba tratando de enderezar el barco a la luz de la falsa enseñanza, este libro breve tiene algunas de las verdades espirituales más decisivas del Nuevo Testamento. A veces sucede así: hablas más claramente cuando estás hablando de un asunto en particular.

La Palabra de Dios: "Entendiendo primero esto, que ninguna profecía de la Escritura es de interpretación privada, porque nunca la profecía fue traída por voluntad humana, sino que los santos hombres de Dios hablaron siendo inspirados por el Espíritu Santo" (2 Pedro 1:20-21).

La naturaleza de Dios: "El Señor no retarda su promesa, según algunos la tienen por tardanza, sino que es paciente para con nosotros, no queriendo que ninguno perezca, sino que todos procedan al arrepentimiento" (2 Pedro 3:9).

La segunda venida de Cristo: "Pero el día del Señor vendrá

como ladrón en la noche; en el cual los cielos pasarán con grande estruendo, y los elementos ardiendo serán deshechos, y la tierra y las obras que en ella hay serán quemadas" (2 Pedro 3:10).

La vida cristiana: "Vosotros también, poniendo toda diligencia por esto mismo, añadid a vuestra fe virtud; a la virtud, conocimiento; al conocimiento, dominio propio; al dominio propio, paciencia; a la paciencia, piedad; a la piedad, afecto fraternal; y al afecto fraternal, amor. Porque si estas cosas están en vosotros, y abundan, no os dejarán estar ociosos ni sin fruto en cuanto al conocimiento de nuestro Señor Jesucristo" (2 Pedro 1:5-8).

PIÉNSALO DE ESTA MANERA

La verdad es que históricamente el cristianismo ha crecido más durante tiempos de persecución. ¿Por qué? En parte porque es durante esos tiempos que la gente enfrenta la verdad más que todos los accesorios que le aplicamos a la verdad. Es fácil dejar el centro deportivo, el gimnasio o la liga de fútbol de la iglesia si te vas a enfrentar con un pelotón de fusilamiento. Sin embargo, no es tan fácil renunciar a la única esperanza que tienes de que la vida es más de lo que vemos en este mundo.

PREGUNTAS

LA BIBLIA

Cuando los lectores comienzan a leer *2 Pedro*, algunas veces tienen preguntas más específicas.

P. Si mis pecados son perdonados y mi eterna salvación está basada en lo que Jesús hizo por mí, no en lo que yo hago, ¿por qué no me puedo relajar y disfrutar la vida en lugar de seguir empujando y luchando para cambiar viejos hábitos y estilo de vida pecaminosos? (2 Pedro 1:5-9)

R. *La vida cristiana no es un seguro contra incendios, sino una relación creciente con el Dios santo. Éste es el destino cristiano. Imagínate que Dios ha prometido que un día te convertirás en un pianista virtuoso, aunque no puedas distinguir un piano de una tuba. Si crees en la promesa de Dios, ¿cuál es tu plan? ¿Te pasas el día jugando en la computadora o viendo televisión? ¿Practicas sobre el teclado con la promesa de que tu destino se está cumpliendo a la vez que lo persigues?*

Ser cristiano significa conocer a Cristo mejor cada día. Dios quiere producir el carácter de Jesús en nosotros. Pedro escribe que aprender a amar sin egoísmo a otros sólo puede lograrse a través de la disciplina de la fe, la obediencia y el dominio propio.

P. ¿Cómo podemos estar seguros que las historias acerca de Jesús son ciertas? (2 Pedro 1:16)

R. *Testigos oculares, Pedro entre ellos, verificaron lo que realmente sucedió. Vemos a Jesús a través de los ojos de Pedro y lo demás discípulos que testifican de la verdad a través historias como la transfiguración, donde Dios declara que Jesús es Su verdadero Hijo.*

Pedro pasó tres años con Jesús, observando los milagros y recibiendo la enseñanza. Cuando Jesús preguntó: "¿Quién dicen ustedes que soy yo?", Pedro confesó que Jesús es el Cristo, el Hijo del Dios viviente.

Pedro fue el centro de la acción en los días anteriores al arresto de Jesús y su muerte. La negación de Pedro fue el punto más bajo de su vida, Jesús lo perdonó y lo escogió para ser un misionero de Buenas Noticias. Dios usó a este hombre con defectos, Pedro, para establecer la credibilidad de Jesús para generaciones futuras. Pedro da un testimonio específico de la vida y enseñanza de Jesús. Suma a Pedro con otros autores bíblicos y tenemos testimonios oculares detallados que sirven como el fundamento de nuestra fe.

P. ¿En realidad es tan importante que Jesús regrese algún día a la tierra? (2 Pedro 3:3)

R. *Cuando Jesús hace una promesa la cumple.*

Ha sido una larga espera. Las generaciones anteriores pensaban que iban a ver a Jesús pero no fue así. A través de esta larga espera, Dios ha sido fiel con Su pueblo. La Iglesia ha crecido. La familia de Dios es cada vez más grande.

Nadie sabe el día del regreso de Jesús, así que continuaremos esperando, justo como lo hicieron los creyentes en la primera iglesia. Los verdaderos creyentes se rehúsan a volverse a los ídolos (imágenes inmediatas pero falsas del poder divino) y disfrutar una expectación vigilante del día en que Jesús va a regresar con seguridad (1 Tesalonicenses 1:10).

1 JUAN

EN CONTEXTO

Datos generales
Escrito: *Alrededor del 90 d.C.*
Escrito por: *Juan, el discípulo.*
Estilo literario: *Una carta de ánimo e instrucción.*
En una frase: *Ignoren las enseñanzas falsas. Vivan rectamente. Ámense los unos a los otros. Recuerden que Jesús es Dios en la carne.*

ENDEREZAR EL BARCO

En algunas formas, Juan escribió su primera carta (que llamamos 1 Juan) para poner las cosas en claro. Tan pronto la Iglesia comenzó a organizarse comenzaron las discusiones teológicas.

—Posiblemente Jesús no era realmente humano –decía un grupo.

—Posiblemente como Jesús murió por nuestro pecado, ya no tenemos que tratar de dejar de pecar –dijo otro.

Juan escribió para responder a ese tipo de ideas. "Sí", dijo, "Jesús fue completamente humano y completamente Dios. Y sí, tenemos que batallar contra nuestras naturalezas pecaminosas con todo lo que tenemos, pero cuando caemos, hay perdón".

Juan escribió para advertirle a la gente acerca de las herejías así como de los falsos maestros que estaban difundiendo sus enseñanzas inmundas. También escribió para instruir a los cristianos en el camino del amor: Juan les recordó a sus lectores que la evidencia de la presencia de Dios en nosotros y con nosotros es el amor entre nosotros. Algunos de los versículos bíblicos más famosos acerca del amor se encuentran en 1 Juan.

Sin embargo, esta carta no es un tratado teológico. Es sólo un pensamiento tras otro. Es difícil poder bosquejarla, porque es mucha verdad en un sólo lugar.

Hijitos míos, no amemos de palabra ni de lengua, sino de hecho y en verdad.

Y en esto conocemos que somos de la verdad, y aseguraremos nuestros corazones delante de él; pues si nuestro corazón nos reprende, mayor que nuestro corazón es Dios, y él sabe todas las cosas.

1 *Juan* 3:18-20

Amados, si Dios nos ha amado así, debemos también nosotros amarnos unos a otros. Nadie ha visto jamás a Dios.. Si nos amamos unos a otros, Dios permanece en nosotros, y su amor se ha perfeccionado en nosotros.

1 *Juan* 4:11-12

PREGUNTAS

LA BIBLIA

Cuando los lectores comienzan a leer *1 Juan*, algunas veces tienen preguntas más específicas.

P. ¿Qué Juan escribió las cartas del Nuevo Testamento que llevan ese nombre?

R. *La tradición ha identificado al escritor de esas cartas como a Juan el hijo de Zebedeo (Marcos 1:19-20), el autor del libro de Juan y de Apocalipsis. Él era el discípulo que Jesús amaba (Juan 13:23). Las epístolas tienen una sorprendente semejanza en estilo y léxico con el evangelio de Juan. Los primeros padres de la Iglesia (Irineo, Clemente de Alejandría, Orígenes y Tertuliano) todos señalaban al apóstol Juan como el autor de 1, 2 y 3 Juan.*

Juan estaba suficientemente calificado para escribir. En 1 Juan 1:1-4, Juan exhibe sus credenciales como un testigo ocular de las palabras y las obras de Jesús. En la carta menciona dos veces que él mismo escuchó a Cristo (1:1,3). Seis veces hace referencia a haber visto a Cristo. En una ocasión (1:1) habla de haber tocado a Jesús con sus manos. Juan claramente no está contando historias de segunda mano. Él habló con autoridad apostólica.

EN CONTEXTO

Juan escribió uno de los versículos mejor conocidos acerca del amor de Dios en su evangelio. Las personas que sólo se saben un versículo de la Biblia normalmente se saben Juan 3:16: "Porque de tal manera amó Dios al mundo, que ha dado a su Hijo unigénito, para que todo aquel que en él cree, no se pierda, mas tenga vida eterna". Mucho del libro de 1 Juan es una forma amplificada de esta idea. De hecho, Juan casi vuelve a enunciar Juan 3:16 en 1 Juan 4:9: "En esto se mostró el amor de Dios para con nosotros, en que Dios envió a su Hijo unigénito al mundo, para que vivamos por él".

Juan era un hombre que rió, habló y viajó con Jesús. Fue uno de los mejores amigos de Jesús. Él debería saber, mejor que nadie, como explicarnos el amor de Dios.

2 JUAN

EN CONTEXTO

Datos generales

Escrito: *Alrededor del 90 d.C.*

Escrito por: *Juan, el discípulo.*

Estilo literario: *Una carta.*

En una frase: *Levanta la cara y abre tu corazón, pero vigila tu fe estrechamente.*

¡RESISTE!

La Biblia no es un libro parecido a una enciclopedia. No está lleno de datos que registran las acciones de Dios y las reacciones de la gente. Segunda de Juan es un buen ejemplo del estilo rebanada de vida de la Biblia. Es una carta que Juan le escribió a una mujer verdadera o a la Iglesia (utilizando *señora* como una metáfora).

Contiene cerca de la misma cantidad de palabras que caben en una hoja de papiro. Es una carta bastante personal, como la que le escribirías a un amigo que está pasando un tiempo difícil. ¿Qué le dirías? Le dirías que se concentrara en lo que es importante. Le dirías que tuviera la frente en alto. Le dirías que escuchara a las personas adecuadas. Eso fue lo que hizo Juan.

Concéntrate en lo importante: *"Este es el mandamiento: que andéis en amor" (2 Juan 6).*

Escucha a las personas adecuadas: "Cualquiera que se extravía, y no persevera en la doctrina de Cristo, no tiene a Dios" (2 Juan 9).

PREGUNTAS

LA BIBLIA

Cuando los lectores comienzan a leer *2 Juan,* algunas veces tienen preguntas más específicas.

P. ¿Quiénes eran los gnósticos?

R. *Los lectores de las cartas de Juan estaban siendo confrontados con un atractivo, pero peligroso, desafío a la verdad, un sistema religiosos llamado Gnosticismo. Este término viene de la palabra griega para conocimiento. La meta de este movimiento era adquirir sabiduría espiritual secreta y conocimiento especial, y por lo tanto lograr un estado más alto de existencia que los demás: la iluminación.*

Los gnósticos creían en dos esferas de la realidad. El mundo físico era maligno e inferior mientras que el mundo espiritual era bueno y digno. Por lo tanto, una de las ideas gnósticas era que Cristo no podía haber tenido un cuerpo físico real. Para ser verdaderamente bueno, el verdadero Jesús necesitaba haber sido un fantasma o un espíritu.

El gnosticismo produjo dos tipos de seguidores: aquellos que llevaban una vida ascética, renunciando al mundo físico maligno con sus placeres sensuales; y otros que se daban todo tipo de liber- tades en el mundo físico porque era inferior. Para este grupo, el placer físico estaba bien porque era irrelevante en el mundo real, dígase el espiritual.

Ambas versiones de gnosticismo pervertían la enseñanza bíblica acerca del valor de la creación material, la relevancia de la mayordomía sobre la tierra (incluyendo nuestro propio cuerpo), y la importancia del cuidado moral. Imaginar que Jesús era sólo un espectro era extremadamente peligroso para la enseñanza sólida de la Biblia que dice que Dios se hizo hombre. Buscar iluminación en ideas abstractas era desviar el alma de un Dios personal de amor. Juan dirigió a los primeros creyentes a evitar esta herejía, tal y como debemos hacerlo hoy en día. Aprende la fe de cristianos bíblicos, no de seguidores de aberraciones extrañas como estas.

3 JUAN

EN CONTEXTO

Datos generales
Escrito: *Alrededor del 90 a.C.*
Escrito por: *Juan, el discípulo.*
Estilo literario: *Una carta personal.*
En una frase: *¡Sigue adelante, haciendo bien las cosas! Pronto estaré allí para arreglar la lucha de poder.*

ACERCA DE LOS PROBLEMAS EN LA IGLESIA...

La tercera carta de Juan, como la segunda, puede caber en una sola hoja de papiro. Sin embargo, esta tercera carta, era todavía más personal. Estaba dirigida a Gayo.

Esto es lo que sabemos de Gayo: casi nada. Cuatro veces se menciona el nombre de Gayo en el Nuevo Testamento en rela- ción con la Iglesia, pero no sabemos si todos son la misma persona. Sin embargo, por esta carta, sabemos que ESTE Gayo era muy amado y apreciado por Juan. Sabemos que les daba hos- pedaje a los predicadores itinerantes como Juan y el apóstol

Pablo. Sabemos que Gayo era servicial. Podemos fácilmente asumir que Gayo era una buena persona que estaba consagrada a seguir a Dios y a hacer buenas obras. Era el tipo de persona que nos gustaría ser.

Juan le escribió a Gayo porque se había suscitado una lucha de poderes en la iglesia de Gayo. (¡¿Tan pronto!? ¡¿Ya había lucha de poderes en la Iglesia del primer siglo?!) Evidentemente Diótrefes había sido puesto (probablemente por Juan) a cargo de la iglesia. Sin embargo, más tarde, cuando Juan envió personas para supervisar la iglesia, Diótrefes no les permitía entrar. Juan le prometió a Gayo que él iría a arreglar el asunto pronto.

Debe haber sido una dificultad tratar con los problemas de la iglesia a distancia, tanto como hoy lo es hacerlo cara a cara.

TROCITOS DE LA BIBLIA
No tengo yo mayor gozo que este, el oír que mis hijos andan en la verdad.

3 Juan 4

PREGUNTAS

La Biblia

Cuando los lectores comienzan a leer *3 Juan*, algunas veces tienen preguntas más específicas.

P. ¿Por qué se dice que Dios es luz? (1 Juan 1:5)

R. *En la Biblia, luz indica lo que es bueno, puro y santo. Las tinieblas son sinónimo de pecado y maldad. Decir que Dios es luz es aseverar que Dios es perfectamente santo y puro. Sólo Dios es sin pecado. Él es el estándar de perfección y verdad por medio del cual todo es medido.*

La luz revela. La luz muestra la verdadera naturaleza de las cosas. Cuando son confrontadas por Dios, las personas dolorosa-

mente se dan cuenta de sus propios fracasos y pecados. La luz de Dios trae esta crisis dolorosa, y entonces nos suelta en verdadera libertad y gozo.

Como un reflector brillante, Dios guía a Sus criaturas para salir de las peligrosas tinieblas de sus vidas pecaminosas a un lugar de seguridad y paz. Las tinieblas y las luz no pueden coexistir (1 Juan 1:5-6). Para conocer a Dios, debemos dejar el pecado.

P. ¿Por qué Juan enfatiza tanto el amor? (2 Juan)

R. *Para los cristianos, el amor no es opcional; es el corazón que motiva todo lo que Dios nos ha llamado a hacer y ser. Cuando amamos, revelamos la realidad de nuestro Dios, y demostramos nuestra identidad verdadera como hijos de Dios. El amor es la tarjeta de presentación del creyente. Es la marca de Dios en nosotros. La gente que no conoce a Dios se sienta y toma nota de esta inusual libertad del temor y el egoísmo.*

Uno de los grandes rasgos distintivos de los primeros cristianos era su afecto de unos por los otros, provocando que incluso sus enemigos se maravillaran. Los cristianos han fallado en amar muchas veces, como la historia claramente muestra. El historial de la Iglesia está bastante sucio en su alto llamado de amarse los unos a los otros. Pero hacerlo con gozo es todavía nuestra tarea primordial: mostrar el carácter de Dios al compartir libremente y amar y edificar a otros en la gracia de Dios. No importa cuál sea tu trabajo o que tan grande o pequeña sea tu familia, el amor es tu primera prioridad, tu más alto privilegio y responsabilidad.

P. ¿Todos los que hacen el bien son cristianos? (3 Juan 1 1)

R. *Las leyes de Dios definen el bien, y mucha gente que no profesa la fe cristiana sigue esas leyes. Por ejemplo el mandamiento de honrar a los padres (Éxodo 20:13) y refrenarse de asesinar (20:13) son respetados y observados por cada cultura humana. En ese sentido, una persona puede ser fiel a la Ley de Dios mientras ignoran al Dios que la originó.*

Otras personas que viven en lo que vagamente llamamos culturas cristianas tienden a observar las leyes de Dios porque se reflejan en las leyes civiles del país y en los hábitos sociales de la gente. Robar y mentir está mal, primero porque Dios lo condena y luego porque el gobierno castiga lo primero y no aprueba lo último. Los incrédulos que encajan en una cultura cristiana tienen los beneficios de actuar de acuerdo con la Ley de Dios. Sin embargo, el acuerdo con la Ley, no es sustituto para la fe en Jesucristo, quién por sí solo pagó la deuda por nuestro apabullante fracaso en obedecer a Dios.

El otro lado de nuestra pregunta es el hecho lamentable de que muchos cristianos fallan en hacer el bien. El pueblo de Dios logra y fracasa en obedecer a Dios, y muchas personas sin fe hacen lo mismo. Pero Dios ha prometido juzgar a todos de acuerdo con el pago de Jesús en la cruz por nuestros pecados, no con haber cumplido la Ley. Nuestra sola confianza en Cristo nos salva, y nadie puede hacer lo suficiente para resarcir el rehusarse a pedirle a Dios, en fe humilde, la misericordia que Dios provee.

JUDAS

EN CONTEXTO
Datos generales
Escrito: *Alrededor del 90 a.C.*
Escrito por: *Judas, probablemente uno de los hermanos de Jesús.*
Estilo literario: *Una carta de advertencia.*
En una frase: *¡Cuidado con las personas que usan la gracia de Dios como excusa para la irresponsabilidad!*

¡NO LO VOY A PERMITIR!

Si tuvieras que describir el tono del libro de Judas y tus opciones fueran:

1. Festivo
2. De negocios
3. Intenso, tipo El gran hermano...

Definitivamente escogerías el número 3, un tono: intenso, tipo El gran hermano. Judas tenía algo que decir y esperaba que todos lo escucharan y lo tomaran tan en serio como él.

Verdaderamente, lo que Judas dijo SÍ ERA serio. Había identificado a personas que estaban destruyendo lo que Dios había creado en la primera iglesia. Escribió este libro como si estuviera diciendo: "No mientras yo viva". No sólo estas personas estaban enseñando doctrina falsa, estaban destruyendo la comunión, engañaban a otros y usaban a la gente para sus propios propósitos. Éstos básicamente decían que ahora que Dios había pagado el precio por nuestros pecados, ya no importaba lo que hicieran. Echaron la moralidad a la basura y animaban a todos los demás a hacer lo mismo.

Parece que casi cada herejía es una distorsión de la verdad. Si fueran mentiras completamente obvias, serían mucho más fácil de identificar. Esta herejía tomó algo bueno, la gracia de Dios, y la convirtió en algo malo, la falta de responsabilidad de mantener el pecado fuera de la vida del creyente. Judas no lo iba a permitir. Obviamente.

TROCITOS DE LA BIBLIA

JUDAS EN POCAS PALABRAS

Conservaos en el amor de Dios, esperando la misericordia de nuestro Señor Jesucristo para vida eterna. A algunos que dudan, convencedlos.

Judas 21-21

PREGUNTAS

LA BIBLIA

Cuando los lectores comienzan a leer *Judas*, algunas veces tienen preguntas más específicas.

P.¿Cómo puede una persona identificar un falso maestro? (Judas 8)

R. *Los falsos maestros le suman o le restan a la Biblia. A menudo tienen una revelación que supuestamente trae nueva información acerca de asuntos divinos; digamos, datos que la Biblia no revela.*

Los falsos maestros desmeritan la obra de Jesucristo al hacerlo menos que Dios encarnado. Tuercen la verdad acerca del significado de Su muerte, o rechazan la verdad de Su resurrección.

Los falsos maestros construyen pequeños imperios alrededor de tres torres de ministerio falso: dinero, sexo y poder. Crean estratagemas para sustraerles dinero a los seguidores. Practican la inmoralidad y entonces justifican su pecado torciendo alguna enseñanza bíblica. Manipulan a la gente para sus fines egoístas, comprobando la credulidad de la especie humana.

Los falsos maestros alimentan las tendencias populares, diseñando nuevas fórmulas para la felicidad y la salvación. Estas fórmulas a menudo prometen prosperidad a cambio de apoyo financiero, un contrato tan falso como comprar una propiedad en la ciudad perdida de la Atlantida. Aun así la gente se anota.

Los falsos maestros a menudo suenan como que están dando enseñanza cristiana, pero su mezcla de falsedad y verdad es dañina y, muchas veces, mortal. Al cristiano que quiere evitar pérdidas se le recomienda estudiar las Escrituras, conocer la historia de la fe, apoyar una iglesia sana y desarrollar una red de amigos cuyo progreso en la fe sea confiable y verdadero.

LIBRO PROFÉTICO

Apocalipsis es el único libro de profecía en el Nuevo Testamento. La mayor parte es una visión que tuvo Juan (el discípulo) mientras estaba exiliado en una isla llamada Patmos. Muchas personas consideran que Apocalipsis es un libro difícil de comprender. Puedes darte cuenta por qué cuando consideres esto: Es una descripción del cielo registrada por alguien que vive en un mundo que nunca ha visto un video, ni efectos especiales. ¿Tratar de describir otra dimensión con el mundo del primer siglo como comparación? Es una interpretación un poco imaginativa. Pero eso fue lo que hizo Juan, y en este libro tenemos una imagen de cosas bastante impresionantes.

APOCALIPSIS

EN CONTEXTO

Datos generales
Escrito: *Alrededor del 95 d.C.*
Escrito por: *Juan, el discípulo.*
Estilo literario: *Una visión profética.*
En una frase: *Ésta es la última página de la historia del mundo: el fin del mundo como lo conocemos.*

EL FIN DEL MUNDO

La mayor parte del libro de Apocalipsis es acerca del fin del mundo. En caso de que no lo hayas notado, mucha gente ha invertido mucha energía preparándose para, hablando de, estudiando acerca de y generalmente tratando de figurarse los detalles del fin del mundo. Una de las razones por la que es tan intrigante es que cuando la Biblia habla de él, es siempre en lenguaje figurado. A veces casi se siente como un rompecabezas. Mientras que la Biblia dice que Jesús va a regresar como un ladrón cuando nadie lo espere, de alguna forma no podemos evitar tratar de descifrar exactamente cuando regresará.

Sin embargo, tenemos que recordar que lo importante acerca

de la segunda venida de Cristo y el fin del mundo es el recordatorio de vivir cada día honorablemente y conectado con Dios, para que si éste fuera nuestro último día, que sea uno bueno.

LAS SIETE IGLESIAS

Antes de que el Apocalipsis de Juan entrara en sus imágenes alocadas del fin del mundo, Jesús les dio mensajes sencillos a siete Iglesias a través de Juan. La mayoría de los mensajes que Jesús dio eran tanto una advertencia como una felicitación. Aquí tenemos una reseña breve de cada uno de esos mensajes:

LA IGLESIA EN ÉFESO

Tú haces lo correcto: odias la maldad, trabajas duro, perseveras. Pero has perdido tu primer amor. Pon algo de corazón de vuelta en tu obediencia. (Apocalipsis 2:1-7)

LA IGLESIA EN ESMIRNA

Estos son tiempos difíciles para ti y se van a poner peor. Sé fiel y recuerda que tu sufrimiento no va a durar para siempre. (Apocalipsis 2:8-11)

LA IGLESIA EN PÉRGAMO

Has permanecido fiel a Dios en un lugar impío, pero no te has desecho de las influencias malignas. En esta forma te dejas a ti mismo en peligro. (Apocalipsis 2:12-17)

LA IGLESIA EN TIATIRA

Haces muchas cosas buenas, pero permites que las personas que enseñan mentiras sigan enseñando. ¿Cómo puedes quedarte con los brazos cruzados y no hacer nada? (Apocalipsis 2:18-29)

LA IGLESIA EN SARDIS

¡Despierta! Estás tan muerto. Tienes pocas personas que me son fieles, pero eres un muerto viviente como Iglesia. Necesito que pongas atención. (Apocalipsis 3:1-6)

La Iglesia en Filadelfia

Has sido fiel. Sigue adelante y te protegeré. (Apocalipsis 3:7-13)

La Iglesia en Laodicea

Eres complaciente. Estás en medio de la nada. Preferiría que fueras caliente o frío en lugar de tibio como eres. (Apocalipsis 3:14-22)

Efectos especiales

Después que Jesús da sus encargos a las Iglesias, el resto de Apocalipsis se lee como un despliegue de efectos especiales (o una novela de ciencia ficción, aunque no es novela ni es ficción). Juan está en medio de la visión de una dimensión completamente diferente a la que vivimos. Utiliza imágenes terrenales y lenguaje figurado para darnos una descripción lo más cercana posible. Pero, ¿qué tan posible es en realidad describir el cielo con el lenguaje de la tierra? Esta es una de las razones principales por las que Apocalipsis es tan intrigante y al mismo tiempo tan difícil de entender.

Básicamente, el fin del mundo va a ser un tiempo en el que el mal haga su última oferta por la lealtad de la gente, a través del liderazgo mundial. Va a haber intentos de controlar nuestra comida, nuestra lealtad y nuestra misma supervivencia y todo estará conectado con dónde pongamos nuestra fe. Ésta es una buena razón por la que las personas de fe se ponen tan estrictos cuando el gobierno trata de controlar su conducta en términos de sus creencias religiosas.

Glosario apocalíptico

Hay muchas opiniones diferentes acerca del orden de los últimos acontecimientos de nuestro mundo. Pero la mayoría está de acuerdo en que estos elementos comunes estarán presentes: Un poder maligno se va a levantar que finalmente va a reclamar que lo adoren. Jesús se va a llevar a los creyentes de la tierra. Va a haber algún tipo de marca o señal que va a ser requerida para que la gente pueda vender o comprar. Va a haber una gran batalla entre Jesús y el maligno líder mundial. Jesús va a ganar y Satanás será derrotado permanentemente. Entonces todos rendiremos cuentas por nuestras vidas.

Aquí hay algunos términos que seguramente has escuchado por ahí.

666: No sabemos exactamente cómo será usado este número, pero Apocalipsis 3:18 dice que el número de la "bestia" (parte del gobierno maligno) será 666. Aunque nadie sabe como será usado, todos, desde los productores de películas hasta los ecologistas saben que es un número del cual es bueno alejarse.

Anticristo: El Nuevo Testamento usa este término algunas veces para referirse a falsos maestros que tratan de influenciar a la gente para alejarla de Cristo, pero en Apocalipsis este término se aplica a cierto líder muy poderoso, probablemente con una plataforma política, quien estará en el poder durante tres años y medio. Finalmente va a querer que el mundo lo adore y entonces será derrotado por Cristo mismo.

Armagedón: El lugar de la batalla final entre Cristo y el Anticristo, entre el bien y el mal.

Cielo: Apocalipsis promete un cielo nuevo y una nueva tierra. El cielo será nuestro hogar cuando el mundo conocido termine y desaparezca.

Juicio final: Esto es cuando vamos a enfrentar a Dios y vamos a dar cuentas por nuestras vidas. En este punto lo más importante va a ser si confiamos en la muerte de Cristo para limpiarnos de pecado o si equivocadamente (y neciamente) confiamos en nuestra propia bondad para hacerlo.

Milenio: Un milenio son mil años. El milenio en Apocalipsis son mil años en los que Jesús reinará en paz. Hay diferentes opiniones acerca de cuando va a suceder en el orden de los acontecimientos de los últimos tiempos.

Rapto: Este es un acontecimiento único cuando Jesús va a llamar inmediatamente a todos los cristianos a casa al cielo. Algunas veces este término es usado como equivalente a la segunda venida de Cristo.

Tribulación: Este término se refiere a un tiempo de terror y dificultades para los creyentes en la tierra. Algunas personas creen que este periodo de siete años sucederá antes de que Cristo regrese y ocurra el rapto. Otros creen que sucederá después de eso.

PREGUNTAS

LA BIBLIA

Cuando los lectores comienzan a leer Apocalipsis, algunas veces tienen preguntas más específicas.

P. ¿Se debe entender literalmente el Apocalipsis? (Apocalipsis 1:1)

R. *Apocalipsis utiliza tres tipos de géneros literarios. Primero, es una carta escrita por el apóstol Juan a siete Iglesias en Asia. Segundo, es profecía, hablando el juicio de Dios y Su verdad. Finalmente, es escritura apocalíptica, una forma común de literatura judía.*

La literatura apocalíptica ha sido escrita para la gente bajo persecución. Contiene imágenes simbólicas y visiones y mira hacia el triunfo de Dios al final del tiempo para dar esperanza a los fieles. La literatura apocalíptica no se escribe en orden cronológico, sino de acuerdo con prioridades de contenido. Además, algunas visiones o sueños contienen símbolos que desatan la imaginación, poderosos, y que se leen como una fantasía —una bestia con siete cuernos (Apocalipsis 13:1) o langostas con colas de escorpión y cabezas humanas (Apocalipsis 9:10).

El lector de Apocalipsis debe decidir si un pasaje es epistolario, profético o apocalíptico, luego si es figurado o literal. Los detalles de este importante proceso interpretativo van a requerir un estudio más profundo a través de comentarios bíblicos, idioma original y meditación teológica.

P. ¿Qué son Las Siete Iglesias? (Apocalipsis 2-3)

R. *Juan está escribiendo a siete Iglesias en Asia que están sufriendo creciente persecución de Roma. Mientras estas Iglesias enfrentan la presión y las tentaciones de vivir en una cultura pagana, queda la pregunta de si servirán al Señor fielmente hasta el final. Juan escribe para confirmar la soberanía y la fidelidad de Dios, y para alentar a las Iglesias a resistir firmes.*

Las cartas contienen saludos a cada Iglesia, una declaración de cómo va la Iglesia, una recomendación o advertencia, la orden de perseverar y una promesa. Las siete cartas juntas describen lo que debilita la fe de las Iglesias y los individuos: perder la pasión inicial por Jesús, perder la esperanza, llegar a tolerar el pecado, permitir cierta inmoralidad y tener una fe tibia o inactiva.

A pesar del déficit en el que estaba cada Iglesia, todavía son candelabros; todavía iluminan el Evangelio de Cristo al mundo. Son modelos para las iglesias de hoy acerca de la responsabilidad y la dificultad de mantener fuerte la fe bajo la adversidad.

P. ¿Qué es la gran tribulación? (Apocalipsis 7:1 4)

R. *El significado de este término debe ser integrado junto con otros términos: el rapto, el milenio y la identidad de ciento cuarenta y cuatro mil personas escogidas.*

La teología dispensacional identifica a la gran tribulación como el periodo de siete años de dolor y desenfreno, la última y más grande oportunidad de Satanás para el mal antes de que la segunda venida de Cristo inaugure el Reino celestial de Dios. Este punto de vista ganó mucha popularidad a través de la Biblia Anotada Scofield y en los sesenta, a través de los escritos de Hal Lindsey. En esta teología, el rapto ocurre antes de la tribulación (aunque algunos piensan que el rapto ocurre a la mitad de la tribulación) o después de ella.

Una interpretación más alegórica identifica el término como el periodo de guerra espiritual que la Iglesia soporta durante su historia. A pesar de gran conflicto con Satanás, el mensaje del

Evangelio llega a todas las naciones; las Buenas Nuevas de Dios dadas por aquellos que aman a Dios más que a la vida.

P. ¿Qué significa el número 6 6 6 ? (Apocalipsis 1 3 :1 8)

R. *O el nombre es una manera clave de identificar a una persona real (igual a la suma de los equivalentes numéricos de las letras de un nombre) o es un símbolo del mal.*

La última interpretación se deriva de la idea de perfección asociada con el número siete (siete días de la creación, siete candelabros, etc.) y la idea de plenitud asociada con el número tres (las tres personas de la trinidad). Bajo estos términos, el número seis repetido tres veces indicaría completa imperfección, o sea, maldad. Esto llena el perfil de la bestia descrita en el libro.

Algunos comentaristas del primer siglo pensaban que Nerón, emperador de Roma (54-68 d.C.) y perseguidor de los cristianos, era la persona de la que se hablaba en este texto. El valor numérico de su nombre en hebreo suma 666.

P. ¿Cómo van a ser el cielo nuevo y la tierra nueva? (Apocalipsis 2 1 :1)

R. *Apenas y tenemos cierta idea. Seguramente van a ser más allá de lo que podamos imaginar. Las imágenes de la Biblia sugieren un ambiente de calidad superlativa sin disminución de recursos. La competencia también es eliminada, dejando fuera todo incentivo posible al egoísmo, atesoramiento o propiedad privada. Sin embargo, el enfoque central de la felicidad en el relato bíblico, no es la riqueza del ambiente, sino siempre la inmediata presencia de los creyentes con el Dios trino.*

Después de la derrota definitiva de Satanás y el fin del mal y de la muerte, todos los que han creído en el Señor Jesucristo van a estar para siempre en la presencia de Dios. Sin importar qué tan difícil, dolorosa o desalentadora haya sido la vida en la tierra, aquellos que confíen en Jesús se unirán a Cristo por la eternidad.

6. ¿CÓMO USO LA BIBLIA?

La Biblia no es sólo para ponerla en el librero, o para llevarla a la iglesia. Es para leerla y entenderla. Es para cambiar nuestros corazones, nuestros hábitos y nuestras vidas. Aquí te damos otras ideas.

¿CÓMO USAR LA BIBLIA?

¿Has tenido una de esas hermosas toallas en el baño, de ésas que nadie usa? Se ven muy bien colgadas, combinan con los colores del baño, y son decorativas. No tienen el propósito de limpiar o secar, sólo son bonitas; y causa consternación cuando alguien las ocupa para secarse las manos.

En ocasiones la Biblia es tratada como una toalla para invitados. Porque este poderoso y sagrado libro a veces lo mantenemos tan lejos de nosotros que no permitimos que haga lo que debería hacer en nuestras vidas. No le damos la oportunidad de que nos cambie, de que nos haga crecer, ni de que Dios nos murmure al oído o hable a nuestros corazones.

Cuando originalmente los libros de la Biblia fueron escritos, eran documentos prácticos. Estaban escritos en un lenguaje coloquial. A pesar de que algunos libros fueron escritos como sermones o canciones, ellos mantenían el objetivo de ayudar a la gente en su vida diaria y no sólo en los grandes momentos. A menudo los libros eran escritos con urgencia.

UN PANORAMA

Usar la Biblia incluye saber lo que dice, entender lo que significa, aplicarlo a nuestra vida y permitir que nos haga mejores personas. Aquí hay una manera de hacerlo más fácil:

Como un compañero. Necesitamos saber lo que la Biblia dice. Necesitamos interactuar con las verdades de la Biblia regularmente. Es fácil pensar: "Oh, realmente necesito estudiar la Biblia, pero no tengo tiempo realmente para hacerlo como se debe". Entonces pasan semanas e incluso años y nunca hacemos nada de nada con la Biblia porque pensamos que no tenemos el tiempo para involucrarnos en la manera que deberíamos. Las buenas noticias son que existe una manera no tan consumidora de tiempo. Posiblemente nunca tengas tiempo para hacer un estudio profundo palabra por palabra. De cualquier manera, sólo leer la Biblia un poco cada vez es un elemento importante de permitir que Dios use Su verdad para transformar tu vida. Mucha gente le llama a esta práctica *tiempo devocional* o *el devocional*.

Cómo guía. Necesitamos entender lo que la Biblia quiere decir. Algunas veces, no es suficiente leer la Biblia. Algunas veces necesitamos estudiarla. Necesitamos ser capaces de profundizar un poco más en un pasaje de la Biblia y entenderlo de cabo a rabo. Necesitamos usar el cuaderno y la pluma. Podemos usar la Biblia como una guía que nos ayude a descifrar la vida.

Como una herramienta. Necesitamos aplicar la verdad de la Biblia a nuestra vida. Estudiar la Biblia no es sólo conocer la información. Es acerca de conocer a Dios. Se trata de interactuar con la verdad que nos transforma. Podemos usar la Biblia como una herramienta que va a esculpirnos hasta que seamos mejores imágenes de Dios en el mundo.

Una fuente de sabiduría. Necesitamos llegar a ser mejores personas a causa de la obra que Dios va a hacer en nosotros a través de las verdades de la Escritura. Una vez que sabemos lo que hay allí, necesitamos meditar en ello, empaparnos, dejarlo que nos suavice y nos moldee. Podemos usar la Biblia para cambiar no sólo nuestros hábitos y nuestros actos, sino nuestra perspectiva y nuestro propio calibre personal.

Eso es esperar demasiado de un libro, ¿no? Eso es lo que hace a la Biblia, la Biblia.

LA BIBLIA COMO UN COMPAÑERO

Mucha gente ha leído la Biblia todos los días por años. Son personas que apartan un poco de tiempo en alguna parte de su día y se sientan a leer. Posiblemente los escuches hablar de su tiempo devocional. Lo hacen un hábito, como hacer ejercicio o desayunar.

En un mundo que gira cada vez más rápido, tener un devocional regular tiene ventajas en cada nivel de nuestra vida. Nos ubica. Nos acalla. Pone a ese molesto caballo delante del carro. Hace de la Biblia un amigo bienvenido con quien conversamos a diario. Le da la oportunidad a Dios de alinear nuestra agenda con la Suya.

Un devocional usualmente consiste de estas cosas:

- *Quietud.* La quietud es algo que posiblemente no tengas todos los días si no haces deliberadamente que suceda. La quietud es prácticamente un prerrequisito para escuchar a Dios hablar aún y cuando la quietud casi se ha extinguido en nuestra cultura. Estar quietos nos prepara para escuchar de Dios y aprender de lo que leamos.

- *Lectura bíblica.* Hay algo acerca de leer la Biblia que nos conecta con cosas buenas. Muchas personas siguen un plan de lectura similar al que se incluye en esta sección. De esa manera saben qué leer cada día. Otros simplemente escogen un lugar y comienzan a leer. Cualquiera de las dos formas, es algo bueno abrir la Biblia y dejar que Dios te hable.

- *Oración.* La oración es escuchar y hablar. Cuando estamos callados y quietos y nos abrimos a Dios, eso es orar. Cuando ponemos nuestra adoración en palabras audibles, eso es orar. Cuando le pedimos a Dios que nos ayude a nosotros o a alguien que conocemos, eso es orar. La oración es realmente un sencillo acto de fe. Cuando oramos estamos poniendo en práctica que creemos que Alguien nos está escuchando. Sin importar que tan tenue sea esa fe, es lo que Dios pide de nosotros.

Si hacemos estas cosas, aun por un breve espacio de tiempo, entonces enfrentamos la vida con mayor valor y fuerza. Tenemos un poco más de combustible para hacernos seguir adelante, un poco más de municiones para matar las locuras cuando la vida nos abruma, un poco más de oportunidades para permitirle a Dios hacer Su voluntad en nosotros, más que vivir nuestra vida apartados de Él. Leer la Biblia es importante.

Si tú creciste en la iglesia, entonces debes haber escuchado mucho acerca del devocional. Como leer la Biblia es un buen punto de partida fundamental para una vida de fe, es a menudo la primer cosa que la gente hace cuando busca a Dios. Sin embargo, a veces surge un problema cuando una persona deja de tener incluso un rápido devocional. A menudo escuchas algo como: "A veces siento como que sólo lo hago por cumplir. Me pregunto si es bueno leer la Biblia sólo por el beneficio de ser constante". Lo siguiente que escuchas es: "Voy a tomar un descanso hasta que sienta que mi corazón realmente está dispuesto a involucrarse".

¿QUÉ HAY DE CENAR?

Leer tu Biblia es como alimentarte espiritualmente. ¿Qué crees? Cuando hablamos de cómo leer la Biblia, la respuesta es una ensalada de opciones. Diferentes personas flotan hacia diferentes planes de estudio bíblico. Escoge uno que se adapte a tu personalidad.

El entremés. Si apenas estás comenzando a estudiar la Biblia, comienza con algo que sea realmente fácil de digerir. Comienza con algunos de los pasajes más fáciles de leer, y los mejor conocidos. Aquí hay algunos.

- Juan 14
- Romanos 8
- Salmos 23
- Salmos 150
- 1 Juan 1
- Juan 10
- 1 Corintios 15
- Hebreos 11
- Lucas 24
- Mateo 5-7
- Salmos 1

Después de haber despertado tu apetito, trata de leer todo un libro, como Juan, Hechos, 1 Juan, Romanos o Efesios. Algunos libros introductorios del Antiguo Testamento incluyen Salmos, Proverbios, Rut. Bueno, tienes que empezar por alguna parte.

Un plato de muestras. Muchas Biblias incluyen planes para leer la Biblia completa en un año. Algunas Biblias incluso vienen divididas en 365 lecturas que combinan secciones del Antiguo, el Nuevo Testamento, Salmos y Proverbios cada día. La mayoría de estos planes te toman de quince a veinte minutos diarios de lectura pero te dan variedad. También pueden ser ajustados para alcanzar de dos a tres años, si por ahí quieres andar.

Pollo con papas. Comienza en la página uno y lee toda la Biblia (no toda en una sentada, por supuesto). Mucha gente sigue este plan que es el más sencillo de todos aunque haya tantas ayudas para el estudio bíblico o planes de lectura disponibles en las librerías cristianas. Lo que hace que este método sea un poco difícil es que el principio de la Biblia incluye algunas cuentas que puede ser tedioso leer. Ten cuidado de no quedarte varado por eso.

El especial del día. Sigue una guía de estudio bíblico, sea una que estudia un tema de interés para ti, o una enfocada en uno de los libros de la Biblia. También te puedes unir a un pequeño grupo de estudio y estudiar con alguien.

Aquí hay algo importante que recordar. Casi todo en la vida requiere equilibrio. Compartir unos pocos momentos con la Biblia (por lo tanto: con Dios) constantemente (lo cual significa lo suficientemente seguido que lo extrañas cuando no lo haces) es la manera de hacernos permanecer en una vida de fe. Pero la manera de llevar ese devocional puede tomar muchas formas diferentes. Algunas personas leen la Biblia del principio al fin. Otros siguen guías devocionales que incluyen un pasaje de la Escritura. Y otros más leen libros acerca de la Biblia.

Nuestro viaje con la Biblia debe ser como el hilo de un tejido. Algunas veces es muy prominente, otras puede ser muy profundo. Otras veces estará en la superficie, pero siempre necesita estar ahí.

Si sientes como que lo estás haciendo sólo por cumplir, posiblemente la respuesta es: no dejar de hacerlo, sino encontrar una nueva forma de hacerlo. El equilibrio entre los nuevos descubrimientos y la misma vieja rutina es a menudo el pegamento que mantiene a una persona unida en el largo plazo. Sigue conectándote.

La Biblia como una guía:
ESTUDIA LA VERDAD

Estudiar la Biblia es mucho más que leerla. Estudiar la Biblia es leer con un cuaderno y una pluma a la mano para tomar apuntes y para profundizar un poco más en lo que estás leyendo.

Pero la unción que vosotros recibisteis de él permanece en vosotros, y no tenéis necesidad de que nadie os enseñe; así como la unción misma os enseña todas las cosas, y es verdadera, y no es mentira, según ella os ha enseñado, permaneced en él.

1 *Juan* 2:27

En otras palabras, estudiar la Biblia es invitar a Dios a que sea tu maestro. Eso es algo increíble. Puedes tomar una clase nocturna de parte de Dios mismo.

PIÉNSALO DE ESTA MANERA

Aquí hay una advertencia final acerca de tener un devocional diario. Más que cualquier otra disciplina, esta parece asignarse toda la responsabilidad de marcar nuestro nivel de espiritualidad. Si somos muy constantes, nos sentimos bien. Si no, a menudo nos sentimos como un fracaso. Francamente, debemos deshacernos de eso.

Piénsalo de esta manera. Imagina que un esposo y su esposa acuerdan hablar una hora todos los días. Entonces permiten que ese sea el barómetro de su relación. Sería algo bueno si cumplen con ese compromiso, pero no sería suficiente para ser la base de toda la relación. ¿Qué hay acerca de si se están sirviendo el uno al otro, o si se apoyan mutuamente o cuidan de sus hijos y su hogar? Serían necios en SÓLO definir su relación por si cumplieron con su compromiso de conversar. Sería algo tan necio como ni siquiera tratar de cumplir con ello.

Obviamente, por la forma en la que Dios les habló a los hebreos en el Antiguo Testamento, Él quería que su relación con Él fuera una prioridad. Él quiere lo mismo con nosotros. Pasar tiempo leyendo la Biblia es una de esas formas. Pero nuestra relación con Dios es más grande que eso. No se trata sólo de nuestros esfuerzos. Mantén el equilibrio.

? **P. ¿Cuándo es el mejor momento para leer mi Biblia?**
R. Temprano en la mañana es una buena opción, pero dependiendo de tu horario, tal vez eso no es posible. Lo importante es que escojas cierta hora que puedas hacerlo todos los días constantemente, a la hora que te convenga.

Sí, a veces puede ser un poco intimidante pensar en estudiar la Biblia. Si alguna vez has pasado tiempo con los eruditos, los has escuchado hablar de *hermeneútica* y *exégesis* y palabras griegas que suenan como a: "Desoxi-burro-nucleicon". Pero, recuerda esto: estudiar la Biblia no es una práctica esotérica reservada para monjes y predicadores. El propósito de que tengas la Biblia en tu propio idioma y estantes llenos de ayudas de estudio es que cualquiera pueda estudiarla.

¿Dónde comenzar? Empieza con tu propia curiosidad. ¿Acerca de qué quieres saber? ¿Hay algún pasaje que te guste particularmente? ¿Un libro de la Biblia al que realmente respondes cuando lo lees? ¡Empieza allí! Aquí hay algunos consejos.

Comienza con las ayudas de estudio en tu propia Biblia. Muchas Biblias tienen notas a pie de página o repartidas a lo largo del texto. Estas anotaciones no son inspiradas por Dios. Están escritas por personas normales que han estudiado ese pasaje de la Escritura. Lee las anotaciones. Busca los otros versículos a los que hacen referencia las anotaciones. Mira lo que la Biblia tiene que decir acerca de los versículos que estás leyendo.

Aquí hay algunas categorías o métodos de estudio bíblico.

ESTUDIO POR PALABRA

Puedes aprender mucho al investigar cierta palabra. Por ejemplo, supongamos que estás leyendo en Colosense y lees:

> *Vestíos, pues, como escogidos de Dios, santos y amados, de entrañable misericordia, de benignidad, de humildad, de mansedumbre, de paciencia;*

> *Colosenses 3:12*

Entonces piensas: "Mmmm, *misericordia*. ¿Tengo suficiente misericordia? Creo que me gustaría explorar eso un poco".

Eso significa que vas a hacer un estudio por palabra con *misericordia*. Así que tomas tu pluma y cuaderno y escribes *misericordia* hasta arriba, y entonces debajo de ella escribes Col. 3:12. Ese es tu punto de partida. Junto a Col. 3:12 escribes lo que puedes aprender de la *misericordia* en ese versículo: "Necesito mostrar misericordia por mi manera de vivir".

Siguiente. Buscas las anotaciones de estudio que tu Biblia tiene para Col. 3:12 para ver si hay alguna información acerca de la *misericordia*.

Si no, entonces te vas a la concordancia que viene en la parte final de tu Biblia, si es que tiene. Una concordancia es como un índice. Para cada palabra que tenga, te da una lista de versículos que contienen esa palabra. No olvides que la concordancia que viene con tu Biblia lo más probable es que no sea una concordancia *exhaustiva*. Eso significa que no enlista todos y cada uno de los versículos que contienen la palabra *misericordia*.

Pero, escribe los versículos que sí vienen y búscalos. Haz anotaciones al lado de cada uno de ellos que te digan más acerca de la *misericordia* y como incorporarla a tu vida.

Si quieres ir un paso más allá en este estudio de palabras, entonces consulta una concordancia exhaustiva. Éste es un libro aparte que es un gran índice de la Biblia. Puedes encontrarlas en las bibliotecas y llevarte una (o si es un libro de referencia, úsalo sólo allí). Puedes encontrarlas en las librerías y las bibliotecas de las iglesias. También puedes ir a tu sitio favorito en internet para comprar libros y hacer una búsqueda con la palabra *concordancia*. Adondequiera que acudas, es casi seguro que vas a encontrar entre las concordancias una que lleve el nombre de *Strong*. Es una concordancia tradicional que se ha convertido en la norma. También vas a encontrar otras. Antes de que compres una, fíjate a qué versión corresponde. La concordancia Strong originalmente estaba basada en la versión de la Biblia en inglés: King James Bible, pero también sirve ahora para las demás versiones tanto en inglés como en español.

Cuando busques *misericordia* en una concordancia exhaustiva, vas a contar con todavía muchos versículos más para consultar y comparar. Apunta lo que encuentres acerca de la *misericordia* en cada versículo. Marca los versículos que usan la palabra que estás buscando en una forma completamente distinta y que no te ayudan con tu estudio particular.

Cuando hayas visto la manera en la que *misericordia* es usada en toda la Biblia, regresa y lee tu versículo original otra vez. Hasta abajo de la hoja escribe tu propia definición de *misericordia* y lo que significa en tu vida, basándote en todo lo que leíste.

Éste es un ejemplo muy simplificado de un estudio por palabra.

¿SABÍAS QUÉ?

?

Otra opción para las concordancias es comprar una concordancia para computadora. De esta forma puedes hacer la búsqueda de una palabra y verla en la pantalla. Sólo tú conoces bien tu relación con tu computadora lo suficiente como para saber si esto es una ayuda o un obstáculo para ti. Si vas terminar aventando tu computadora y tu Biblia por el balcón, no lo intentes.

HOJA DE TRABAJO PARA ESTUDIO POR PALABRA

La palabra que estoy estudiando: _____

_____

Versículo   ¿Qué me dice éste versículo acerca de la
                   palabra que estoy estudiando?

_____   _____

_____   _____

_____   _____

_____   _____

_____   _____

_____   _____

_____   _____

_____   _____

Entonces, ¿qué aprendí de: _____
con todo esto?

_____

_____

_____

_____

_____

_____

_____

Estudio versículo por versículo

Mientras que un estudio por palabra va brincando de un lado a otro de la Biblia según la palabra que estés estudiando, un estudio versículo por versículo recorre detenidamente una sección de la Biblia. Por ejemplo, si lees Colosenses 3:12, en el proceso de estar leyendo Colosenses para hacer un estudio versículo por versículo, podrías preguntarte muchas cosas como éstas:

Vestíos, pues, como escogidos de Dios...

¿Qué significa que Dios mes escogió? ¿En que se diferencia de que yo lo haya escogido a Él?

...santos y amados,

¿Cómo sé si soy santo? ¿Qué tipo de santidad quiere Dios para mí? ¿Cómo afecta el amor de Dios mi santidad? Posiblemente aquí realices un estudio por palabra de *santidad* o simplemente busques su definición o encuentres un personaje de la Biblia que era considerado santo. Entonces vas de regreso al versículo.

de entrañable misericordia, de benignidad, de humildad, de mansedumbre, de paciencia.

¿Cómo puedo vestirme con esas actitudes? ¿Puedo hacerme misericordioso? ¿Humilde? ¿Benigno? ¿Paciente? ¿Qué significan cada una de ellas y cómo puedo vestirme de ellas?

Después de haber definido tus preguntas, posiblemente quieras usar un diccionario que tengas por ahí para contestar algunas de ella. Puedes buscar *santo* sólo para ver qué significa. Tus apuntes posiblemente te den la idea de estudiar *elección* para saber como Dios te *escogió* a ti.

También puedes hacer algunos estudios por palabra. Por ejemplo, puedes hacer un estudio por palabra de cada una de las virtudes enlistadas. Por otro lado, puedes sentarte delante de Dios

y pedirle que te enseñe más acerca de lo que ese versículo significa. Por ejemplo, "santos y amados". Puedes pedirle a Dios que te
muestre las maneras en las que te ama, para que comprendas más
el tipo de persona que Él quiere que seas.

¿SABÍAS QUÉ?

? Mientras estudias tu Biblia, probablemente
consigas algunos libros de ayuda, como una
concordancia, que ya han sido mencionadas, o
un diccionario bíblico. Un diccionario bíblico
da más información acerca de un tema donde el versículo
está enlistado.

Otra ayuda bíblica de estudio a la que posiblemente
quieras recurrir es un *comentario*. Un *comentario* son los
comentarios de alguien más acerca de secciones de la Biblia.
Si sabes que vas a estar estudiando cierto libro, posiblemente quieras comprar o consultar un *comentario* sobre ese
libro para ver los resultados de los estudios de alguien más.
Un *comentario* es un ejemplo sencillo de un estudio versículo por versículo.

ESTUDIO TEMÁTICO

Estos se explican solos cuando comienzas a ejecutarlos. Un
estudio por palabra comienza con una palabra en la Biblia. Un
estudio versículo por versículo comienza con un versículo. Un
estudio temático (no automático, temático) comienza con un
tema. Digamos que, durante la última semana te has estado ajus-
ticiando a todos en la casa y en el trabajo, así que decides hacer
un estudio temático sobre *misericordia*.

Primero, debes consultar lo que significa la palabra *misericordia*, incluyendo otras palabras que signifiquen casi lo mismo
que *misericordia*. Entonces consultas esas palabras en una concordancia y comienzas a rastrearlas.

Mientras revisas los versículos posiblemente notes si hay
alguna persona en particular que la Biblia la relacione con la

misericordia. (Probablemente descubras que David le mostró misericordia al rey Saúl en el Antiguo Testamento.) Una vez que encuentras a tu personaje misericordioso, lees acerca de ellos. ¿Cómo fue que la misericordia se mostró por sí sola en su vida?

También puedes ver si en la biblioteca o la librería hay libros sobre la misericordia, lee esos libros como parte de tu estudio. Ésta es una versión simplificada de un estudio temático.

Grupos de estudio bíblico

Usualmente no necesitas buscar demasiado para encontrar un grupo de estudio bíblico. El lugar más cercano para encontrar uno es la escuela dominical (cursos matutinos) de alguna iglesia cerca de tu casa. Tradicionalmente, las iglesias se forman de muchos grupos que están estudiando la Biblia. Las iglesias a menudo cuentan con muchos otros tipos de estudios bíblicos. Si la iglesia es lo suficientemente grande para publicar un boletín para sus propias reuniones, toma uno y revísalo. A menudo vas a encontrar una lista de estudios bíblicos que se llevan a cabo entre semana sea en la iglesia o en los hogares de las personas de la iglesia.

Posiblemente quieras llamar a la oficina de la iglesia y preguntarle a la secretaria (quien usualmente sabe mejor que nadie lo que está pasando) acerca de los grupos de estudio bíblico. Asegúrate que el grupo sea un grupo de estudio y, si puedes, averigua lo que están estudiando. Usualmente te van a dar el teléfono del líder del grupo. Pregúntale al líder lo que está sucediendo. Pregúntale cuando comienza el siguiente estudio o si puedes unirte al que están llevando en ese momento.

P. ¿Estoy teniendo problemas para hacer tiempo, alguna sugerencia?

?

R. *Posiblemente quieras hacer un compromiso con tu amigo quien también está tratando de leer la Biblia todos los días. Posiblemente quieras evaluar el tiempo que has apartado para hacer esto. La vida es suficientemente difícil por sí sola. ¿Hay un momento en tu horario que es más conveniente, o un momento que se presta más conforme a tu discrecionalidad?*

Si no puedes encontrar un grupo de estudio bíblico del cual formar parte, puedes comenzar uno. ¿Cómo? Bueno, puedes juntar a algunas personas y comprar un libro de estudio bíblico grupal para seguirlo (hay toneladas de ellos en las librerías cristianas) o simplemente vayan leyendo un libro de la Biblia y hazle al grupo las mismas preguntas que te harías a ti mismo:

- ¿Qué significó este versículo a las personas que fue escrito?
- ¿Qué significa para nosotros hoy?

Esa es una descripción sencilla de un grupo de estudio bíblico. Más adelante hay una hoja que puedes reproducir para conducir un grupo de estudio bíblico o un estudio bíblico personal para ti mismo.

De la forma en la que escojas estudiar tu Biblia, es un proceso que va un paso más allá que solamente leer las palabras. Estudiar la Biblia significa leer las palabras y entender lo que significan. Estudiar la Biblia significa escudriñar a través de las ideas de otras personas y sentarte en la presencia de Dios mientras se te ocurren las tuyas propias. Es pedirle que te enseñe mientras avanzas y confiar en que Él lo va a hacer. Estudiar la Biblia es se lo suficientemente valiente para decir: "En este punto de mi vida, lo mejor que puedo decir con la ayuda de Dios, es que esta verdad significa esto para mi vida".

Si quieres hacer más estudio bíblico por ti mismo, usa la lista de fuentes que vienen al final de este libro como una lista de regalos de cumpleaños y comienza a profundizar. Va a valer tu tiempo.

¿SABÍAS QUÉ?

? Lo bueno de los grupos de estudio bíblico es que escuchas muchas ideas. Lo malo de los grupos de estudio bíblico es que escuchas muchas ideas. Mmmmmmm. Dos lados de la misma moneda. Recuerda que toda la gente tiene su propia idea de lo que significa una palabra o frase en la Biblia. Sin embargo, lo que es importante es cualquier estudio es que descubras cuál el propósito de Dios para ese pasaje y como debe ser afectada tu vida por la verdad encerrada en él.

PIÉNSALO DE ESTA MANERA
DIFERENCIAS DE OPINIÓN

A veces es difícil reconciliar las diferencias de opinión sin importar acerca de qué sean las opiniones. Cuando estás hablando de la Biblia, hacer concordar las opiniones que difieren es todavía más difícil. Por eso, históricamente, se han desatado guerras y revoluciones a causa de interpretaciones bíblicas rivales. Aquí hay algunos consejos que te van a ayudar a resolver esos lugares estrechos.

• Reconoce las diferencias que hay en lugar de tratar de resolverlas o ignorarlas. Puedes acordar en no estar de acuerdo.

• No te desanimes por las discusiones. Todos estamos en un proceso. No aprendemos al mismo ritmo o al mismo tiempo.

• No todos los asuntos son asuntos en blanco y negro. No te conviertas en un legalista. Aprende a un poco mientras creces y obtienes más información.

HOJA DE ESTUDIO BÍBLICO

PASAJE: _____

¿A quién se le escribió este versículo?

_____

_____

1. ¿Hasta donde tú sabes, por qué se escribió?

_____

_____

2. Si tuvieras que escoger un tema para este pasaje, ¿cuál sería?

_____

_____

3. ¿Cuál fue la importancia de este pasaje para los primeros que lo leyeron?

_____

_____

4. ¿Cuál es la importancia de este pasaje para mí el día de hoy?

_____

_____

5. ¿Cómo puede afectar mis acciones la verdad de este pasaje?

_____

_____

6. ¿Si tuviera que resumir el pasaje a manera de sinopsis (uno o dos enunciados), qué escribiría?

_____

_____

_____

LA BIBLIA COMO UNA HERRAMIENTA:
APLICA LA VERDAD

La Biblia no es una enciclopedia o una novela. No es un solo juego de datos y gráficas, argumentos y poemas. Dios nos da la Biblia para comunicarse a Sí mismo a nosotros y para cambiar nuestras vidas a través de ese conocimiento de Él. Santiago, cuyo libro se encuentra casi al final del Nuevo Testamento, tenía mucho que decir hacer de aplicar la Biblia a nuestra vida.

> *Hermanos míos, ¿de qué aprovechará si alguno dice que tiene fe, y no tiene obras? ¿Podrá la fe salvarle?*
>
> *Santiago 2:14*

> *Hijitos míos, no amemos de palabra ni de lengua, sino de hecho y en verdad. Y en esto conocemos que somos de la verdad, y aseguraremos nuestros corazones delante de él.*
>
> *1 Juan 3:18-19*

VENDAJES Y VERSÍCULOS BÍBLICOS

El asunto es más o menos así: Si te cortas la mano, necesitas ponerle un vendaje. Si ese vendaje está guardado en el cajón en su envoltura, no sirve de nada. El vendaje sólo sirve cuando lo aplicas a la herida.

P. ¿Qué tipo de Biblia debo usar?

R. Eso depende de ti. Revisa el capítulo en este libro que trata acerca de las traducciones. Algunas Biblias son más formales que otras. Escoge la versión que vas a leer más a gusto. Eso te va a animar a leer más seguido.

PIÉNSALO DE ESTA MANERA
La verdad es un cincel

Piensa que eres un bloque de mármol. Piensa que la verdad de la Biblia es un cincel. Imagínate que Dios es el escultor. Posiblemente al mármol no siempre le guste que lo están martillando y desbastando, pero eso es lo que se necesita para que sea esculpido. El mármol que está en contacto con su destino más alto es el mármol que está al alcance del cincel hasta que el escultor termina el trabajo.

Pasa tiempo valientemente enfrentando la verdad y permitiendo que Dios te cambie a la luz de esa verdad. Cuando lo haces, tú eres como un bloque de mármol que quiere ser transformado a su destino final: la imagen de Dios.

Todos estamos heridos; no siempre sabemos lo que está bien aun cuando realmente, realmente lo queremos. Dios nos ha dado un vendaje con antiséptico integrado llamado la verdad. Depende de nosotros aplicar ese vendaje y encontrar la sanidad que viene con él.

Así que, ¿qué significa aplicar la Biblia? Significa tomarla personalmente. Si la Biblia dice que Dios desea nuestra obediencia, depende de nosotros que digamos: "Entonces, ¿cómo debo obedecer?". Si la Biblia nos narra una historia acerca de un hombre que no tenía misericordia y vive para lamentarlo, depende de nosotros decir: "¿Soy verdaderamente *misericordioso*?". Si un pasaje bíblico ensalza la misma naturaleza de Dios y lo alaba, entonces debemos decir: "¿Adoro a Dios de esta manera? ¿Estoy arrobado por su poder y majestad?".

El primer paso para aplicar un versículo o pasaje de la Biblia es preguntarte a ti mismo qué tipo de pasaje es:

- ¿Es una historia? (Si así es, entonces vas a aprender del ejemplo de alguien o de una conversación.)
- ¿Es un pasaje de enseñanza, como un sermón o una carta? (Si así es, probablemente necesites responder a una orden directa o a una lección.)
- ¿Es un pasaje artístico, como una canción o un poema? (Si

es así, entonces probablemente te inspires por los pensamientos de alguien más al sentir o pensar de una manera distinta acerca de Dios.)

Tienes que preguntarte a ti mismo: "¿Este pasaje quiere decir que debo hacer exactamente lo que la persona del pasaje está haciendo?". A veces eso es fácil, por ejemplo: "Por tanto, recibíos los unos a los otros, como también Cristo nos recibió, para gloria de Dios" (Romanos 15:7). Este versículo proviene de un pasaje de enseñanza, una carta de Pablo a una iglesia. Es fácil ver la verdad que debemos aplicar aquí. Dale a la gente una oportunidad, así como Dios te dio a ti una oportunidad. Acéptalos como son.

Otras veces es más complejo. Digamos que estás leyendo la historia en la que Dios le dice a Abraham que sacrifique a su único hijo. Dios detuvo a Abraham antes de que lo hiciera y aplaudió su disposición para entregar lo que era más importante para él (Génesis 22). Ahora, observa cuidadosamente, cuando apliques este pasaje no tiene nada que ver con cómo trates a tus hijos. Tiene que ver con el orden de las prioridades de tu vida. ¿Hay cosas tan importantes que no las dejarías, aun y cuando Dios te lo pidiera?

¿Ves? Pregúntate a ti mismo, cuál es la idea principal. Entonces pregunta, ¿cómo debe ser mi vida diferente a la luz de esto? Entonces cambia. Así es como aplicas la Biblia.

EN CONTEXTO

¿Son todos los pasajes iguales?

Cuando estamos hablando de su aplicación, no, no lo son. Cuando comparas las genealogías de Números con los pasajes de enseñanza de Romanos, Romanos va a ser mucho más fácil de aplicar a tu vida. Admitir que eso es verdad no quiere decir que estás deshonrando parte de la Biblia. Esas genealogías son esenciales para el mensaje completo de la Biblia. Tienen su lugar. Son tan inspiradas y tienen tanta autoridad como cualquier otra porción de la Biblia. Pero está bien admitir que cuando necesites ánimo, probablemente no son los primeros pasajes a los que recurras.

LA BIBLIA COMO UNA FUENTE DE SABIDURÍA: EN LA VERDAD

Sabiduría es saber como vivir la vida. Es lo que todos desearíamos tener. Es lo que muy a menudo nos preguntamos cómo obtenerla. Es lo que Dios le promete a la persona que llega a conocer la Biblia, y por lo tanto, a conocerlo. Revisa estos versículos:

> *El principio de la sabiduría es el temor de Jehová;*
> *Buen entendimiento tienen todos los que practican sus mandamientos*
>
> **Salmos 111:10**

> *El principio de la sabiduría es el temor de Jehová;*
> *Los insensatos desprecian la sabiduría y la enseñanza.*
>
> **Proverbios 1:7**

> *Porque Jehová da la sabiduría, y de su boca viene el conocimiento y la inteligencia. Él provee de sana sabiduría a los rectos; es escudo a los que caminan rectamente. Es el que guarda las veredas del juicio, y preserva el camino de sus santos. Entonces entenderás justicia, juicio y equidad, y todo buen camino. Cuando la sabiduría entrare en tu corazón, y la ciencia fuere grata a tu alma*
>
> **Proverbios 2:6-10**

> *El temor de Jehová es el principio de la sabiduría, y el conocimiento del Santísimo es la inteligencia.*
>
> **Proverbios 9:10**

Hace sentido que Dios, el Creador de la vida, sea la mejor forma de entender la vida. También hace sentido que el mejor camino para conocer a Dios sea leer Sus pensamientos y palabras: la Biblia.

Es algo muy importante leer una porción de la Biblia diariamente. También es algo muy importante estudiar profundamente los pasajes de la Biblia, y entenderlos más que sólo leerlos. Más allá que eso, es absolutamente esencial que apliquemos las verdades de la Biblia, deliberadamente y apasionadamente permitiéndole a Dios tiempo y espacio para grabar esas verdades en nosotros. Mientras leemos y estudiamos, conocemos la verdad. Al llevar esa verdad con nosotros a través de los años, aplicándola a la vida diaria, empapándonos de ella, meditando en ella, entonces le estamos dando tiempo a Dios para cambiarnos, hacernos crecer, hacernos sabios y transformarnos a Su semejanza.

De ESO es de lo que se trata esencialmente usar la Biblia.

PIÉNSALO DE ESTA MANERA

CÓMO NO USAR LA BIBLIA

Posiblemente la Biblia pueda ser usada en estas maneras, pero en realidad no está pensada para ser usada así:

10. Como adaptador de altura para que tu hijo pueda sentarse a la mesa del comedor.
9. Como una manera para probar que tú estás bien y que otro está mal, para tener la oportunidad de decirle: "Te lo dije".
8. Como un tope para la puerta.
7. Para ganar una discusión con tu esposa.
6. Para justificar algo malo que has hecho.
5. Como un libro de mesa de café.
4. Como un recurso de mero conocimiento intelectual.
3. Como una señal para gritarle a tu hijo.
2. Como una bola de cristal, al cerrar tus ojos y señalar con el dedo un pasaje para encontrar una respuesta arbitraria a una pregunta que tengas.
1. Como una razón para rechazar o maltratar a alguien (sí, incluso si están feos, son de otra raza, están sucios, despeinados o tienen perforaciones en diversas partes del cuerpo).

P. ¿Cómo debo orar?

R. *Debes escuchar y debes hablar. Imagínate a Dios como una figura paterna ideal, en otras palabras, un buen papá. Él quiere escuchar lo que es importante para ti, y quiere decirte cosas. Date y dale la oportunidad de hacerlo.*

P. ¿Qué tanto tiempo debo invertir?

R. *Eso finalmente va a depender de ti. Sin embargo, usa esta regla de tabla rasa. Invierte lo suficiente para relajarte, posiblemente diez minutos. Pero recuerda esto, no te pongas metas tan altas que nunca puedas sentarte para estar con Dios. Es fácil saltarte días porque no tuviste suficiente tiempo para sentarte con Él. Sentarte diez minutos cada día de la semana y leer algunos versículos y conectarte con Dios es mejor que esperar una semana para tener disponibles los treinta minutos que quieres.*

P. ¿Debo hacer algo más aparte de leer mi Biblia y orar?

R. *Nosotros pensamos que la adoración es algo que sólo sucede en la iglesia, pero la adoración es algo que debe estar sucediendo a diario. Decirle a Dios que Él es digno de tu tiempo y esfuerzo es adoración. Toda vez que honramos a Dios, eso es adoración. Adorar debe ir de la mano con leer la Biblia.*

Lee la Biblia en 365 días

Aquí te presentamos un plan para leer la Biblia en un año. Puedes encontrar muchos planes para hacerlo. Incluso puedes comprar Biblias que están literalmente divididas en lecturas bíblicas. Este es un buen plan para comenzar.

Éstas son las especificaciones. Al seguir este plan vas a leer primero el Antiguo Testamento (aunque algunos otros planes te dan a leer una porción del Nuevo Testamento y otra del Antiguo Testamento cada día). Vas a encontrar que algunos pasajes enlistados aquí son muy largos y otros cortos. A estos pasajes largos les vamos a llamar: *adelgazables*. Algunos de estos pasajes están cargados de listas o genealogías. Los podríamos haber dividido en varios días, pero entonces lucharías con una lectura difícil varios días, en lugar de sólo un día. Otros pasajes son breves porque contienen demasiado material que digerir. Siéntete libre de adaptar este plan para ajustarse a tu vida.

¡Qué tengas una muy buena lectura!

Día	Fecha	Versículos
Día 1	Enero 1	Génesis 1:1–3:24
Día 2	Enero 2	Génesis 4:1–5:32
Día 3	Enero 3	Génesis 6:1–8:22
Día 4	Enero 4	Génesis 9:1–11:32
Día 5	Enero 5	Génesis 12:1–14:24
Día 6	Enero 6	Génesis 15:1–17:27
Día 7	Enero 7	Génesis 18:1–20:18
Día 8	Enero 8	Génesis 21:1–23:20
Día 9	Enero 9	Génesis 24:1–28:9
Día 10	Enero 10	Génesis 28:10–30:43
Día 11	Enero 11	Génesis 31:1–36:43
Día 12	Enero 12	Génesis 37:1–41:57
Día 13	Enero 13	Génesis 42:1–45:28
Día 14	Enero 14	Génesis 46:1–50:26
Día 15	Enero 15	Éxodo 1:1–4:31
Día 16	Enero 16	Éxodo 5:1–7:13
Día 17	Enero 17	Éxodo 7:14–12:30
Día 18	Enero 18	Éxodo 12:31–18:27
Día 19	Enero 19	Éxodo 91:1–24:18

Día 20	Enero 20	Éxodo 25:1–31:18
Día 21	Enero 21	Éxodo 32:1–34:35
Día 22	Enero 22	Éxodo 35:1–40:38
Día 23	Enero 23	Levítico 1:1–7:38
Día 24	Enero 24	Levítico 8:1–10:20
Día 25	Enero 25	Levítico 11:1–17:16
Día 26	Enero 26	Levítico 18:1–22:33
Día 27	Enero 27	Levítico 23:1–25:55
Día 28	Enero 28	Levítico 26:1–27:34
Día 29	Enero 29	Números 1:1–4:49
Día 30	Enero 30	Números 5:1–10:10
Día 31	Enero 31	Números 10:11–14:45
Día 32	Febrero 1	Números 15:1–21:35
Día 33	Febrero 2	Números 22:1–25:18
Día 34	Febrero 3	Números 26:1–31:54
Día 35	Febrero 4	Números 32:1–34:29
Día 36	Febrero 5	Números 35:1–36:13
Día 37	Febrero 6	Deuteronomio 1:1–5:33
Día 38	Febrero 7	Deuteronomio 6:1–11:32
Día 39	Febrero 8	Deuteronomio 12:1–15:23
Día 40	Febrero 9	Deuteronomio 16:18–20:20
Día 41	Febrero 10	Deuteronomio 21:1–26:19
Día 42	Febrero 11	Deuteronomio 27:1–30:20
Día 43	Febrero 12	Deuteronomio 31:1–34:12
Día 44	Febrero 13	Josué 1:1–5:12
Día 45	Febrero 14	Josué 5:13–8:35
Día 46	Febrero 15	Josué 9:1–12:24
Día 47	Febrero 16	Josué 13:1–19:51
Día 48	Febrero 17	Josué 20:1–24:33
Día 49	Febrero 18	Jueces 1:1–3:6
Día 50	Febrero 19	Jueces 3:7–8:35
Día 51	Febrero 20	Jueces 9:1–12:15
Día 52	Febrero 21	Jueces 13:1–16:31
Día 53	Febrero 22	Jueces 17:1–21:25
Día 54	Febrero 23	Rut 1:1–4:22
Día 55	Febrero 24	1 Samuel 1:1–3:21
Día 56	Febrero 25	1 Samuel 4:1–7:17
Día 57	Febrero 26	1 Samuel 8:1–12:25
Día 58	Febrero 27	1 Samuel 13:1–15:35
Día 59	Febrero 28	1 Samuel 16:1–17:58
Día 60	Marzo 1	1 Samuel 18:1–20:42
Día 61	Marzo 2	1 Samuel 21:1–26:25
Día 62	Marzo 3	1 Samuel 27:1–31:13
Día 63	Marzo 4	2 Samuel 1:1–4:12
Día 64	Marzo 5	2 Samuel 5:1–7:29
Día 65	Marzo 6	2 Samuel 8:1–10:19
Día 66	Marzo 7	2 Samuel 11:1–12:31

Día 67	Marzo 8	2 Samuel 13:1–14:33
Día 68	Marzo 9	2 Samuel 15:1–20:26
Día 69	Marzo 10	2 Samuel 21:1–24:25
Día 70	Marzo 11	1 Reyes 1:1–4:34
Día 71	Marzo 12	1 Reyes 5:1–8:66
Día 72	Marzo 13	1 Reyes 9:1–11:43
Día 73	Marzo 14	1 Reyes 12:1–16:34
Día 74	Marzo 15	1 Reyes 17:1–19:21
Día 75	Marzo 16	1 Reyes 20:1–22:53
Día 76	Marzo 17	2 Reyes 1:1–8:15
Día 77	Marzo 18	2 Reyes 8:16–10:36
Día 78	Marzo 19	2 Reyes 11:1–13:25
Día 79	Marzo 20	2 Reyes 14:1–17:41
Día 80	Marzo 21	2 Reyes 18:1–21:26
Día 81	Marzo 22	2 Reyes 22:1–25:30
Día 82	Marzo 23	1 Crónicas 1:1–9:44
Día 83	Marzo 24	1 Crónicas 10:1–12:40
Día 84	Marzo 25	1 Crónicas 13:1–17:27
Día 85	Marzo 26	1 Crónicas 18:1–22:1
Día 86	Marzo 27	1 Crónicas 22:2–27:34
Día 87	Marzo 28	1 Crónicas 28:1–29:30
Día 88	Marzo 29	2 Crónicas 1:1–5:1
Día 89	Marzo 30	2 Crónicas 5:2–9:31
Día 90	Marzo 31	2 Crónicas 10:1–14:1
Día 91	Abril 1	2 Crónicas 14:1–16:14
Día 92	Abril 2	2 Crónicas 17:1–21:3
Día 93	Abril 3	2 Crónicas 21:1–24:27
Día 94	Abril 4	2 Crónicas 25:1–28:27
Día 95	Abril 5	2 Crónicas 29:1–32:33
Día 96	Abril 6	2 Crónicas 33:1–36:1
Día 97	Abril 7	2 Crónicas 36:2–23
Día 98	Abril 8	Esdras 1:1–2:70
Día 99	Abril 9	Esdras 3:1–6:22
Día 100	Abril 10	Esdras 7:1–8:36
Día 101	Abril 11	Esdras 9:1–10:44
Día 102	Abril 12	Nehemías 1:1–2:10
Día 103	Abril 13	Nehemías 2:11–3:32
Día 104	Abril 14	Nehemías 4:1–7:73
Día 105	Abril 15	Nehemías 8:1–10:39
Día 106	Abril 16	Nehemías 11:1–13:31
Día 107	Abril 17	Ester 1:1–2:23
Día 108	Abril 18	Ester 3:1–4:17
Día 109	Abril 19	Ester 5:1–10:3
Día 110	Abril 20	Job 1:1–2:13
Día 111	Abril 21	Job 3:1–14:22
Día 112	Abril 22	Job 15:1–21:34
Día 113	Abril 23	Job 22:1–31:40

Día 208	Julio 27	Jeremías 1:1–6:30
Día 209	Julio 28	Jeremías 7:1–10:25
Día 210	Julio 29	Jeremías 11:1–15:21
Día 211	Julio 30	Jeremías 16:1–20:18
Día 212	Julio 31	Jeremías 21:1–24:10
Día 213	Agosto 1	Jeremías 25:1–29:32
Día 214	Agosto 2	Jeremías 30:1–33:26
Día 215	Agosto 3	Jeremías 34:1–38:28
Día 216	Agosto 4	Jeremías 39:1–45:5
Día 217	Agosto 5	Jeremías 46:1–52:34
Día 218	Agosto 6	Lamentaciones 1:1–5:22
Día 219	Agosto 7	Ezequiel 1:1–3:27
Día 220	Agosto 8	Ezequiel 4:1–11:25
Día 221	Agosto 9	Ezequiel 12:1–17:24
Día 222	Agosto 10	Ezequiel 18:1–24:27
Día 223	Agosto 11	Ezequiel 25:1–32:32
Día 224	Agosto 12	Ezequiel 33:1–39:29
Día 225	Agosto 13	Ezequiel 40:1–48:35
Día 226	Agosto 14	Daniel 1:1–3:30
Día 227	Agosto 15	Daniel 4:1–6:28
Día 228	Agosto 16	Daniel 7:1–12:13
Día 229	Agosto 17	Oseas 1:1–3:5
Día 230	Agosto 18	Oseas 4:1–5:15
Día 231	Agosto 19	Oseas 6:1–10:15
Día 232	Agosto 20	Oseas 11:1–14:9
Día 233	Agosto 21	Joel 1:1–2:27
Día 234	Agosto 22	Joel 2:28–3:21
Día 235	Agosto 23	Amós 1:1–2:16
Día 236	Agosto 24	Amós 3:1–6:14
Día 237	Agosto 25	Amós 7:1–9:15
Día 238	Agosto 26	Abdías 1:1–21
Día 239	Agosto 27	Jonás 1:1–2:10
Día 240	Agosto 28	Jonás 3:1–4:11
Día 241	Agosto 29	Miqueas 1:1–2:13
Día 242	Agosto 30	Miqueas 3:1–5:15
Día 243	Agosto 31	Miqueas 6:1–7:20
Día 244	Septiembre 1	Nahum 1:1–3:19
Día 245	Septiembre 2	Habacuc 1:1–3:19
Día 246	Septiembre 3	Sofonías 1:1–3:20
Día 247	Septiembre 4	Hageo 1:1–2:23
Día 248	Septiembre 5	Zacarías 1:1–8:23
Día 249	Septiembre 6	Zacarías 9:1–14:21
Día 250	Septiembre 7	Malaquías 1:1–4:6
Día 251	Septiembre 8	Mateo 1:1–4:25
Día 252	Septiembre 9	Mateo 5:1–48
Día 253	Septiembre 10	Mateo 6:1–34
Día 254	Septiembre 11	Mateo 7:1–29

Día 255	Septiembre 12	Mateo 8:1–10:42
Día 256	Septiembre 13	Mateo 11:1–13:52
Día 257	Septiembre 14	Mateo 13:53–15:39
Día 258	Septiembre 15	Mateo 16:1–18:35
Día 259	Septiembre 16	Mateo 19:1–20:34
Día 260	Septiembre 17	Mateo 21:1–23:39
Día 261	Septiembre 18	Mateo 24:1–25:46
Día 262	Septiembre 19	Mateo 26:1–28:20
Día 263	Septiembre 20	Marcos 1:1–3:35
Día 264	Septiembre 21	Marcos 4:1–7:23
Día 265	Septiembre 22	Marcos 7:24–9:1
Día 266	Septiembre 23	Marcos 9:2–10:52
Día 267	Septiembre 24	Marcos 11:1–12:44
Día 268	Septiembre 25	Marcos 13:1–37
Día 269	Septiembre 26	Marcos 14:1–16:20
Día 270	Septiembre 27	Lucas 1:1–4:13
Día 271	Septiembre 28	Lucas 4:14–6:49
Día 272	Septiembre 29	Lucas 7:1–9:50
Día 273	Septiembre 30	Lucas 9:51–10:42
Día 274	Octubre 1	Lucas 11:1–54
Día 275	Octubre 2	Lucas 12:1–59
Día 276	Octubre 3	Lucas 13:1–14:35
Día 277	Octubre 4	Lucas 15:1–16:31
Día 278	Octubre 5	Lucas 17:1–19:27
Día 279	Octubre 6	Lucas 19:28–21:38
Día 280	Octubre 7	Lucas 22:1–71
Día 281	Octubre 8	Lucas 23:1–56
Día 282	Octubre 9	Lucas 24:1–53
Día 283	Octubre 10	Juan 1:1–2:11
Día 284	Octubre 11	Juan 2:12–3:36
Día 285	Octubre 12	Juan 4:1–45
Día 286	Octubre 13	Juan 4:46–6:71
Día 287	Octubre 14	Juan 7:1–10:42
Día 288	Octubre 15	Juan 11:1–12:50
Día 289	Octubre 16	Juan 13:1–14:31
Día 290	Octubre 17	Juan 15:1–17:26
Día 291	Octubre 18	Juan 18:1–19:42
Día 292	Octubre 19	Juan 20:1–21:25
Día 293	Octubre 20	Hechos 1:1–4:37
Día 294	Octubre 21	Hechos 5:1–7:60
Día 295	Octubre 22	Hechos 8:1–12:25
Día 296	Octubre 23	Hechos 13:1–15:35
Día 297	Octubre 24	Hechos 15:36–18:22
Día 298	Octubre 25	Hechos 18:23–21:16
Día 299	Octubre 26	Hechos 21:17–28:30
Día 300	Octubre 27	Romanos 1:1–3:20
Día 301	Octubre 28	Romanos 3:21–5:21

Día 302	Octubre 29	Romanos 6:1–8:39
Día 303	Octubre 30	Romanos 9:1–11:36
Día 304	Octubre 31	Romanos 12:1–16:27
Día 305	Noviembre 1	1 Corintios 1:1–4:21
Día 306	Noviembre 2	1 Corintios 5:1–6:20
Día 307	Noviembre 3	1 Corintios 7:1–40
Día 308	Noviembre 4	1 Corintios 8:1–11:1
Día 309	Noviembre 5	1 Corintios 11:2–14:40
Día 310	Noviembre 6	1 Corintios 15:1–16:24
Día 311	Noviembre 7	2 Corintios 1:1–2:11
Día 312	Noviembre 8	2 Corintios 2:12–7:16
Día 313	Noviembre 9	2 Corintios 8:1–9:15
Día 314	Noviembre 10	2 Corintios 10:1–13:
Día 315	Noviembre 11	Gálatas 1:1–2:21
Día 316	Noviembre 12	Gálatas 3:1–4:31
Día 317	Noviembre 13	Gálatas 5:1–6:18
Día 318	Noviembre 14	Efesios 1:1–3:21
Día 319	Noviembre 15	Efesios 4:1–6:24
Día 320	Noviembre 16	Filipenses 1:1–30
Día 321	Noviembre 17	Filipenses 2:1–30
Día 322	Noviembre 18	Filipenses 3:1–4:1
Día 323	Noviembre 19	Filipenses 4:2–23
Día 324	Noviembre 20	Colosenses 1:1–2:23
Día 325	Noviembre 21	Colosenses 3:1–4:18
Día 326	Noviembre 22	1 Tesalonicenses 1:1–3:13
Día 327	Noviembre 23	1 Tesalonicenses 4:1–5:28
Día 328	Noviembre 24	2 Tesalonicenses 1:1–2:17
Día 329	Noviembre 25	2 Tesalonicenses 3:1–18
Día 330	Noviembre 26	1 Timoteo 1:1–20
Día 331	Noviembre 27	1 Timoteo 2:1–3:16
Día 332	Noviembre 28	1 Timoteo 4:1–6:21
Día 333	Noviembre 29	2 Timoteo 1:1–2:26
Día 334	Noviembre 30	2 Timoteo 3:1–4:22
Día 335	Diciembre 1	Tito 1:1–16
Día 336	Diciembre 2	Tito 2:1–15
Día 337	Diciembre 3	Tito 3:1–15
Día 338	Diciembre 4	Filemón 1:1–25
Día 339	Diciembre 5	Hebreos 1:1–2:18
Día 340	Diciembre 6	Hebreos 3:1–4:13
Día 341	Diciembre 7	Hebreos 4:14–7:28
Día 342	Diciembre 8	Hebreos 8:1–10:18
Día 343	Diciembre 9	Hebreos 10:19–13:25
Día 344	Diciembre 10	Santiago 1:1–27
Día 345	Diciembre 11	Santiago 2:1–3:12
Día 346	Diciembre 12	Santiago 3:13–5:20
Día 347	Diciembre 13	1 Pedro 1:1–2:10
Día 348	Diciembre 14	1 Pedro 2:11–4:19

Día 349	Diciembre 15	1 Pedro 5:1–14
Día 350	Diciembre 16	2 Pedro 1:1–21
Día 351	Diciembre 17	2 Pedro 2:1–22
Día 352	Diciembre 18	2 Pedro 3:1–18
Día 353	Diciembre 19	1 Juan 1:1–2:27
Día 354	Diciembre 20	1 Juan 2:28–4:21
Día 355	Diciembre 21	1 Juan 5:1–21
Día 356	Diciembre 22	2 Juan 1:1– 3 Juan 1:15
Día 357	Diciembre 23	Judas 1:1–25
Día 358	Diciembre 24	Apocalipsis 1:1–3:22
Día 359	Diciembre 25	Apocalipsis 4:1–5:14
Día 360	Diciembre 26	Apocalipsis 6:1–8:5
Día 361	Diciembre 27	Apocalipsis 8:6–11:19
Día 362	Diciembre 28	Apocalipsis 12:1–14:20
Día 363	Diciembre 29	Apocalipsis 15:1–16:21
Día 364	Diciembre 30	Apocalipsis 17:1–20:15
Día 365	Diciembre 31	Apocalipsis 21:1–22:21

Plan de lecturas © 1996 Usado con la autorización de The Livingstone Corporation.

EPÍLOGO

Hay mucha información en estas páginas, muchos datos y cifras, muchos detalles e historias. Eso es porque la Biblia se compone de muchas cosas diferentes. No está escrita como una novela, con un principio, un desarrollo y un final presentados en una manera lineal. En lugar de eso son muestras de vida tomadas de personas que se conectaron con Dios y lo experimentaron.

No es suficiente sólo conocer los detalles. Se trata de conocer a Dios. El punto de la Biblia, el poder de la Biblia, es que el Espíritu de Dios nos habla a través de ella si la leemos y escuchamos. Sí, aunque la mayor parte de ella fue escrita en épocas barbáricas de la humanidad. Sí, aunque nuestro entendimiento lucha con algunos de los conceptos. Sí, aunque algunas veces la leemos con tantos prejuicios que no siempre le damos una oportunidad. Sí, aunque todavía incluya algunos misterios.

Hay poder en la Biblia, porque Dios está en ella. En ella está Su mano extendida. Podemos leerla por el beneficio de la información, pero esa no es la razón por la que fue escrita. Fue escrita para que pueda haber una conexión entre nosotros y Dios. Fue escrita para que podamos saber hasta donde ha llegado Dios para que podamos creer en Él y ser Sus hijos. Fue escrita para que podamos conocerlo.

La mejor manera de leer cualquier libro es abrir el libro y después permitir que el libro abra algo en ti. Abre la Biblia, y cuando lo hagas, abre tu corazón y permite que Dios te hable.

Es relevante. Para tu vida. Hoy

LISTAS Y COSAS
EN DÓNDE ENCONTRARLO

En muchas ediciones de la Biblia viene una concordancia al final, semejante a un índice. Enlistan nombres, lugares, acontecimientos y palabras con su correlación de referencias bíblicas. También hay concordancias más amplias, concordancias comprensivas que puedes comprar para acompañar tu Biblia.

Abajo, incluimos una concordancia muy breve de personas que puedes reconocer fácilmente, sucesos y pasajes conocidos.

QUIÉN ES QUIÉN

Aquí te damos una lista de las personas más conocidas de la Biblia y en dónde encontrarlos

Aarón: Hermano de Moisés, el primer sacerdote . . . . . Éxodo 4

Abel: El segundo hijo de Adán y Eva . . . . Génesis 4

Abraham: Padre de la nación judía. . . . . Génesis 18

Adán: El primer hombre . . . . Génesis 12

Ana: Madre de Samuel . . . . 1 Samuel 1

Bernabé: Compañero de Pablo
en el primer viaje misionero . . . . Hechos 13

Betsabé: Mujer con quien el
rey David tuvo un amorío . . . . 2 Samuel 11

Booz: Esposo de Ruth . . . . Rut 2

Caín: Hijo mayor de Adán y Eva . . . . Génesis 4

Dalila: Mujer que engañó a Sansón
para cortarle el cabello . . . . Jueces 16

Daniel: Joven israelita quien se convirtió
en líder de Persia. Además sobrevivió a los leones . . . . Daniel 1

David: Pastor, músico, y segundo rey de Israel . . . . 1 Samuel 17

Débora: La única líder mujer de los
hebreos (jueza) que se conoce . . . . Jueces 4

Discípulos: Los seguidores de Jesús, pero usualmente se refiere a los doce con los que él estaba: Simón Pedro, Andrés, Jacobo, Juan, Felipe, Bartolomé, Tomás, Mateo, Jacobo el hijo de Alfeo, Tadeo, Simón el cananista y Judas Iscariote. . . . . Mateo 10

Elías: Un gran profeta . . . . 1 Reyes 17

Eliseo: El gran profeta discípulo de Elías . . . . 1 Reyes 19

Esaú: Uno de los gemelos de Isaac y Rebeca, después llamado

Salomón: Hijo de David y Betsabé, tercer
y más sabio rey de Israel . . . . 1 Reyes 1-2

Sansón: Juez quien tenía fuerza
sobrenatural por ser nazareo y
mantener el cabello largo . . . . Jueces 13-14

Sara: Esposa de Abraham . . . . Génesis 11, 17

Saúl: El primer rey de Israel . . . . 1 Samuel 9

Set: Tercer hijo de Adán y Eva . . . . Génesis 4

Silas: Compañero de misiones de Pablo . . . . Hechos 15

Timoteo: Discípulo del apóstol Pablo . . . . 1 Timoteo 1

Zaqueo: Recolector de impuestos de
baja estatura quien logró ver a Jesús
trepándose en un árbol . . . . Lucas 19

MUJERES QUE SOBRESALIERON

Es verdad que la Biblia fue escrita en una época en la que las mujeres eran consideradas ciudadanas de una clase inferior a los hombres. Pero eso era algo de los hombres, no de Dios. Dios usó a las mujeres de maneras sorprendentes. Aquí hay algunas de las mujeres mejor conocidas de la Biblia.

Abigail . . . . 1 Samuel 25:1–42; 2 Samuel 3:3

Ana . . . . Lucas 2:36–38

Ana . . . . 1 Samuel 1; 2:1–21

Débora. . . . . Jueces 4–5

Dorcas . . . . Hechos 9:36–42

Elisabet . . . . Lucas 1:5–80

Ester . . . . El libro de Ester

Eunice . . . . Hechos 16:1–3; 2 Timoteo 1:5

Eva . . . . Génesis 2–3; 2 Corintios 11:3

Febe . . . . Romanos 16:1-2

Jocabed . . . . Éxodo 2:1–11; Números 26:59

La mujer de Samaria. . . . . Juan 4

La viuda de las dos blancas . . . Marcos 12:41–44; Lucas 21:1–4

Lidia . . . . Hechos 16:12–15, 40

Loida . . . . 2 Timoteo 1:5

María Magdalena . . . . Mateo 27:56, 61, 28:1;
. . . . Juan 19:25; 20:1–18

María, madre de Jesús. . . . . Mateo 1; 2; Lucas 1; 2;
. . . . Juan 2:1–12; 19:25–27; Hechos 1:14

Marta . . . . Lucas 10:38–41; Juan 11; 12:1–3

LAS PARÁBOLAS DE JESÚS

Jesús a menudo enseñaba diciendo historias llamadas parábolas. Las parábolas son historias que pueden o no ser verdad, pero siempre tienen una interpretación espiritual.

A veces Jesús le interpretaba Sus parábolas a la gente y otras veces dejaba que ellos lo hicieran.

Todo esto habló Jesús por parábolas a la gente, y sin parábolas no les hablaba; para que se cumpliese lo dicho por el profeta, cuando dijo: Abriré en parábolas mi boca; declararé cosas escondidas desde la fundación del mundo.

Mateo 13:34-35

Y sin parábolas no les hablaba; aunque a sus discípulos en particular les declaraba todo.

Marcos 4:34

Estas cosas os he hablado en alegorías; la hora viene cuando ya no os hablaré por alegorías, sino que claramente os anunciaré acerca del Padre.

Juan 16:25

Las parábolas que se enlistan están en el orden como aparecen en los evangelios.

EL SEMBRADOR

Una historia acerca de un sembrador y diferentes tipos de tierra. La tierra simboliza nuestros corazones y la manera como aceptamos la verdad de Dios.

Mateo 13:3-8, Marcos 4:2-8; Lucas 8:4-8

EL TRIGO Y LA CIZAÑA

El enemigo siembra cizaña en el campo de trigo. Se refiere al juicio final, cuando Dios identifica a los de verdadera fe.

Mateo 13:24-30

LA SEMILLA DE MOSTAZA

Algo muy pequeño como una semilla puede crecer a ser una gran planta o árbol. La fe funciona de esa manera.

Mateo 13:31-32, Marcos 4:30-32, Lucas 13:18-19

LA LEVADURA

El reino de Dios es semejante a la levadura, no importa si sólo es un poco, cambia la forma de todo el pan.

Mateo 13:33; Lucas 13:20-21

EL TESORO

El reino de Dios es como un tesoro.

Mateo 13:44

LA PERLA

El reino de Dios es como una perla preciosa. No hay nada con mayor valor que ella.

Mateo 13:45-46

LOS PESCADOS BUENOS Y MALOS

Se refiere al juicio, cuando los malos serán separados de los buenos.

Mateo 13:47-50

LA OVEJA PERDIDA

El pastor preocupado por una oveja refleja a Dios preocupado por nosotros.

Mateo 18:12-14; Lucas 15:3-7

LOS DOS DEUDORES

Un hombre a quien se le ha perdonado una enorme deuda, no quiso perdonar a otro quien le debía una deuda pequeña. Trata sobre la falta de misericordia.

Mateo 18-23-35

LOS OBREROS DE LA VIÑA

Explica el reino de los cielos en términos de trabajadores, a quienes se les paga el mismo jornal sin importar la hora en la que aceptaron el trabajo.

Mateo 20:1-16

LOS DOS HIJOS

Uno de los hijos dice no, pero hace lo que se le había dicho. El otro hijo dice sí pero no realiza el trabajo.

Mateo 21:28-32

LOS LABRADORES MALVADOS

Un hombre deja su viña a cargo de los labradores. Como ellos no le dieron frutos, envió a otros para que tomaran su lugar. Habla a nuestra condición antes conocer a Dios.

Mateo 21:33-44; Marcos 12:1-9; Lucas 20:9-16

EL BANQUETE DE BODAS

Mucha gente es invitada, pero pocos asisten. Habla de nuestra invitación al reino de Dios.

Mateo 22:1-14

EL SIERVO INFIEL

El siervo ignora las instrucciones de su amo y es atrapado con las manos en la masa.

Mateo 24:45-51; Lucas 12:42-48

LAS DIEZ VÍRGENES

De acuerdo con una antigua costumbre, las vírgenes esperaban al novio, pero algunas no estaban preparadas. Habla de nuestra responsabilidad delante de Dios.

Mateo 25:1-13

LOS TALENTOS

El amo se va y deja a sus siervos dinero para que lo inviertan. Sólo aquellos que lo invirtieron sabiamente fueron recompensados.

Mateo 25:14-30; Lucas 19:11-27

EL CRECIMIENTO DE LA SEMILLA

El Reino de Dios es semejante a una semilla que por sí sola crece hasta dar una gran cosecha.

Marcos 4:26-29

EL SIERVO VIGILANTE

Un hombre sale y deja a su siervo a cargo de su casa, pero no dice cuando regresará. El siervo debe permanecer vigilando. Habla de la segunda venida de Cristo.

Marcos 13:34-37

LAS DEUDAS CANCELADAS

Dos deudas fueron canceladas. Una era mayor que la otra. ¿Qué deudor estará más agradecido? Habla del perdón de Dios.

Lucas 7:40-43

EL BUEN SAMARITANO

Un hombre que sería indeseable, es el verdadero prójimo porque tuvo cuidado de alguien.

Lucas 10:30-37

LA PETICIÓN A MEDIANOCHE

Un mayor entendimiento de la oración. Un amigo hace una petición a una hora inconveniente de la noche, pero obtiene lo que desea porque lo pide.

Lucas 11:5-10

EL RICO INSENSATO

*Un hombre rico acumula más y más, pero cuando muere pierde
todo.*

Lucas 12:16-21

LA HIGUERA ESTÉRIL

*Un árbol que se supone debe dar frutos, no lo hace, pero se le da
un año más.*

Lucas 13:6-9

LOS CONVIDADOS A LA BODA

*No ocupes el mejor lugar para que no seas avergonzado. Escoge el
último lugar y deja que el que te invitó te llame y te coloque junto a
él en la mesa.*

Lucas 14:7-11

LA GRAN CENA

*Un hombre invitó a muchos a su banquete, pero como no asis-
tieron invitó a todo el que se encontraba disponible. Habla del Reino
de Dios.*

Lucas 14:15-24

LA MONEDA PERDIDA

*Una mujer que busca una moneda perdida, refleja la preocupa-
ción de Dios por la gente.*

Lucas 15:8-10

EL HIJO PRÓDIGO

*Un hijo se va lejos de su familia y su casa, y regresa. Muestra
nuestro andar por la vida y los brazos de Dios siempre recibiéndonos.*

Lucas 15:11-32

EL MAYORDOMO INFIEL

*Un mayordomo deshonesto en peligro de perder su trabajo hace
amigos en su salida.*

Lucas 16:1-10

EL DEBER DEL SIERVO

Un siervo no debe esperar ser recompensado por hacer su trabajo.

Lucas 17:7-10

LA VIUDA Y EL JUEZ INJUSTO

Un mayor entendimiento de la oración. Una viuda recibe justicia de un juez injusto a causa de su perseverancia.

Lucas 18:1-8

EL FARISEO Y EL PUBLICANO

El fariseo ora mostrando su orgullo y el publicano ora mostrando su humildad. El publicano es justificado ante los ojos de Dios.

Lucas 18:9-14

LOS MILAGROS DE JESÚS

Esta es una lista de los milagros que Jesús hizo mientras estuvo en la tierra como hombre y como Dios. Se encuentran en orden de aparición en los evangelios. Los milagros que se nombran varias veces en los evangelios, se encuentran enlistados juntos.

> *Herodes, viendo a Jesús, se alegró mucho, porque hacía tiempo que deseaba verle; porque había oído muchas cosas acerca de él, y esperaba verle hacer alguna señal.*
>
> *Lucas 23:8*

> *Mas yo tengo mayor testimonio que el de Juan; porque las obras que el Padre me dio para que cumpliese, las mismas obras que yo hago, dan testimonio de mí, que el Padre me ha enviado.*
>
> *Juan 5:36*

> *Por lo cual también había venido la gente a recibirle, porque había oído que él había hecho esta señal.*
>
> *Juan 12:18*

MILAGROS DE SANIDAD

Jesús sana a un hombre con lepra . . . . Mateo 8:1-4;
. . . . Marcos 1:40-42; Lucas 5:12-13
Jesús sana al siervo de un soldado . . . . Mateo 8:5-13;
. . . . Lucas 7:1-10
Jesús sana a la suegra de Pedro . . . . Mateo 8:14-15;
. . . . Marcos 1:29-31; Lucas 4:38-39
Jesús sana a un hombre paralítico . . . . Mateo 9:1-8;
. . . . Marcos 2:1-12; Lucas 5:17-26

Una mujer es sanada al tocar
el manto de Jesús . . . . Mateo 9:20-22;
. . . . Marcos 5:25-34; Lucas 8:43-48

Jesús sana al hombre de la mano seca . . . . Mateo 12:9-13;
. . . . Marcos 3:1-5; Lucas 6:6-10

Jesús sana al ciego. . . . . Mateo 9:27-31, 20:29-34;
. . . . Marcos 8:22-25, 10:46-52;
. . . . Lucas 18:35-43; Juan 9:1-7

Jesús sana al hombre ciego y sordo . . . . Marcos 7:31-37

Jesús sana a una mujer encorvada . . . . Lucas 13:10-13

Jesús cura a un hombre enfermo. . . . . Lucas 14:1-4

Jesús sana a diez leprosos . . . . Lucas 17:11-19

Jesús restaura la oreja de un hombre . . . . Lucas 22:49-51

Jesús sana al hijo de un
oficial sin llegar a él . . . . Juan 4:46-54

Jesús sana a un hombre que ha
sido inválido por treinta y ocho años . . . . Juan 5:1-16

Milagros de provisión

Jesús alimenta a cinco mil personas . . . . Mateo 14:15-21;
. . . . Marcos 6:35-44: Lucas 9:12-17; Juan 6:5-14

Jesús alimenta a cuatro
mil personas . . . . Mateo 15:32-38; Marcos 8:1-9

Los discípulos recogen la red llena de peces. . . . . . . Lucas 5:1-7

Jesús convierte el agua en vino . . . . Juan 2:1-11

Jesús realiza otra pesca milagrosa
después de Su resurrección . . . . Juan 1-14

Milagros en los que resucitó a alguien

Jesús resucita a la hija de Jairo. . . . . Mateo 9:18-26;
. . . . Marcos 5:22-24, 35-43; Lucas 8:41-42, 49-56

El hijo de la viuda es resucitado . . . . Lucas 7:11-16

Lázaro es resucitado . . . . Juan 11:1-45

MILAGROS EN LOS QUE ECHÓ FUERA DEMONIOS

Jesús hecha fuera los demonios de un hombre
y los envía a los cerdos . . . . Mateo 8:28-34;
. . . . Marcos 5:1-19; Lucas 8:26-39

Jesús echa fuera los demonios de
hombre mudo . . . . Mateo 9:32-33, 12:22;
. . . . Lucas 11:14

Jesús echa fuera el demonio de la
hija de una cananea . . . . Mateo 15:21-28; Marcos 7:24-30

Jesús sana un niño poseído
por un demonio . . . . Mateo 17:14-18;
. . . . Marcos 9:14-26: Lucas 9:37-48

Jesús echa fuera el demonio de
un hombre en la sinagoga . . . . Marcos 1:23-27;
. . . . Lucas 4:33-36

OTROS MILAGROS

Jesús calma la tempestad. . . . . Mateo 8:23-27;
. . . . Marcos 4:36-40; Lucas 8:22-24

Jesús camina sobre el agua . . . . Mateo 14:22-33;
. . . . Marcos 6:45-52; Juan 6:17-21

Jesús maldice la higuera . . . . Mateo 21:18-22;
. . . . Marcos 11:12-14, 20-22

CÓMO ENCONTRAR TEMAS QUE TE INTERESEN

Hoy en día hay muchos recursos que te pueden ayudar a encontrar temas específicos en la Biblia. Muchas de las Biblias publicadas últimamente contienen una lista al final de diferentes temas. También hay libros que contienen largas listas de éstas. Nosotros incluimos una de estas listas sólo para ponerte en marcha.

Aborto . . . . Salmos 139; Isaías 49:1-5

Adoración . . . . Éxodo 20:2-4; Salmos 95:6-7,
. . . . 100:1-5; Hebreos 12:28

Adulterio . . . . Éxodo 20:14; Proverbios 6:28-32;
. . . . Mateo 5:27-28; Juan 8:3-11

Alabanza . . . . Salmos 9:1; 47:6-9; 1 Pedro 2:9

Amistad. . . . . Proverbios 17:17, 19:4,22:24, 27:6;
. . . . Eclesiastés 4:10

Amor de Dios . . . . Romanos 5:1-8;
. . . . Efesios2:4-10; 1 Juan 4:7-12

Arrepentimiento. . . . . 2 Crónicas 7:14;
. . . . Romanos 2:4; 2 Corintios 7:8-10

Autoestima . . . . Salmos 139; Isaías 49:1-5

Biblia . . . . 2 Timoteo 2:15;
. . . . Hebreos 4:12; 1 Pedro 1:23-25

Celebración . . . . Eclesiastés 11:9; Mateo 24:42-51

Cielo . . . . Lucas 15:3-10; Juan 14:1-4; Filipenses 3:18-20;
. . . . Hebreos 8:3-5; Apocalipsis 21:10-27

Contentamiento . . . . Proverbios 19:23; Filipenses 4:11-12;
. . . . 1 Timoteo 6:6; Hebreos 13:5

Crucifixión . . . . Mateo 27; Marcos 15; Lucas 23; Juan 19

Culpa . . . . Salmos 32:1-5; 1 Juan 3:18-20

Dependencia de Dios. . . . . . . Jeremías 17:5-8; 2 Corintios 12

Depresión, desesperación, desánimo . . . . Salmos 42, 69
. . . . Juan 16:33

Dinero . . . . Proverbios 15:27; Mateo 6:19-21;

Marcos . . . . 10:21-24; 1 Timoteo 6:6-10

Dirección de Dios . . . . Salmos 25:1-5, Salmos 139:1-10

Drogas . . . . Proverbios 23:29-35; Romanos 13:11-14;
. . . . 1 Corintios 6:9-20 1 Juan 3:7-10

Enemigos . . . . Éxodo 23:4-5;
. . . . Proverbios 16:7, 24:17, 25:21, 27:6

Esperanza . . . . Salmos 25:1-3, 147:7-11;
. . . . Romanos 5:1-5

Espíritu Santo . . . . Juan 16:5-15; Hechos 2:1-4;
. . . . Romanos 5:1-5; 1 Corintios 6:18-20

Éxito . . . . Proverbios 3:5-6, 21:30;
. . . . Eclesiastés 11:6; Miqueas 6:8

Familia . . . . Proverbios 5:18-21;
. . . . 1 Timoteo 5:3-5; 2 Timoteo 1:5-8

Fe en Dios . . . . Génesis 15:4-6; Mateo 8:5-10;
. . . . Lucas 8:43-48; Romanos 5:1-8; Gálatas 5:6

Homosexualidad . . . . Levítico 18:22-29;
. . . . Romanos 1:18-27; 1 Corintios 6:9-11

Humildad . . . . Proverbios 11:2;
. . . . Filipenses 2:1-9; Santiago 4:6-10

Iglesia, Cuerpo de Cristo . . . . 1 Corintios 12, 14;
. . . . Efesios 1:18-23

Integridad. . . . . Salmos 25:21; Proverbios 11:3;
. . . . 1 Corintios 15:33; Tito 2:6-8

Ira . . . . Salmos 145:8; Proverbios 29:11;
. . . . Efesios 4:25-32

Jesucristo . . . . Romanos 3:21-26; Efesios 1:3-14

Materialismo. . . . . . Mateo 4:8-11, 19:21-30; Colosenses 3:1-2

Matrimonio . . . . Génesis 2:18-24; Proverbios 6:27-35;
. . . . Mateo 19:3-6; Efesios 5:21-33

Misericordia de Dios. . . . . Isaías 55:6-7; Miqueas 7:18;
. . . . Efesios 2:4-8; 1 Pedro 2:9-10

Muerte . . . . Salmos 116:15; Juan 11; 1 Corintios 15

Oración . . . . Mateo 21:21; Marcos 11:22-25;
. . . . Lucas 11:5-13; Colosenses 4:2

Paternidad. . . . . Proverbios 13:24; Efesios 6:4

Paz . . . . Salmos 3:4-5; Romanos 5:1; Filipenses 4:4-7

Perdón a otros. . . . . Mateo 18:21-35; Colosenses 3:12-14

Perdón de Dios. . . . . Salmos 130:1-6; Efesios 1:3-8; 1 Juan 1:9

Perseverancia. . . . . Romanos 5:3-5; Hebreos 10:36;
. . . . Santiago 1:2-4

Respuesta a la oración . . . . . . Mateo 21:21-22; Filipenses 4:6;
. . . . Colosenses 4:2; Santiago 5:15

Resurrección . . . . . . Juan 11:25; Filipenses 3:7-11; 1 Pedro 1:3

Sanidad . . . . . . Salmos 103:2-5; Oseas 6:1-3; Santiago 5:15-16

Segunda venida de Cristo . . . . 1 Corintios 15:50-56;
. . . . 1 Tesalonicenses 4:13-5:6

Sexo . . . . Cantar de los cantares 5; Hebreos 13:4

Tentación. . . . . 1 Corintios 10:13;
. . . . Hebreos 4:15; Santiago 1:13

DÓNDE ENCONTRAR AYUDA

Cuando estás...

Cansado . . . . Salmos 23
Buscando dirección. . . . . Salmos 25
Buscando la voluntad de Dios. . . . . Filipenses 2
Con problemas para creer. Hebreos 11
Considerando el aborto . . . . Salmos 139
Deprimido . . . . Salmos 42
Desanimado . . . . Romanos 8
Deseando estar más cerca de Dios. . . . . Juan 3
Deseando no decir algo . . . . Santiago 3
Feliz . . . . Salmos 95
Lastimado. . . . . Hebreos 12
Luchando con hacer lo correcto. . . . . Romanos 7-8
Luchando con lo bueno y lo malo . . . Mateo 5-7; Colosenses 2
Necesitando perdonar a alguien. . . . . Filemón
Necesitando un buen consejo. . . . . Proverbios
Necesitando valor . . . . Josué 1; Efesios 6
No eres merecedor de algo . . . . Génesis 1; Romanos 4,5
Ofendido por alguien. 1 Corintios 6
Preguntándote como convertirte en cristiano . . . . Romanos 10
Preguntándote quien fue Jesús. . . . . Juan 6-10
Preguntándote si el éxito te hará feliz . . . . Eclesiastés
Sintiéndote que no puedes más . . . . 2 Timoteo 2
Sintiéndote solo. . . . . 1 Corintios 13
Sintiéndote culpable. . . . . 1 Juan 1,2; Salmos 51
Temeroso . . . . Salmos 27
Tentado . . . . Daniel 1; Santiago 1; 1 Corintios 10
Tratando de entender a la Iglesia . . . . 1 Corintios 12

LISTAS FAMOSAS

En la Biblia existen muchas listas. Seguramente has escuchado de ellas. Para una rápida referencia, aquí te sumamos algunas con las que seguramente no estás muy familiarizado que digamos.

LOS DIEZ MANDAMIENTOS

1. No tendrás dioses ajenos delante de mí.
2. No te harás imagen, ni ninguna semejanza.
3. No tomarás el nombre de Jehová tu Dios en vano.
4. Acuérdate del día de reposo.
5. Honra a tu padre y a tu madre, para que tus días se alarguen.
6. No matarás.
7. No cometerás adulterio.
8. No hurtarás.
9. No hablarás contra tu prójimo falso testimonio.
10. No codiciarás la casa de tu prójimo, no codiciarás la mujer de tu prójimo, (...) ni cosa alguna de tu prójimo.

Éxodo 20:2-17

LAS BIENAVENTURANZAS

Bienaventurados los pobres en espíritu, porque de ellos es el reino de los cielos.

Bienaventurados los que lloran, porque ellos recibirán consolación.

Bienaventurados los mansos, porque ellos recibirán la tierra por heredad.

Bienaventurados los que tienen hambre y sed de justicia, porque ellos serán saciados.

Bienaventurados los misericordiosos, porque ellos alcanzarán misericordia.

Bienaventurados los de limpio corazón, porque ellos verán a Dios.

Bienaventurados los pacificadores, porque ellos serán llamados hijos de Dios.

Bienaventurados los que padecen persecución por causa de la justicia, porque de ellos es el reino de los cielos.

Bienaventurados sois cuando por mi causa os vituperen y os persigan, y digan toda clase de mal contra vosotros, mintiendo. Gozaos y alegraos, porque vuestro galardón es grande en los cielos; porque así persiguieron a los profetas que fueron antes de vosotros.

Mateo 5:3-12

EL ORDEN DE LA CREACIÓN

Primer día   *Y llamó Dios a la luz Día, y a las tinieblas llamó Noche. Y fue la tarde y la mañana un día. (Génesis 1:5)*

Segundo día   *E hizo Dios la expansión, y separó las aguas que estaban debajo de la expansión, de las aguas que estaban sobre la expansión. Y fue así. Y llamó Dios a la expansión Cielos. Y fue la tarde y la mañana el día segundo. (Génesis 1:7-8)*

Tercer día   *Produjo, pues, la tierra hierba verde, hierba que da semilla según su naturaleza, y árbol que da fruto, cuya semilla está en él, según su género. Y vio Dios que era bueno. Y fue la tarde y la mañana el día tercero. (Génesis 1:12-13)*

Cuarto día   *E hizo Dios las dos grandes lumbreras; la lumbrera mayor para que señorease en el día, y la lumbrera menor para que señorease en la noche; hizo también las estrellas. Y las puso Dios en la expansión de los cielos para alumbrar sobre la tierra, y para señorear en el día y en la noche, y para separar la luz de las tinieblas. Y vio Dios que era bueno. Y fue la tarde y la mañana el día cuarto. (Génesis 1:16-19)*

Quinto día   *Y creó Dios los grandes monstruos marinos, y todo ser viviente que se mueve, que las aguas produjeron según su género, y toda ave alada según* su especie. *Y vio Dios que era bueno. Y Dios los bendijo, diciendo: Fructificad y multiplicaos, y llenad las aguas en los mares, y multiplíquense las aves en la tierra. Y fue la tarde y la mañana el día quinto. (Génesis 1:21-23)*

Sexto día   *Y dijo Dios: He aquí que os he dado toda planta que da semilla, que está sobre toda la tierra, y todo árbol en que hay fruto y que da semilla; os serán para comer. Y a toda bestia de la tierra, y a todas las aves de los cielos, y a todo lo que se arrastra sobre la tierra, en que hay vida, toda planta verde les será para comer. Y fue así. Y vio Dios todo lo que había hecho, y he aquí que era bueno en gran manera. Y fue la tarde y la mañana el día sexto. (Génesis 1:29-31)*

Séptimo día   *Y acabó Dios en el día séptimo la obra que hizo; y reposó el día séptimo de toda la obra que hizo. Y bendijo Dios al día séptimo, y lo santificó, porque en él reposó de toda la obra que había hecho en la creación. (Génesis 2:2-3)*

EL FRUTO DEL ESPÍRITU

Mas el fruto del Espíritu es
- amor
- gozo
- paz
- paciencia
- benignidad
- bondad
- fe
- mansedumbre
- templanza

Contra tales cosas no hay ley (Gálatas 5:22-23)

LA ARMADURA DE DIOS

Por tanto, tomad toda la armadura de Dios, para que podáis resistir en el día malo, y habiendo acabado todo, estar firmes. Estad, pues, firmes, ceñidos vuestros lomos con LA VERDAD, y vestidos con la CORAZA DE JUSTICIA, y CALZADOS LOS PIES CON EL APRESTO DEL EVANGELIO DE LA PAZ. Sobre todo, tomad el ESCUDO DE LA FE, conque podáis apagar todos los dardos de

fuego del maligno. Y tomad el YELMO DE LA SALVACIÓN, y la
ESPADA DEL ESPÍRITU, que es la palabra de Dios; orando en
todo tiempo con toda oración y súplica en el Espíritu, y velando en
ello con toda perseverancia y súplica por todos los santos

Efesios 6:13-18

LA DESCRIPCIÓN DEL AMOR

El amor es sufrido,
es benigno;
el amor no tiene envidia,
el amor no es jactancioso,
no se envanece;
no hace nada indebido,
no busca lo suyo,
no se irrita,
no guarda rencor;
no se goza de la injusticia, mas se goza de la verdad.
Todo lo sufre,
todo lo cree,
todo lo espera,
todo lo soporta.
El amor nunca deja de ser.

1 Corintios 13:4-8

LAS SIETE COSAS QUE DIOS ABORRECE

Seis cosas aborrece Jehová,
Y aun siete abomina su alma:
Los ojos altivos,
la lengua mentirosa,
Las manos derramadoras de sangre inocente,
El corazón que maquina pensamientos inicuos,
Los pies presurosos para correr al mal,
El testigo falso que habla mentiras,
Y el que siembra discordia entre hermanos.

Proverbios 6:16-19

LA FAMOSA LISTA DE "TODO TIENE SU TIEMPO" DE ECLESIASTÉS

Todo tiene su tiempo,
y todo lo que se quiere debajo del cielo tiene su hora.
Tiempo de nacer, y tiempo de morir;
tiempo de plantar, y tiempo de arrancar lo plantado;
tiempo de matar, y tiempo de curar;
tiempo de destruir, y tiempo de edificar;
tiempo de llorar, y tiempo de reír;
tiempo de endechar, y tiempo de bailar;
tiempo de esparcir piedras, y tiempo de juntar piedras;
tiempo de abrazar, y tiempo de abstenerse de abrazar;
tiempo de buscar, y tiempo de perder;
tiempo de guardar, y tiempo de desechar;
tiempo de romper, y tiempo de coser;
tiempo de callar, y tiempo de hablar;
tiempo de amar, y tiempo de aborrecer;
tiempo de guerra, y tiempo de paz.

Eclesiastés 3:1-8

HÉROES BÍBLICOS
DESCONOCIDOS

La cultura descrita en la Biblia era muy diferente a nuestra cultura hoy en día. Aun así, las personas de la Biblia eran semejantes a nosotros en sus luchas y en sus triunfos. Incluso los héroes más grandes de los cuales leemos tenían sus puntos flacos y momentos de debilidad. Los registros bíblicos ni siquiera tratan de escondernos su manera de pensar.

Pero, algunas veces tenemos que ver más allá del nombre famoso, de los héroes bíblicos que están en las listas de popularidad quienes trabajaron sobre plataformas mucho más grandes de las que algunos de nosotros vamos a ver en toda nuestra vida a menos que compremos un boleto y lo veamos en su película. Cuando vemos más allá de ellos, comenzamos a darnos cuenta que eran personas que fielmente se hicieron parte del plan de Dios como ejemplos, algunos de ellos sólo por un instante. Fueron personas que vivieron su vida como la mayoría de nosotros, detrás de las cámaras, fuera de los reflectores. Su fidelidad y el hecho de que Dios los usó puede ser un aliento para nosotros.

Por ejemplo, a menudo leemos, escuchamos y hablamos de los doce apóstoles. Pero, de hecho, Jesús tuvo muchos discípulos, aunque los doce eran los más cercanos a Él. Lucas 8:1-3 revela un poco del trasfondo del ministerio de Jesús: "Aconteció después, que Jesús iba por todas las ciudades y aldeas, predicando y anunciando el evangelio del reino de Dios, y los doce con él, y algunas mujeres que habían sido sanadas de espíritus malos y de enfermedades: María, que se llamaba Magdalena, de la que habían salido siete demonios, Juana, mujer de Chuza intendente de Herodes, y Susana, y otras muchas que le servían de sus bienes".

¡Qué increíble! Eso es una ventana sorprendente. En una cultura que devaluaba a las mujeres, había mujeres involucradas e incluso financiaban económicamente el ministerio de Jesús. Eso te dice algo acerca de Jesús, pero también te dice algo acerca de nosotros. Posiblemente no seamos de los pocos bajo la luz de los reflectores, como Pedro o Juan, pero podemos ser Susana o Juana.

Ni siquiera sabemos el nombre de algunos de los héroes desconocidos de los que la Biblia nos enseña. Por ejemplo, qué te parece...

LA SIERVA DE LA ESPOSA DE NAAMÁN

Naamán era un general del ejército que contrajo lepra, lo que destruiría su vida. Como la persona menos poderosa en toda la historia, esta niña cambió el rumbo de las cosas al dirigir a Naamán al profeta Elías.

2 Reyes 5:1-19

LA VIUDA DE LAS DOS BLANCAS

¿Qué niño de la escuela dominical no ha escuchado la historia de la viuda que dio su ofrenda en el templo? Su ofrenda era pequeña, pero era todo lo que ella tenía. Ella se convirtió en una lección para que Jesús enseñara a sus, a veces, obstinados discípulos.

Marcos 12:41-44; Lucas 21:1-4

La Biblia está llena de personas que vivieron tomando buenas decisiones y siendo usados por Dios. Es posible que nosotros sólo conozcamos una frase acerca de ellos, pero esos pocos minutos de atención los hizo estar dentro de los favoritos de Dios.

ABIGAIL

Su error más grande fue haberse casado con un patán. Pero debido a que conservó su juicio, posteriormente se casó con el rey David. (Después de que enviudó, por supuesto.)

1 Samuel 25:1-42

ANA

Cuando Jesús fue presentado en el templo de bebé, esta viuda lo reconoció como el esperado Mesías.

Lucas 2:36-38

ASAF

El nombre de Asaf lo puedes encontrar a lo largo de Salmos. Él fue designado jefe de alabanza y adoración para los judíos. Él escribió el salmo 50 y los salmos del 73 al 83.

1 Cronicas 15:17, 16:5, 25:1; Nehemías 12:46

BEZALEEL

Dios subcontrató a Bezaleel para trabajar en el tabernáculo por su excelente manejo de la madera y el metal como artesano. ¿No te gustaría ser reconocido por Dios?

Éxodo 31:2, 35:30, 36:1, 37.1, 38:22

EPAFRODITO

Un hombre enviado por la iglesia de los filipenses para ayudar a Pablo, arriesgó su vida en el proceso.

Filipenses 2:25-30, 4:18

GAYO

Un buen muchacho quien se da a notar por su hospitalidad, entre otras cualidades.

Hechos 19:29,20:4; Romanos 16:23; 3 Juan 1

HANANI

Un profeta lo suficientemente valiente para levantarse por la verdad e ir a prisión, sólo para comenzar.

2 Crónicas 16:7-10

JAIRO

Un padre que le pidió a Jesús que sanara a su hija y que ayudara su incredulidad, a pesar que le habían avisado que la niña había muerto.

Mateo 9:18-26; Marcos 5:22-23

MARÍA

Una pequeña niña, hermana mayor, que terminó siendo nana al salvar la vida de su hermano, y por lo tanto de la nación, de la esclavitud. Más tarde se convirtió en la dirigente de la adoración de toda la nación judía.

Éxodo 15:20-21

SIMÓN DE CIRENE

Él cargó la cruz de Jesús hacia la colina.

Mateo 27:32; Marcos 15:21; Lucas 23:26

TABITA

Una mujer que se hizo de una muy buena reputación por ayudar a los pobres.

Hechos 9:36

ZOROBABEL

Después de que los judíos fueron exiliados de Babilonia, éste hombre guío al primer grupo de judíos para regresar a casa y reconstruir el templo y sus casas.

Esdras 3:8, 4:3-4; Nehemías 12:47;
Hageo 2:2; Zacarías 4:6

¿SABÍAS QUE ESTO VIENE DE LA BIBLIA?

Las personas a nuestro alrededor están citando la Biblia y ni siquiera lo saben. Aun hoy, a más de dos mil años (y contando), todavía hay abundantes frases bíblica utilizadas en el lenguaje popular.

LOS NOMBRES DE DIOS

Dios es llamado de muchas maneras diferentes en la Biblia. De hecho, en los idiomas originales de la Biblia, había muchos nombres para describir las diferentes maneras en las que Dios se manifestaba a Sus hijos. Aquí hay algunos de ellos.

Altísimo. . . . . Deuteronomio 32:8

Anciano de días . . . . Daniel 7:9

Dios celoso. . . . . Éxodo 20:5

Dios de Abraham, Isaac y de Jacob . . . . 1 Reyes 18:36

Dios de Israel. . . . . Salmos 68:35

Dios de Israel nuestro padre. . . . . 1 Crónicas 29:10

Dios de la verdad. . . . . Salmos 31:5

Dios de nuestros padres . . . . Esdras 7:27

Dios del cielo y la tierra . . . . Génesis 24:3

Dios eterno . . . . Deuteronomio 33:27; Isaías 40:28

Dios grande y temible . . . . Deuteronomio 7:21

Dios incorruptible . . . . Romanos 1:23

Dios invisible. . . . . Colosenses 1:15

Dios misericordioso. . . . . Deuteronomio 4:31

Dios viviente . . . . Deuteronomio 5:26

Escudo . . . . Génesis 15:1

Fortaleza. . . . . 2 Samuel 22:2

Fuerte de Israel. . . . . Isaías 1:24

Gran Rey. . . . . Salmos 48:2

Hacedor de todas las cosas . . . . Proverbios 22:2

Hacedor del cielo y la tierra . . . . Salmos 115:15

Jehová. . . . . Éxodo 6:3

NOMBRES DE CRISTO

Los nombres en el mundo antiguo significaban mucho más que lo que significan hoy. Varias veces en la Biblia, Dios le cambió el nombre a la gente para marcar un gran giro en su vida (Abram a Abraham, Jacob a Israel, Sarai a Sara).

Postrer Adán . . . . 1 Corintios 15:45

Abogado . . . . 1 Juan 2.1

Todopoderoso . . . . Apocalipsis 1:8

Alfa y Omega . . . . Apocalipsis 1:8, 22:13

Brazo de Jehová . . . . Isaías 51:9, 53:1

Autor y consumador de la fe . . . . Hebreos 12:2

El principio de la creación . . . . Apocalipsis 3:14

Hijo amado . . . . Mateo 12:18

Bienaventurado y sólo Soberano . . . . 1 Timoteo 6:15

Pan de vida . . . . Juan 6:32

Príncipe de los pastores . . . . 1 Pedro 5:4

Escogido . . . . Isaías 42:1

Cristo de Dios . . . . Lucas 9:20

Consolación de Israel . . . . Lucas 2:25

Piedra angular . . . . Salmos 118:22

Creador . . . . Juan 1:3

Libertador . . . . Romanos 11:26

La puerta . . . . Juan 10:7

Padre eterno . . . . Isaías 9:6

Principio y fin . . . . Apocalipsis 1:8

Primogénito . . . . Apocalipsis 1:5

Gloria de Dios . . . . Isaías 40:5

Dios . . . . Isaías 40:3, Juan 20:28

Buen Pastor . . . . Juan 10:11

Gran sumo sacerdote . . . . Hebreos 4:14

Cabeza de la Iglesia . . . . Efesios 1:22

Heredero de todo. . . . . Hebreos 1:2

Santo y Justo. . . . . Hechos 3:14

Santo de Dios . . . . Marcos 1:24

Santo hijo. . . . . Hechos 4:247

Yo soy . . . . Juan 8.58

Imagen de Dios. . . . . 2 Corintios 4:4

Emmanuel . . . . Isaías 7:14

Jesús . . . . Mateo 1:21

Jesús de Nazaret. . . . . Lucas 24:19

Juez de Israel . . . . Miqueas 5:1

Rey . . . . Zacarías 9:9

Rey de los siglos . . . . 1 Timoteo 1:17

Rey de reyes . . . . 1 Timoteo 6:15

Rey de los judíos. . . . . Mateo 2:2

Rey de los santos . . . . Apocalipsis 15:3

Legislador. . . . . Isaías 33:22

Cordero. . . . . Apocalipsis 13:8

Cordero de Dios . . . . Juan 1:29

Jefe . . . . Isaías 55:4

La vida . . . . Juan 14:6

Luz del mundo . . . . Juan 8:12

León de la tribu de Judá . . . . Apocalipsis 5:5

Señor de todos . . . . Hechos 10:36

Señor de gloria . . . . 1 Corintios 2:8

Señor de señores. . . . . 1 Timoteo 6:15

Jehová justicia nuestra . . . . Jeremías 23:6

Varón de dolores. . . . . Isaías 53:3

Mediador . . . . 1 Timoteo 2:5

Mensajero. . . . . Malaquías 3:1

Mesías . . . . Daniel 9:25

Dios fuerte. . . . . Isaías 9:6

El fuerte . . . . Isaías 60.16

Nazareno . . . . Mateo 2:23

Unigénito Hijo . . . . Juan 1:18

Nuestra pascua . . . . 1 Corintios 5:7

Autor de la vida . . . . Hechos 3:15

Príncipe de paz. . . . . Isaías 9:6

Profeta. . . . . Lucas 24.19

Redentor. . . . . Job 19:25

La resurrección y la vida . . . . Juan 11:25

Justo . . . . Hechos 7.52

La roca . . . . 1 Corintios 10:4

Raíz y linaje de David . . . . Apocalipsis 22:16

Rosa de Sarón. . . . . Cantar de los cantares 2:1

Guiador . . . . Mateo 2:6

Salvador. . . . . Lucas 2:11

Pastor y obispo de nuestras almas . . . . 1 Pedro 2.25

Hijo de David . . . . Mateo 1.1

Hijo de Dios. . . . . Marcos 15:39

Hijo del Hombre . . . . Mateo 8:20

Hijo del Altísimo. . . . . Lucas 1:32

Autor de eterna salvación. . . . . Hebreos 5:9

Sol de justicia . . . . Malaquías 4:2

Luz verdadera . . . . Juan 1:9

La vid verdadera . . . . Juan 15:1

La Verdad . . . . Juan 14:6

La Palabra . . . . Juan 14:16

Palabra de Dios . . . . Apocalipsis 19:13

PROFECÍAS CUMPLIDAS

Como la Biblia tiene la inspiración de un solo autor (Dios), hay gran congruencia entre las promesas y las profecías del Antiguo Testamento con las grandes noticias del Nuevo Testamento: Jesucristo, Dios encarnado. Aquí hay algunas profecías específicas del Antiguo Testamento que se cumplieron en la vida de Jesús, el Mesías.

Habrás notado que varias de estas profecías vienen de algunos salmos. Incluso vas a escuchar que a estos salmos se les llama salmos *mesiánicos* porque predicen fuertemente la venida de Jesús. Si estás interesado, revísalas.

El Mesías no moriría permanentemente

Porque no dejarás mi alma en el Seol,
Ni permitirás que tu santo vea corrupción (Salmos 16:10)

Y en cuanto a que le levantó de los muertos para nunca más volver a corrupción, lo dijo así: Os daré las misericordias fieles de David.
Por eso dice también en otro salmo: No permitirás que tu Santo vea corrupción.
(Hechos 13:34-35)

El Mesías sería abandonado por Dios

Dios mío, Dios mío, ¿por qué me has desamparado?
¿Por qué estás tan lejos de mi salvación, y de las palabras de mi clamor?
Dios mío, clamo de día, y no respondes; y de noche, y no hay para mí reposo. (Salmos 22.1-2)

Cerca de la hora novena, Jesús clamó a gran voz, diciendo: Elí, Elí, ¿lama sabactani? Esto es: Dios mío, Dios mío, ¿por qué me has desamparado? (Mateo 27:46)

El Mesías sería rechazado por la gente

Mas yo soy gusano, y no hombre; oprobio de los hombres, y despreciado del pueblo.
(Salmos 22:6)

Entonces le escupieron en el rostro, y le dieron de puñetazos, y otros le abofeteaban,
(Mateo 26:67)

Despreciado y desechado entre los hombres, varón de dolores, experimentado en quebranto; y como que escondimos de él el rostro, fue menospreciado, y no lo estimamos.
(Isaías 53:3)

En el mundo estaba, y el mundo por él fue hecho; pero el mundo no le conoció. A lo suyo vino, y los suyos no le recibieron
(Juan 1:10-11)

El Mesías sería nacido de Dios verdaderamente

Pero tú eres el que me sacó del vientre; el que me hizo estar confiado desde que estaba a los pechos de mi madre.

Sobre ti fui echado desde antes de nacer; desde el vientre de mi madre, tú eres mi Dios.
(Salmos 22:9-10)

Y el niño crecía y se fortalecía, y se llenaba de sabiduría; y la gracia de Dios era sobre él.
(Lucas 2:40)

Sus manos y pies serían traspasados

Porque perros me han rodeado;
Me ha cercado cuadrilla de malignos;
Horadaron mis manos y mis pies.
(Salmos 22:16)

Luego dijo a Tomás: Pon aquí tu dedo, y mira mis manos; y acerca tu mano, y métela en mi costado; y no seas incrédulo, sino creyente. Entonces Tomás respondió y le dijo: ¡Señor mío, y Dios mío!
(Juan 20:27-28)

Los soldados se dividirían su ropa

Repartieron entre sí mis vestidos,
Y sobre mi ropa echaron suertes.
(Salmos 22:18)

Cuando le hubieron crucificado, repartieron entre sí sus vestidos, echando suertes, para que se cumpliese lo dicho por el profeta: Partieron entre sí mis vestidos, y sobre mi ropa echaron suertes
(Mateo 27:35)

No serían rotos sus huesos

El guarda todos sus huesos;
Ni uno de ellos será quebrantado.
(Salmos 34:20)

Mas cuando llegaron a Jesús, como le vieron ya muerto, no le quebraron las piernas.
(Juan 19:33)

Sería traicionado por un amigo

Aun el hombre de mi paz, en quien yo confiaba, el que de mi pan comía,
Alzó contra mí el calcañar.
(Salmos 41:9)

Mientras él aún hablaba, se presentó una turba; y el que se llamaba Judas, uno de los doce, iba al frente de ellos; y se acercó hasta Jesús para besarle
(Lucas 22:47)

Sería rechazado por su familia

Extraño he sido para mis hermanos, y desconocido para los hijos de mi madre.
(Salmos 69:8)

Cuando lo oyeron los suyos, vinieron para prenderle; porque decían: Está fuera de sí.
(Marcos 3:21)

Le darían de beber vinagre

Me pusieron además hiel por comida, y en mi sed me dieron a beber vinagre
(Salmos 69:21)

Y al instante, corriendo uno de ellos, tomó una esponja, y la empapó de vinagre, y poniéndola en una caña, le dio a beber
(Mateo 27:48)

El Mesías hablaría por parábolas

Abriré mi boca en proverbios; hablaré cosas escondidas desde tiempos antiguos.
(Salmos 78:2)

Todo esto habló Jesús por parábolas a la gente, y sin parábolas no les hablaba; para que se cumpliese lo dicho por el profeta, cuando dijo:
Abriré en parábolas mi boca; declararé cosas escondidas desde la fundación del mundo
(Mateo 13:34-35)

Nacería de una virgen

Por tanto, el Señor mismo os dará señal: He aquí que la virgen concebirá, y dará a luz un hijo, y llamará su nombre Emanuel.
(Isaías 7:14)

Todo esto aconteció para que se cumpliese lo dicho por el Señor por medio del profeta, cuando dijo: He aquí, una virgen concebirá y dará a luz un hijo, y llamarás su nombre Emanuel, que traducido es: Dios con nosotros.
(Mateo 1:22-23)

El Espíritu de Dios estaría sobre el Mesías

Y reposará sobre él el Espíritu de Jehová; espíritu de sabiduría y de inteligencia, espíritu de consejo y de poder, espíritu de conocimiento y de temor de Jehová.

(Isaías 11:2)

También dio Juan testimonio, diciendo: Vi al Espíritu que descendía del cielo como paloma, y permaneció sobre él

(Juan 1:32)

Dios mandaría a alguien para preparar el camino al Mesías

Voz que clama en el desierto: Preparad camino a Jehová; enderezad calzada en la soledad a nuestro Dios.

(Isaías 40:3)

Dijo: Yo soy la voz de uno que clama en el desierto: Enderezad el camino del Señor, como dijo el profeta Isaías

(Juan 1:23)

He aquí, yo envío mi mensajero, el cual preparará el camino delante de mí; y vendrá súbitamente a su templo el Señor a quien vosotros buscáis, y el ángel del pacto, a quien deseáis vosotros. He aquí viene, ha dicho Jehová de los ejércitos.

(Malaquias 3:1)

Mientras ellos se iban, comenzó Jesús a decir de Juan a la gente: ¿Qué salisteis a ver al desierto? ¿Una caña sacudida por el viento? ¿O qué salisteis a ver? ¿A un hombre cubierto de vestiduras delicadas? He aquí, los que llevan vestiduras delicadas, en las casas de los reyes están. Pero ¿qué salisteis a ver? ¿A un profeta? Sí, os digo, y más que profeta. Porque éste es de quien está escrito:

He aquí, yo envío mi mensajero delante de tu faz,

El cual preparará tu camino delante de ti

(Mateo 11:7-10)

Guardó silencio delante a sus acusadores

Angustiado él, y afligido, no abrió su boca; como cordero fue llevado al matadero; y como oveja delante de sus trasquiladores, enmudeció, y no abrió su boca

(Isaías 53:7)

Pilato entonces le dijo: ¿No oyes cuántas cosas testifican contra ti? Pero Jesús no le respondió ni una palabra; de tal manera que el gobernador se maravillaba mucho.

(Mateo 27:13-14)

El Mesías sería sin pecado

Y se dispuso con los impíos su sepultura, mas con los ricos fue en su muerte; aunque nunca hizo maldad, ni hubo engaño en su boca.

(Isaías 53:9)

Al que no conoció pecado, por nosotros lo hizo pecado, para que nosotros fuésemos hechos justicia de Dios en él.

(2 Corintios 5:21)

Nacería en Belén

Pero tú, Belén Efrata, pequeña para estar entre las familias de Judá, de ti me saldrá el que será Señor en Israel; y sus salidas son desde el principio, desde los días de la eternidad.

(Miqueas 5:2)

Y José subió de Galilea, de la ciudad de Nazaret, a Judea, a la ciudad de David, que se llama Belén, por cuanto era de la casa y familia de David; para ser empadronado con María su mujer, desposada con él, la cual estaba encinta.

(Lucas 2:4-5)

Entraría a Jerusalén montado en un burro

Alégrate mucho, hija de Sion; da voces de júbilo, hija de Jerusalén; he aquí tu rey vendrá a ti, justo y salvador, humilde, y cabalgando sobre un asno, sobre un pollino hijo de asna
(Zacarías 9:9)

Cuando se acercaron a Jerusalén, y vinieron a Betfagé, al monte de los Olivos, Jesús envió dos discípulos, diciéndoles: Id a la aldea que está enfrente de vosotros, y luego hallaréis una asna atada, y un pollino con ella; desatadla, y traédmelos. Y si alguien os dijere algo, decid: El Señor los necesita; y luego los enviará
(Mateo 21:1-3)

Sus seguidores serían esparcidos por un tiempo

Levántate, oh espada, contra el pastor, y contra el hombre compañero mío, dice Jehová de los ejércitos. Hiere al pastor, y serán dispersadas las ovejas; y haré volver mi mano contra los pequeñitos.
(Zacarías 13:7)

En aquella hora dijo Jesús a la gente: ¿Como habéis salido contra un ladrón con espadas y con palos para prenderme? Cada día me sentaba con vosotros enseñando en el templo, y no me prendisteis.
(Mateo 26:55-56)

ARMONÍA DE LOS EVANGELIOS

Como sabes, los evangelios son los primeros cuatro libros en el Nuevo Testamento. Cuentan la vida de Jesús desde puntos de vista diferentes. No enlistan todos los acontecimientos en el mismo orden.

Ya sabes como somos lo humanos: Nos encanta estructurar las cosas para que sean fáciles de comprender tanto como sea posible. Así que, aquí hay una *armonía* de los evangelios. Es una tabla que enlista todas las historias, sermones y acontecimientos en los evangelios en un orden lógico. (Cada armonía que consultes puede ser que tenga un orden un poco diferente.)

	MATEO	MARCOS	LUCAS	JUAN
¿Cómo Dios se convirtió en hombre?				1:1-18
Genealogía de Jesús	1:1-17		3:23-38*	
La venida de Jesús es anunciada a Zacarías, María y Elisabet			1:5-56	
Nace Juan el Bautista		1:57-58		
El nacimiento de Jesús es anunciado a José	1:18-25			
Nace Jesús			2:1-20	
Jesús es presentado en el templo			2:21-40	
Los sabios de oriente visitan a Jesús	2:1-12			
La familia de Jesús huye a Egipto	2:13-23			
Jesús crece			2:41-52	
El ministerio de Juan el Bautista	3:1-12	1:2-8	3:1-20	1:19-28
Jesús es bautizado	3:13-17	1:9-11	3:21-22	1:29-34
Jesús es tentado	4:1-11	1:12-13	4:1-13	
Los primeros discípulos	4:18-22	1:16-20	5:1-11	1:35-51
El primer milagro de Jesús: Convierte el agua en vino				2:1-11
Jesús se levanta en el templo				2:12-25
Jesús y Nicodemo				3:1-21
Juan el Bautista enseña acerca de Jesús				3:22-36
Jesús y la mujer samaritana				4:1-42
Jesús enseña en Galilea	4:12	1:14-15	4:14-15	4:43-45
Jesús sana al hijo de un oficial del rey				4:46-54
Jesús enseña en Capernaum	4:13-17		4:31	
Jesús comienza un ministerio de sanidad y enseñanza	4:23-25, 8:1-4, 14-17, 9:1-8	1:21-2:12	4:31, 4:33-34, 5:12-26	

	MATEO	MARCOS	LUCAS	JUAN
Jesús como en la casa de Mateo	9:9-13	2:13-17	5:27-32	
Jesús enseña sobre el ayuno e introduce una nueva manera de pensar	9:14-17	2:18-22	5:33-39	
Jesús sana en sábado (esto genera conflictos)	12:1-21	2:23-3:12	6:1-11	5:1-47
Los doce discípulos son confirmados	10:2-4	3:13-19	6:12-16	
Las bienaventuranzas (Bienaventurados los que...)	5:1-16		6:17-26	
Jesús discute acerca la ley	5:17-48		6:27-36	
Jesús habla del dar y la oración	6:1-8, 6:14-7:12		6:37-42	
Jesús enseña acerca de alcanzar el cielo	7:13-29		6:43-49	
Un centurión romano muestra su fe	8:5-13		7:1-10	
El hijo de una viuda es resucitado			7:11-17	
Jesús responde a las dudas de Juan el Bautista	11:1-30		7:18-35	
Líderes religiosos dudan que el poder de Jesús sea de Dios	12:22-45	3:20-30		
Jesús redefine su verdadera familia	12:46-50	3:31-35	8:19-21	
Jesús enseña una serie de parábolas sobre el reino de Dios, incluyendo la del sembrador	13:1-52	4:1-34	8:4-18	
Jesús milagrosamente detiene la tormenta	8:23-27	4:35-41	8:22-25	
Jesús echa fuera los demonios y los manda ir dentro de los cerdos	8:28-34	5:1-20	8:26-39	
Jesús sana a la gente de sus enfermedades y de la muerte	9:18-34	5:21-43	8:40-56	
Jesús es rechazado en su propia tierra: Nazaret	13:53-58	6:1-6	4:16-30*	
Jesús comisiona en el ministerio a los doce discípulos	9:35-10:42	6:7-13	9:1-6	
Juan el Bautista es decapitado	14:1-12	6:14-29	9:7-9	
Jesús alimenta a cinco mil personas y multiplica el pan y los peces	14:13-21	6:30-44	9:10-17	6:1-15
Jesús camina sobre el agua al ir a la barca de los discípulos	14:22-36	6:45-56		6:16-21
Jesús dice que Él es el pan de vida, pero la gente no lo comprende				6:22-71
Jesús explica la verdadera pureza (comienza en el interior) más que la pureza ceremonial (comienza por fuera)	15:1-20	7:1-23		
Jesús echa fuera demonios	15:21-28	7:24-30		

	MATEO	MARCOS	LUCAS	JUAN
Jesús milagrosamente alimenta a cuatro mil personas multiplicando peces y pan	15:29-39	8:1-10		
Los líderes religiosos le piden a Jesús una señal, y la tensión crece entre las enseñanzas de los líderes y las de Jesús	16:1-12	8:11-21		
Jesús sana a un hombre ciego	8:22-26			9:1-41*
Pedro confiesa que Jesús es el Mesías que Dios prometió	16:13-20	8:27-30	9:18-20	
Jesús comienza a preparar a sus discípulos para Su muerte. Predice Su muerte por primera vez	16:21-28	8:31-9:1	9:21-27	
Jesús es transfigurado en el monte. Su cuerpo toma una apariencia celestial y habla con Elías y Moisés quienes ya habían muerto hace años.	17:1-3	9:2-13	9:28-36	
Jesús echa fuera un demonio	17:14-21	9:14-29	9:37-43	
Jesús continúa preparando a sus discípulos. Predice Su muerte por segunda vez.	17:22-23	9:30-32	9:44-45	
Pedro se encuentra una moneda en la boca de un pez y la ocupa para pagar un impuesto del templo	17:24-27			
Jesús advierte acerca de la tentación	18:1-35	9:35-50	9:46-50	
Jesús habla del costo de ser su discípulo	8:18-22, 19:1-2			9:59-62
Jesús enseña con autoridad en el templo y la controversia a su alrededor se enciende				7:10-53
Jesús perdona a una mujer atrapada en adulterio				8:1-11
Jesús habla abiertamente de Su deidad y por poco es apedreado				8:12-59
Jesús se muestra como el Buen Pastor				10:1-21
Jesús comisiona a otros setenta y dos discípulos			10:1-24	
Jesús cuenta la historia del buen samaritano.			10:25-37	
Jesús visita a María y Marta en su casa.			10:38-45	
Jesús enseña acerca de la oración	6:9-13		11:1-13	
Jesús confronta a los líderes religiosos			11:14-54	
Jesús enseña con parábolas del Reino			12:1-13:21	
Los líderes religiosos amenazan apedrear a Jesús				10:22-42

	MATEO	MARCOS	LUCAS	JUAN
Jesús pasa tiempo sanando y enseñando			13:22-14:35	
Jesús cuenta las parábolas de la moneda perdida, la oveja perdida y el hijo pródigo			15:1-32	
Jesús enseña a sus discípulos a mantener distancia de los fariseos			16:1-17:10	
Jesús resucita a su amigo Lázaro				11:1-44
Jesús sana a diez leprosos y sólo uno le dice: "Gracias"			17:11-19	
Jesús habla de la inesperada venida del Reino			17:20-37	
Jesús cuenta dos parábolas a cerca de la oración			18:1-14	
Jesús enseña acerca del matrimonio	19:3-12	10:2-12		
Jesús recibe, honra y bendice a los niños	19:13-15	10:13-16	18:15-17	
Jesús conversa con el joven rico	19:16-20:16	10:17-31	18:18-30	
Jesús enseña acerca del corazón de siervo	20:17-28	10:32-45		
Jesús sana a un hombre ciego	20:29-34	10:45-52	18:35-43	
Zaqueo sigue a Jesús			19:1-10	
La parábola de las diez minas			19.11-27	
Los líderes religiosos comienzan a planear el asesinato de Jesús				11:45-57, 12:9-11
La entrada de Jesús a Jerusalén	21:1-11, 14-17	11:1-11	19:28-44	12:12-19
Jesús maldice la higuera y muere rápidamente	21:18-19	11:12-14		
Jesús se limpia el templo una vez más	21:12-13	11:15-19	19:45-48	
Jesús hace ver Su misión de una manera más atrevida			12:20-50	
Jesús habla del poder de la oración	21:20-22	11:20-26		
Jesús desafía a los líderes religiosos	21:23-27	11:27-33	20:1-8	
Jesús cuenta más parábolas sobre el Reino de Dios	21:28-22:14	12:1-12	20:9-19	
Jesús responde preguntas relevantes de los líderes religiosos	22:15-40	12:13-34	20:20-40	
Jesús desafía a los líderes una vez más. La tensión aumenta.	22:41-46	12:35-37	20:41-44	
Jesús previene abiertamente a la gente sobre los líderes religiosos	23:1-39	12:38-40	20:45-47	
Una viuda da todo lo que tiene y Jesús enseña de eso como ejemplo		12:41-44	21:1-4	

	MATEO	MARCOS	LUCAS	JUAN
Jesús habla con sus discípulos sobre el estar listos para los eventos que se avecinan	24:1-25:26	13:1-37	21:5-38	
Los líderes religiosos están de acuerdo con la estrategia de arrestar a Jesús	26:1-5	14:1-2	22:1-2	
Una mujer unge a Jesús con un costoso perfume	26:6-13	14:3-9	7:36-8:3*	12:1-8
Judas el trato de vender a Jesús	26:14-16	14:10-11	22:3-6	
Jesús y sus discípulos se preparan para la Pascua (una importante celebración judía)	26:17-19	14:12-16	22:7-13	
Jesús es humilde con sus discípulos tomando el papel de siervo y lavó sus pies (una costumbre debido a que los caminos no estaban pavimentados)				13:1-20
Jesús prácticamente anuncia los planes de Judas de traicionarlo	26:20-25	14:17-21	22:14-16, 21-30	13:21-30
Jesús y sus discípulos celebran la pascua compartiendo en una cena que hoy llamamos: "La última cena"	26:26-28	14:22-24	22:17-20	
Antes de que ellos terminaran la última cena juntos, Jesús les habla acerca de su futuro	26:29-30	14:25-26		13:31 14:31
Jesús predice que Pedro lo negará (pero Pedro se niega a aceptarlo)	26:31-35	14:27-31	22:31-38	
Jesús describe nuestra relación con Dios asemejándola a la vid y enseña sobre el Espíritu Santo				15:1 16:33
Jesús agoniza y ora por él mismo, por sus discípulos y los creyentes de sus días y por nosotros, antes de enfrentarse a la traición.	26:36-46	14:32-42	22:39-46	17.1-18:1
Jesús es traicionado por Judas y arrestado por los soldados	26:47-56	14:43-52	22:47-53	18:2-11
Jesús es llevado al concilio religioso ante Caifás	26:57, 59-68, 27:1	14:53, 55-65	22:54, 63-71	18:12-14, 25-27

	MATEO	MARCOS	LUCAS	JUAN
Judas se suicida después de traicionar a Jesús por treinta monedas de plata	27:3-10		*Hch 1:18-19	
Jesús es presentado ante el concilio político, delante de Pilato y Herodes	27:2, 11-31	15:1-20	23:1-25	18:28-19:16
Jesús es ejecutado clavado en una cruz	27:31-56	15:20-41	23:26-49	19:16-37
Jesús es enterrado en una cueva prestada	27:57-66	15:42-47	23:50-56	19:38-42
Jesús resucita y se muestra a las mujeres que lo amaban	28:1-15	16:1-11	24:1-12	20:1-18
La famosa aparición de Jesús a dos de sus discípulos en el camino a Emaús		16:12-13	24:13-35	
Jesús entra a través de las puertas cerradas en la habitación donde estaban los discípulos		16:14	24:36-43	20:19-23
Jesús confronta las dudas de Tomás (de donde viene la frase: "Ver para creer")				20:24-31
Jesús pesca con sus discípulos.				21:1-15
Jesús da la Gran comisión		28:16-20	16:15-18	
Jesús se aparece a sus discípulos por última vez			24:44-49 *Hch 1:3-8	
Jesús regresa al cielo		16:19-20	24:50-53 *Hch 1:9-12	

* Significa que la referencia está en desorden, por ejemplo si Marcos 5 está enlistado antes de Marcos 3

SITIOS EN INTERNET QUE POSIBLEMENTE TE GUSTE VISITAR

Amen-amen.net

Americanbibleespanol.org (Nota: tiene que escribir espanol, sin la ñ)

Bible.com

Bible.org

Biblenotes.net

Biblequizzes.com

Biblestudytool.net

Bible.gospelcom.net

Bible-history.com

Casacreacion.com

Centinelas.net

Christianityonline.com

Cover2over.org

Integridad.com

Ireadthebook.com

Netbible.org

Netministries.org

Redevangelica.cl

Theoneyear.com

Vidacristiana.com

FUENTES

Existen muchos buenos libros y apoyos de estudio. Aquí están algunas referencias que se ocuparon para elaborar este libro.

En inglés:

1,001 Things You Always Wanted to Know About the Bible, Thomas Nelson

Applying the Bible, Zondervan Publishing House

Bible Clues for Clueless, Promise Press

Bruce and Stan's Guide to the Bible, Harvest House

Discovering the Bible, Eerdmans Publishing Co.

How to Apply the Bible, Baker books

Illustrated Dictionary of Bible life and Times, Reader's Digest Association

Manners and Customs in the Bible, Hendrickson Publishers

Pictorial Introduction to the Bible, Hendrickson Publishers

Strong's Exhaustive Concordance, Abingdon Press

The Ancient World of the Bible, Viking Press

The Bible: An Owner's Manual, Robert R. Hann, Paulist Press

The Illustrated Guide to the Bible, Oxford University Press

The New International Dictionary of the Bible, Zondervan Publishing House

Unger's Bible Dictionary, Moody Press

Vine's Expository Dictionary, Fleming Revell Co.

En español:

Nueva concordancia Strong Exhaustiva, Caribe-Betania Editores

Nuevo comentario bíblico ilustrado, Caribe-Betania Editores

Enciclopedia ilustrada de realidades de la Bibla, Caribe-Betania Editores

Aprenda el griego del Nuevo Testamento, Caribe-Betania Editores

Diccionario evangélico de teología bíblica, Caribe-Betania Editores *Dónde hallarlo en la Biblia de la A a la Z*, Caribe-Betania Editores

Nave: Índice Temático de la Biblia, Caribe-Betania Editores

Nuevo Diccionario Ilustrado de la Biblia, Caribe-Betania Editores *Vine's Diccionario Expositivo de Palabras del Antiguo y Nuevo Testamento,* Caribe-Betania Editores *Diccionario Manual de la Biblia,* Editorial Vida

Concordancia Breve de la Biblia, Editorial Vida

Concordancia Completa NVI, Editorial Vida

Atlas completo de la Biblia, Editorial Unilit

Historia del Cristianismo - Vol. 1 y Vol. 2, Editorial Unilit

Nuevo Diccionario bíblico, Editorial Unilit

Comentario de la Biblia Matthew Henry en un solo tomo, Editorial Unilit

La Biblia en forma sencilla, Editorial Unilit